CB078259

A nova arte da guerra

O caminho oculto de Sun Tzu para a paz e a plenitude

HUNTER
LIGUORE

A nova arte da guerra

O caminho oculto de Sun Tzu para a paz e a plenitude

Tradução de Edmundo Barreiros

Rocco

Título original
THE MODERN ART OF WAR
Sun Tzu's Hidden Path to Peace and Wholeness

Primeira publicação no Reino Unido e Estados Unidos, em 2024,
por Watkins, um selo da Watkins Media Limited.
watkinspublishing.com

Copyright do texto © Hunter Liguore, 2024

Hunter Liguore assegurou seu direito de ser identificada como
autora desta obra em conformidade com o Copyright, Designs and Patents Act 1988.

Todos os direitos reservados.
Nenhuma parte desta obra pode ser reproduzida ou transmitida
por meio eletrônico, mecânico, fotocópia ou sob
qualquer outra forma sem a prévia autorização do editor.

Direitos para a língua portuguesa reservados
com exclusividade para o Brasil à

EDITORA ROCCO LTDA.
Rua Evaristo da Veiga, 65 – 11º andar
Passeio Corporate – Torre 1
20031-040 – Rio de Janeiro – RJ
Tel.: (21) 3525-2000 – Fax: (21) 3525-2001
rocco@rocco.com.br|www.rocco.com.br

Printed in Brazil/Impresso no Brasil

Preparação de originais
LETICIA ZUMAETA

CIP-BRASIL. CATALOGAÇÃO NA PUBLICAÇÃO
SINDICATO NACIONAL DOS EDITORES DE LIVROS, RJ

L692n

Liguore, Hunter
A nova arte da guerra : o caminho oculto de Sun Tzu para a paz e a plenitude / Hunter Liguore ; tradução Edmundo Barreiros. - 1. ed. - Rio de Janeiro : Rocco, 2025.

Tradução de: The modern art of war Sun Tzu's hidden path to peace and wholeness
ISBN 978-65-5532-576-8
ISBN 978-65-5595-377-0 (recurso eletrônico)

1. Meditação. 2. Teoria do autoconhecimento. 3. Desenvolvimento pessoal. 4. Filosofia asiática. I. Barreiros, Edmundo. II. Título.

25-98417.0 CDD: 181
CDU: 133.9

Gabriela Faray Ferreira Lopes - Bibliotecária - CRB-7/6643

"Lutar e conquistar consistem em romper
a resistência da mente sem luta."
— Sun Tzu

SUMÁRIO

O COMEÇO

O CAMINHO OCULTO DE SUN TZU PARA A PAZ E A PLENITUDE

"As primeiras e as melhores vitórias, as mais baixas e as piores derrotas, que cada pessoa vence ou sustenta nas mãos, não de outro, mas de si mesma, mostram que há uma guerra contra nós mesmos em andamento dentro de cada um."

— Platão, *Leis*, Livro I, 626:e

Desde a época em que *A arte da guerra* de Sun Tzu foi traduzida[1] pela primeira vez em 1782 pelo padre jesuíta Joseph Amiot, a obra foi recebida pelo mundo ocidental como um tratado militar e um guia prático de como lutar uma guerra no campo de batalha. Ela serviu a estrategistas pelos últimos dois mil e seiscentos anos, até os tempos modernos, quando gestores e outros profissionais vêm usando suas táticas contra concorrentes.

Mas e se o livro tivesse um propósito diferente e nunca tivesse sido destinado a generais ou CEOs, mas às pessoas comuns, do dia a dia, em busca de um significado maior em sua vida?

* * *

Ao contrário do que se costuma acreditar, Sun Tzu não era um general militar, e sim um conselheiro espiritual, um místico ou sábio

[1] Também traduzida como *A maneira certa da guerra*.

que escreveu um tratado inspirado em questões relacionadas à guerra que ocorre na mente, e usou a generalidade do combate militar — predominante na época em que foi escrito — como uma alegoria simbólica para falar sobre isso. Da mesma forma, o tratado, embora representado de maneira equivocada ao longo da história, não foi escrito para um rei, mas para as pessoas comuns, com a simples mensagem: *o Caminho Oculto para a Paz e a Plenitude.*

Nenhuma autoria foi atribuída à obra *A arte da guerra*, pois fazer isso seria sugerir que ainda havia um "eu" presente. Em vez disso, o que foi passado adiante até a era moderna pelos historiadores como *A arte da guerra*, escrita por "Sun Tzu", segue a tradição de mestres filosóficos como Lao Tsé, Homero ou Vyasa, autor do *Bhagavad Gita*. Até mesmo sugerir que Sun Tzu era homem seria impor uma identidade a essa autoria desconhecida. Para manter a tradição de autoria simbólica e estimular a ideia de que somos todos Mestres Sóis, este livro vai se referir a Sun Tzu como *ela/ele/elu*, alternadamente, não apenas para apoiar os ensinamentos inclusivos de Sun Tzu, mas para desmantelar ainda mais noções preconcebidas sobre essa figura mentora desconhecida.

A arte moderna da guerra: o Caminho Oculto de Sun Tzu para a Paz e a Plenitude oferece ao público uma nova interpretação de *A arte da guerra*, de Sun Tzu, uma que explora a sabedoria antiga da autodescoberta por meio da mais verdadeira arte da guerra: a luta para controlar a mente e os pensamentos que a governam. Essas lições vêm com um conjunto único de ferramentas e exercícios que podem ser aplicados em uma progressão gradual de passos, que, quando dominados, podem conduzir uma pessoa comum a viver uma vida de abundância por meio da paz interior.

Este livro, como um todo, é um convite — uma oportunidade — para derrotar os inimigos que ameaçam o reino da paz interior. Quando alcançamos a serenidade, nosso estado natural, nossa vida ganha um novo significado. Nós podemos começar a viver com mais equilíbrio, bondade, unidade e equanimidade,[2] que permeiam tudo que fazemos, transformando nossa existência, e posteriormente nosso mundo, em um lugar harmonioso.

Essa é a mensagem *oculta* de *A arte da guerra.*

Tal sabedoria delicada, como era a intenção original de Sun Tzu, foi totalmente reescrita e apresentada como uma nova obra nestas páginas.

AS ORIGENS DO MITO DE SUN TZU

Para começar, é importante saber que Sun Tzu pertenceu a uma família de especialistas militares, ou guilda familiar, subordinada a Ho Lu, rei da província de Wu, na China, em algum momento do século V a.C. Impressionado com as muitas batalhas vencidas, Ho Lu nomeou Sun Tzu general de seu exército e, como reza a lenda, Sun Tzu escreveu o tratado *A arte da guerra* após anos de muitos sucessos militares.

O que talvez nem todos saibam é que cada guilda familiar era *dona* da informação militar ou habilidade em que tinha se especializado — nesse caso, táticas e estratégias de guerra — e transmitia esse conhecimento *apenas* para seus descendentes, em geral de forma oral e por meio da prática, tal como um ferreiro medieval treina seus filhos para moldar ferro de um modo tradicional e específico.

Então, se as estratégias de guerra de Sun Tzu pertenciam à guilda e eram extremamente valiosas — até *protegidas* —, por que Sun Tzu as transcreveria, basicamente revelando os segredos da família?

Se virmos a guilda como uma forma de garantir a segurança empregatícia, então revelar informação seria dar a vantagem à

---

[2] A equanimidade, como apresentada por Sun Tzu, é cultivada como uma experiência de Plenitude, na qual a mente não está passando por emoções turbulentas, mas emanando calma, combinada com harmonia e perfeição.

concorrência, reduzindo drasticamente sua capacidade de sobreviver em longo prazo. Como general do exército, se Sun Tzu compartilhasse suas principais estratégias de guerra, isso teria prejudicado seu próprio progresso, arruinado sua reputação e lhe tornado substituível.

Da mesma forma, se o rei Ho Lu *tivesse* de fato encarregado Sun Tzu de criar o guia definitivo para o campo de batalha, que fosse capaz de fazer do monarca um governante mais importante e lhe conquistasse muitas terras, então Sun Tzu teria sido recompensando com muita riqueza e um legado considerável, incluindo terras e um título de nobreza. Além disso, seus sucessos poderiam ter sido registrados com mais detalhes, de forma semelhante à de outros generais historicamente celebrados e lembrados, como Miyamoto Musashi, conhecido por *O livro dos cinco anéis*.

Se Sun Tzu foi um general tão aclamado, por que não há mais registros de suas vitórias e de seu legado?

E se Sun Tzu *não* tiver sido um general, mas um místico, na tradição de outros mestres filosóficos? Nesse caso, a informação teria sido escrita e preservada pelos seus alunos, capazes de interpretar a sabedoria oculta com um propósito: aliviar o sofrimento da existência humana por meio da prática de domar a mente angustiada.

Com o tempo, conforme a linhagem e a escola de Sun Tzu enfraqueceram, seus ensinamentos se perderam para a maioria das pessoas, até que foram redescobertos, só para serem lidos de forma equivocada — até agora.

SÉCULOS DE INTERPRETAÇÕES EQUIVOCADAS

A arte da guerra, de Sun Tzu, com certeza não é a única Sabedoria Inspirada que foi mal interpretada através das eras. Textos filosóficos codificados existem há séculos na história humana, muitos dos quais foram reduzidos a uma anedota superficial ou floreados como mitos (assim, considerados inverídicos), abandonando ou perdendo a interpretação mais profunda das entrelinhas.[3] Mas como o significado originalmente intencional passou despercebido e por que escondê-lo?

Uma explicação possível é que a maioria dos textos sagrados contém duas interpretações: uma moral e uma filosófica (Sabedoria Inspirada). De modo geral, a história moral está bem na superfície (exotérica) e é de fácil compreensão, pois se concentra na ética e nas virtudes essenciais para a vida diária. A maioria das pessoas para por aí. No entanto, uma reflexão mais profunda pode revelar uma mensagem secundária, alegórica e oculta (esotérica), que costuma explorar as questões das origens e da existência humanas.

É possível que as pessoas que ouviram originalmente *A arte da guerra* tivessem uma compreensão mais profunda de seu significado, uma que enxergava algo além das guerras e batalhas físicas, como estratégias para conquistar a mente ansiosa, para obter a vitória por meio do autoaperfeiçoamento, fazendo com que a paz interior prevalecesse.[4] Ao longo do tempo, conforme as pessoas migram e territórios são conquistados, novas ideias vêm e vão, e as práticas originais podem ser perdidas ou interpretadas de forma equivocada no processo. Quando redescobertas, nem sempre são lidas com algum conhecimento prévio de seu propósito ou entendimento do contexto filosófico no qual foram originalmente escritas.

As duas interpretações (esotérica e exotérica) têm seu significado e importância, porque atendem a dois tipos diferentes de alunos: os que estão iniciando sua busca e os que assumiram um compromisso sério de avançarem em um caminho e ensinamento em parti-

---

[3] Alguns exemplos de textos filosóficos codificados incluem: *Beowulf*, *O mabinogion*, as *Leis* de Platão, o *Popol Vuh* e *A odisseia*.

[4] Como exemplo, os primeiros povos celtas, familiarizados com as histórias que agora formam *O mabinogion*, podem ter entendido a frase de abertura "Pryll, príncipe dos Dyved, era senhor dos sete cantrevos de Dyved" como "A sabedoria era a governante dos sete territórios [da mente]", apesar de seu tom e suas qualidades épicos. Ver *Forests of Annwn*, do autor.

cular. Mestres de Sabedoria Inspirada,[5] como Sun Tzu, reconheciam e entendiam a luta humana que existe para descobrir o caminho que leva ao potencial ilimitado disponível para *todo mundo*. Mas, em vez de dar aos dois tipos de estudante *toda* a informação de uma vez, o que pode ser contraproducente ou equivocado, eles introduziram uma série de passos para tornar possível administrar esse trabalho, para garantir a vitória.

Sun Tzu explica por que isso é importante no capítulo de abertura, *Fazendo planos*: "Saber de antemão quais desafios estão por vir afasta o aluno fraco."

Ao organizar e ocultar o ensinamento como uma progressão de passos, torna-se possível que alunos aprendam, pratiquem e dominem o material sem serem facilmente detidos por desafios e fracassos — ou desistirem completamente. Na matemática, o aluno não começa a estudar cálculo antes de aprender a somar e subtrair. Da mesma forma, um aluno de Sun Tzu abordaria a prática da Plenitude de um jeito metódico, para estimular o sucesso no longo prazo.

Ou seja, ocultar os ensinamentos inspirados preservou sua pureza, especialmente para aqueles que assumiram um compromisso sincero e consideram o ensinamento sagrado e valioso — um tesouro — pelo presente que ele traria no fim, testemunhado por meio da experiência de seu mestre e professor.

Não é necessário dizer que isso também impediu que o texto fosse destruído ou alterado por uma religião, cultura ou atitude política contrárias, como quase aconteceu com *A arte da guerra*. O livro sobreviveu apenas porque suas verdades espirituais sutis foram disfarçadas como um tratado de guerra, compartilhado em meio à classe militar. Como não era considerado um texto religioso, esca-

[5] Exemplos de professores de Sabedoria Inspirada incluem Pitágoras e o antigo faraó do Egito, Akhenaton. Este último é representado equivocadamente como um adorador do Sol, o que podia ser compreendido mais exatamente como um símbolo de domínio sobre a consciência comum.

pou de ser queimado junto com outros livros sagrados durante um expurgo sancionado pelo governo.[6]

SUN TZU, MESTRE SOL

É importante saber que a história de Sun Tzu está envolta em alegoria, fornecendo mais evidências de que *A arte da guerra* tem um valor inspirado e filosófico maior que um valor militar. Ela nasceu com o nome Sun Wu, que significa "guerra do sol", e posteriormente assumiu o título de Sun Tzu, ou Mestre Sol. Em *A arte da guerra*, ser Mestre do Sol significa ser uma pessoa que tem autoconhecimento, ou que caminha em unidade com a Consciência Constante, ao longo do Caminho Oculto para a Paz e a Plenitude:

> Viajando pelos picos mais altos das montanhas
> Acima das nuvens
> Além dos domínios da terra
> E dos mistérios ocultos da lua
> Subindo para o sol.[7]

Um Mestre Sol mostra ao aluno que ele também pode superar a existência comum conquistando o domínio sobre sua própria mente.

De acordo com a lenda, o Mestre Sol estava a serviço de Ho Lu da província de Wu — "*wu*" significando guerra. Embora Ho Lu seja uma figura histórica, ele é usado no mito de Sun Tzu para gerar uma familiaridade com o leitor contemporâneo, a fim de explicar alegoricamente ao aluno que o *sol* deve combater a *mente em conflito* para ascender na percepção terrena. Historicamente, a era que antecedeu

[6] Para saber mais, ver: Período dos Estados em guerra, sob o governo de Ch'in Shih Huang-ti.

[7] Em diversas culturas, como os egípcios antigos, os maias, os gregos etc., o sol foi usado como símbolo alegórico de Plenitude (ou seja, unidade de consciência, iluminação, não dualidade, união com Deus/Deusa/Divindade).

o reinado de Ho Lu se chamava "Estado do Sol", momento em que foi inaugurado um tratado que proporcionou uma trégua nas guerras por centenas de anos.

É possível argumentar que até a época em que se registrou o nascimento de Sun Tzu também seja parte da alegoria: o "Estado do Sol" simboliza o estado de união perfeito com a fonte de todas as coisas, que (figurativamente) desce sobre o corpo humano (ou sobre a consciência material) da ilusão, como representada pelo governo do estado de Wu (ou guerra) de Ho Lu.

Além da natureza mitológica, há uma história bem conhecida sobre como Sun Tzu impressionou Ho Lu e foi nomeada sua principal estrategista militar. Depois de ouvir falar sobre o talento de Sun Tzu, o rei Lu pediu a mestre que se submetesse a um teste: se Sun Tzu conseguisse treinar as criadas na arte da guerra, então o rei faria dela comandante de seu exército.[8]

Sun Tzu concordou, então nomeou duas criadas como líderes de uma facção maior de mulheres "soldadas". Ela ordenou às líderes que virassem à direita, depois à esquerda, depois para a frente e de volta. Mas as mulheres apenas riram. Sun Tzu teria dito: "Se os comandos e ordens *não* são transmitidos com clareza nem compreendidos, então é culpa do general." Ela tentou novamente, só para chegar ao mesmo resultado.

Sun Tzu disse: "Se os comandos e ordens *são* transmitidos com clareza e compreendidos, então a culpa é da *soldada*." Com isso, Sun Tzu decapitou as duas criadas.

Ela não tinha terminado. Em seguida, Sun Tzu nomeou mais duas líderes e começou a dar suas ordens, que foram seguidas à risca! O rei Lu, vendo as soldadas disciplinadas e prontas para a batalha em tão pouco tempo, nomeou Sun Tzu general de seus exércitos.

---

[8] Essa história tem origem na descoberta arqueológica das tiras de bambu de Yin-ch'ueh Han. Ela também foi representada visualmente em *The Art of War*, dirigido por David W. Padrusch (Nova York, A&E Home Video) em 2009.

A história, mais fábula que fato histórico, foi crucial para alavancar a reputação de Sun Tzu entre os líderes militares ao longo da história. No entanto, a essência desse texto delicado reside em um conflito que transcende uma guerra física: é sobre a luta por um reino livre e unido dentro da mente.

Por trás dessa anedota literal está o conhecimento secreto para se conscientizar — ou, simplesmente, ativar o autoconhecimento ou domínio como um estado constante. Ela sugere remover o véu de uma existência percebida com dualidade, para reconhecer uma que está sempre presente e Plena. Depois de revelada, ganhamos um poder maior para sustentar nosso estado natural de equilíbrio mental, livre de estresse, preocupação, dúvida e medo em favor de uma vida equilibrada por meio da alegria e da unidade, já que não estamos mais estamos indo e vindo entre dois estados de consciência ou várias emoções. Em vez disso, nos mantemos e nos abrigamos em um estado constante de equilíbrio, a liberdade definitiva.

Se aplicarmos essa ideia à história da criada, veremos que Sun Tzu não decapitou *literalmente* as serviçais, mas, em vez disso, cortou a raiz do ego com dualidade, transmitindo assim a fundação da disciplina por meio da qual é possível atingir o autodomínio da Plenitude. Ao fazer isso, Sun Tzu (Mestre Sol) foi encarregado de comandar *todos os exércitos* (sentidos) na *terra em combate* (a mente). Com suas ordens e orientações (vontade) firmes, a *terra* (intuição) ficou em *paz* (Plenitude).

SIMBOLISMO NA OBRA DE SUN TZU

Como existem muitos livros hoje em dia que exploram o significado militar (ou superficial) da obra de Sun Tzu e têm um propósito diferente na história do mundo, em *A nova arte da guerra,* só vou me preocupar em explorar a sabedoria filosófica atemporal e há muito oculta (esotérica) que o tratado de Sun Tzu fornece, longe das batalhas terrenas para obter sucesso e riquezas, mas uma batalha com importância muito maior: o controle de sua própria mente.

O que torna *A nova arte da guerra* especial é que a obra não se conecta com nenhuma tradição ou dogma e, portanto, não vem com as limitações do separatismo; ela fornece, em vez disso, inclusão e acessibilidade. Qualquer um é bem-vindo aqui. O ensinamento é para discentes de qualquer origem, de qualquer nível, de qualquer profissão, para guiar, instruir e oferecer apoio ao longo do caminho de autodescoberta da vida.

Essa liberdade nos permite viver com mais leveza e atender diretamente à nossa maior necessidade: confiar em nosso mestre (ou guerreiro) interior para abraçar uma vida pacífica, exatamente onde nos encontramos. Mesmo que você tenha falhado cem vezes antes, Sun Tzu oferece um espaço genuíno para se *estar*, para se reconectar e descobrir sua parte oculta — como um guerreiro — que é cem por cento bela.

Conforme exploramos os treze capítulos, descobriremos o significado por trás de códigos ou símbolos básicos que Sun Tzu utilizou para falar sobre a mente inquieta. Ao fazer isso, você será capaz de discernir o que é mais valioso para você e o que aplicar diretamente à sua vida. É um livro pode ser relido no futuro: à medida que você muda e cresce, vai se deparar com um significado em um momento, então ler a mesma passagem novamente, anos depois, e ela poderá ter outro.

Mestres como Sun Tzu procuravam orientar e auxiliar com base na própria experiência individual, mas a conquista da maestria é um caminho único do aluno, embora inevitavelmente compartilhado por outras pessoas.

Para começar, há alguns símbolos úteis para sua leitura que precisam de interpretação. Como Sun Tzu está usando o mundo da estratégia militar para explorar a mente e a consciência, podemos ver o significado secundário por trás das palavras:

- **O Estado:** O Eu como um todo ou união da consciência.
- **Guerra:** O conflito entre o Eu Inferior e o Eu Superior; também a prática de observação.
- **Campo de batalha:** O território da mente.
- **O inimigo:** A mente inquieta ou pensamentos, emoções ou percepções conscientes; o ego que percebe o mundo material como *real* ou imutável. É o que impede o aluno de encontrar seu Sol Interior. Na maioria das vezes, representa o Eu consciente de uma pessoa que impede o Eu intuitivo (ou Superior) de alcançar a liberdade, concentrando-se em desejos e preocupações terrenas.
- **O general:** O aprendiz trilhando seu caminho; a capacidade que uma pessoa tem de discernir e agir. (Observe que não começamos a jornada como soldado raso, mas como um general no comando; isso é muito importante e sugere que nossa vida e interesses diários estão em nossas mãos capazes.)
- **O exército:** Os guerreiros que defendem a mente, como a consciência ou a intuição (Revelação Intuitiva) que travam batalhas no mundo material contra seus "inimigos" (pensamentos, emoções, percepções).
- **Planos:** A Forma Delicada ou caminho para ter sucesso em trazer harmonia para a percepção equivocada do Eu Inferior e do Eu Superior.
- **Céu:** Yin, ou Consciência Superior.
- **Terra:** Yang, ou Consciência Inferior.

AS MUITAS FACES DA GUERRA

Como *A arte da guerra* não nos foi transmitida como *A arte da paz*, pede-se ao público leitor deste livro que reconsidere e expanda sua definição de guerra para incluir as muitas facetas do conflito, como deve ter sido a intenção de Sun Tzu. Como você agora sabe, o substantivo "guerra" é usado metaforicamente como a luta contra nossas mentes distraídas. Entretanto, também é importante levar em conta as maneiras menos óbvias pelas quais geramos conflito com nosso pensamento e ações no dia a dia.

Se pedirem que desenhe um retrato da guerra, você pode produzir uma nuvem em forma de cogumelo causando destruição sobre uma cidade inocente; pode haver derramamento de sangue, balas, ruínas e muitas pessoas mortas; ou pessoas lutando com armas, tanques, drones, ou até mesmo uma guerra cibernética, cada lado acreditando ser o vencedor. Isso é guerra física em grande escala. No entanto, ao nos fixarmos nessa imagem, negligenciamos as formas sutis como ela se manifesta em nosso cotidiano.

Já a guerra relacionada à mente ocorre quando nossos pensamentos criam divisão aonde quer que nós vamos. Se discriminamos entre bom e ruim, ou alegre e triste, ou ficamos indiferentes, estamos criando uma divisão entre nós mesmos e *outra coisa.*

Se criamos qualquer tipo de resistência em relação a outras pessoas, estamos entrando em uma guerra mental.

Quando mudamos de um estado de equilíbrio mental para um estado de força, julgamento, controle, ou impomos nossa vontade sobre outras pessoas sem consideração ou permissão, então estamos criando miniguerras.

Considere o papel que nossos pensamentos desempenham quando defendemos nossas crenças contra as de outra pessoa, em vez de respeitar e valorizar as diferenças. Às vezes, criamos fronteiras e limites que declaram que estamos certos, e outra pessoa, errada, ou menor ou diferente.

Nossa criação de barreiras mentais (limites) se torna o campo de batalha da mente que a obra de Sun Tzu aborda.

Outros exemplos incluem:

- Um motorista impaciente, nervoso e agressivo, que leva uma fechada inesperada e fica com raiva.
- Discussões com outras pessoas sobre nossas crenças quando nos tornamos presunçosos, incapazes de reconciliação.
- Desavenças com vizinhos ou com a comunidade sobre coisas de que não gostamos, acreditando que nossa maneira é a *única* maneira.
- No caixa, quando é cobrado um preço mais alto por um produto, e descontamos a frustração nos funcionários pelo erro.
- Jardineiros removem ervas daninhas, criando uma batalha entre o que pertence ao jardim e o que não pertence — entretanto, a Terra vê apenas plantas.

A guerra pode ser encontrada em nossas críticas, julgamentos e raiva, ou outros estados emocionais, como inveja, depressão, tristeza, preocupação. Discriminação, ódio e separatismo, todos resultam em pensamentos de alteridade, que por sua vez criam um futuro de conflito.

Da mesma forma, podemos olhar no espelho e julgar a nós mesmos criticamente (por exemplo, feio, bonito, magro, acima do peso), criando resistência à nossa beleza inerente. Ano após ano, nossa mente e pensamentos nos convencem a acreditar que a realidade está sempre em um estado de ir e vir, controlando e ditando um futuro incerto, e que nós não temos controle sobre isso.

Mas nós temos, pelo menos de acordo com Sun Tzu.

Assim que começamos a aplicar os ensinamentos do Caminho Oculto para a Paz e a Plenitude, vemos que não são os *outros* que estão arruinando nossa vida, o ambiente, ou fazendo do mundo um lugar terrível, mas que depende de nós empregar imediatamente a mudança por meio de uma mente tranquila e pacífica. Então, rapidamente, as pessoas e os lugares — nossa própria mente — deixam de ser nossos adversários.

Essa nova narrativa única é um mapa para a descoberta de nossa habilidade inata de retomar o controle e o domínio sobre nossa consciência (ou circunstâncias do dia a dia), para atingir a paz entre os estados em conflito das duas percepções ou Eus (a Consciência Superior e a Inferior). Conforme a Plenitude se torna nosso estado natural, percebemos nosso mundo sem limites, já que a mente se torna silenciosa e eterna, como um olho que tudo vê, simbolizado na antiga sabedoria grega como uma ciclope. Normalmente retratados como cegos, ciclopes significam a queda na ilusão ou na cegueira para o Eu pleno e único de uma pessoa.

Esse estado de não guerra ou paz é presente e consciente. Sócrates, um professor de Sabedoria Inspirada, explicou isso dizendo: "Só sei que nada sei." Escrita por Platão, muitos interpretam que a passagem mostra a humildade de Sócrates, mas "saber" é estar autoconsciente, se abrigar em um estado de harmonia com a Plenitude intuitiva de uma pessoa, em vez de confiar na mente pensante controlada por estados emocionais.

Em suma, quando a mente para de tagarelar, ela flui em um estado de equanimidade, ou paz, e está presente, então não pode (tecnicamente) "saber" nada nem pode exercer julgamento ou separação. Imagine a sensação de uma hora de clareza e vastidão, sem a interrupção de pensamento. Isso é muito poderoso, e ainda assim delicado, levando a um estado de quietude e paz que nos permite acessar diretamente nossa sabedoria, verdade e conhecimentos inquestionáveis, até então desconhecidos para nós.

A sabedoria dos gregos antigos também retrata a mente em paz como um *semideus*, como Hércules, que nasceu com habilidades divinas e humanas. Simbolicamente, também nascemos semideuses, possuindo tanto uma consciência divina quanto uma consciência do mundo material (ou Céu e Terra, Yin e Yang) que nos dão poder (simbolizado pela força física de Hércules) sobre a matéria/criação. A mente material (consciente) acredita que está no controle, impedida de reconhecer a natureza divina que está sempre presente, sempre em busca de *concretizar* sua perfeição.

Sun Tzu ensina que a Plenitude é alcançada por meio de uma permissão sem esforço — ou seja, o estado em que não resistimos mais a nossa verdadeira natureza e nos tornamos muito poderosos, como Hércules, honrando tanto nosso Eu humano quanto nosso Eu divino em equilíbrio. Nós não precisamos lutar contra nada. Recebemos um empurrãozinho intuitivo e acabamos por confiar nele, em vez de ignorá-lo, e começamos a viver no fluxo. Ao mesmo tempo, nossos pensamentos não precisam ser purgados ou detidos à força. De certa forma, é um desserviço conceber a mente inquieta como algo do qual precisamos nos livrar. Em vez disso, é uma ferramenta, um "olho" que vê, interpreta e nos guia delicadamente no plano consciente e pode ser aproveitada para servir a nossa intuição, em vez de estar em guerra com ela.

Quando paramos de lutar, como explica Sun Tzu, basicamente confiamos em nosso conhecimento e nos permitimos ser nossa *expressão mais verdadeira*, sem sermos impedidos por *nada*.

A IMPORTÂNCIA DE SUN TZU HOJE

Conforme *A arte da guerra* se tornou popular durante o período dos Estados em Guerra, uma época em que a maioria do público fazia parte do imenso complexo militar, era uma questão de vida ou morte protegê-la. O ato do autor desconhecido de tê-la preservado foi altruísta, tudo com o único propósito de se beneficiar e libertar outras pessoas do ciclo de sofrimento humano.

Se você considerar os soldados, líderes e pessoas comuns, entre outras, trabalhando com ou em torno da classe militar, que teriam tido acesso a ela, há outra razão substancial para isso: se você pudesse mostrar àqueles que lutavam a guerra de verdade que a vida podia ser mais do que matar *inimigos* no campo de batalha — resultando em um sofrimento imenso infligido aos dois lados —, e desse a eles liberdade por meio do conhecimento sagrado do caminho para a paz interior, *você podia acabar com a guerra física.*

Esses heróis pacíficos que transcreveram e preservaram *A arte da guerra* tentaram desafiar a mentalidade predominante de seu tempo, que ditava que a única maneira de estabelecer relações pacíficas era por meia de guerra física — porém, por meio da compreensão de Sun Tzu da Plenitude, podemos aprender com o passado, descobrindo que *o que fere um fere todos nós.*

Desse ponto de vista, os ensinamentos de Sun Tzu podem ser exaltados, de um texto que antigamente perpetuava a guerra para um texto que oferece um futuro em que a paz é visível e *viva*, disponível para todas as pessoas.

Nós nunca vamos saber quantas pessoas *de fato* ouviram os ensinamentos de Sun Tzu e depuseram as armas ao longo da história. Hoje, nos unimos às pessoas comprometidas com a linhagem de paz do Mestre Sol. Não somos ilhas quando pensamos. Como criadores, nossos pensamentos geram uma vibração sutil, que é sentida e recebida em toda parte por outras pessoas e pelo ambiente natural (por meio de tempestades, catástrofes etc.) porque fazemos parte de uma realidade coletiva. Mas, quando você consegue um ponto de apoio nesse estado mental *conflituoso* que frequentemente (mas não *sempre*) está ditando distração e desordem no mundo, vai reconhecer sua habilidade de criar um novo futuro com base no equilíbrio e na harmonia para si e para os outros.

Sun Tzu convida seu aluno a caminhar com delicadeza, sem necessidade de forçar, se empenhar ou procurar, e sim permitindo que o professor interior tome uma atitude direta para comandar os pensamentos que criam discórdia e estabelecer um reino bem-governado. Ao mudar nossa percepção da desordem para a ordem, é gerado um próprio nível de *responsabilidade social*, nos dando uma oportunidade ilimitada de sermos bons e amorosos com as outras pessoas para criarmos um mundo em que a paz está sempre presente.

Quando nos juntamos (nossa mente Plena) a outras pessoas em harmonia coletiva, dividimos a unidade compartilhada disponível a todos os seres humanos em escala global. Esse modo de viver belo e sem esforço com outras pessoas está disponível em todos os momentos. Na verdade, você vai deixar passar um pensamento errante ou descuidado com o objetivo de não machucar outro ser humano.

Como resultado, o amor floresce, a bondade reina *sem esforço*. Esta é a promessa de Sun Tzu sobre o Caminho Oculto para a Paz e a Plenitude.

À medida que seguimos juntos pelo caminho, vamos fazer isso abertamente e sem medo.

Não há bater em retirada nesse tipo de batalha.

COMO É A ABORDAGEM DESTE LIVRO

A nova arte da guerra é composto de treze novos capítulos com base nos ensinamentos esotéricos e usa o sistema original de numeração da tradução de Giles. Cada capítulo possui um resumo, seguido por um comentário que assimila as principais ideias de Sun Tzu, fornecendo maneiras de aplicar os ensinamentos em sua própria vida e em sua prática. Todos têm reflexões para mais explorações. Alguns também incluem exercícios.

Para dar uma ideia do que vem pela frente, segue um plano detalhado capítulo a capítulo:

- **Capítulo 1:** *Fazendo planos* — Uma análise sobre o comprometimento a trabalhar com a mente inquieta, desenvolvendo a criação de um plano de ação. Aborda as armadilhas mais comuns associadas ao domínio da mente, enquanto oferece um ponto de partida valioso.
- **Capítulo 2:** *Os custos de se lutar uma guerra* (mental) — Depois de estabelecer um compromisso sincero, não temos mais medo de bater em retirada e podemos começar a observar de

maneira objetiva o que estamos pensando, fazendo, dizendo, sentindo etc. e então evoluir para um estado de Plenitude.

- **Capítulo 3:** *Empreendendo por estratagemas* — O ensinamento preliminar de observação direta como meio de interromper, dividir, desviar ou conquistar pensamentos evasivos estrategicamente para criar novas estradas para a paz e a harmonia.

- **Capítulo 4:** *Calculando a natureza de uma pessoa* — Reflete sobre a natureza do pensamento, como ele começa e cria fluxos de pensamento, entremeados pelo campo da percepção. Com conhecimento prévio, podemos recuperar a vantagem da conscientização por meio de nosso Sol Interior e viver mais plenamente.

- **Capítulo 5:** *Concentração enraizada* — Analisa o primeiro estágio da concentração. Ensina a criar vantagens sobre a natureza desordenada ou desequilíbrios habituais que encontramos diariamente para orientar sem esforço nosso foco na direção da unidade e da harmonia.

- **Capítulo 6:** *Equilibrando pontos fracos e fortes* — Desperta uma compreensão mais profunda da forma como nossa mente cria dualidade e divisão para poder manter equilíbrio e harmonia estrategicamente e com mais frequência.

- **Capítulo 7:** *Prática da conscientização calculada* — Analisa nossa habilidade inerente de manobrar nossa percepção em direção a um estado de atenção mais disciplinado e concentrado, que vai fornecer um entendimento mais profundo de como nossos pensamentos se multiplicam e reprimem a consciência.

- **Capítulo 8:** *Variações no método* — A descoberta das Cinco Vantagens e da natureza do pensamento por meio de experiências diretas: se temos consciência de como os pensamentos surgem, sua força ou poder para evitar serem detectados podem ser planejados e enfrentados de forma condizente.

- **Capítulo 9:** *Expansão da consciência contemplativa* — Quanto mais aplicamos a concentração e a atenção para limpar o campo da percepção, mais criamos equanimidade como um estado regular de consciência que se expande... cada vez mais!

- **Capítulo 10:** *Território da mente* — Agora que você tem uma compreensão da expansão da mente, Sun Tzu mostra as seis formas mais óbvias com que o pensamento aparece — ou melhor, como sentimos o pensamento por meio de um campo de percepção ilimitada.

- **Capítulo 11:** *Os Nove Campos (Imparciais) da Percepção* — Aprofunda as treze formas diferente de sentir a maneira como o pensamento surge. Esse conhecimento prévio vai ajudar a manter um domínio da concentração e da consciência para desvelar a paz e Plenitude.

- **Capítulo 12:** *A Vontade Sincera* — Agora que você entende o campo da percepção, pode superar limitações de pensamentos e sentidos, além de reconhecer onde deflagrações ocorrem para restaurar o equilíbrio natural.

- **Capítulo 13:** *Discernindo fragilidade* — O ensinamento fundamental sobre como discernir a fragilidade presente em todas as coisas. É por meio da fragilidade que surge uma compreensão da natureza interconectada de nossa existência — dessa forma, a luz do Sol Interior anuncia a chegada de um estado de vitória.

Pode ser benéfico fazer uma primeira leitura do texto na íntegra, depois voltar ao princípio para se aprofundar no estudo e incorporar o que é útil a ferramentas para a prática diária. De forma alternativa, você pode começar lendo cada capítulo, um de cada vez, então refletir sobre a informação e começar a prática aplicada, utilizando-a por um período determinado de tempo. Quando estiver em um nível confortável de entendimento, vá para o capítulo seguinte. Da mesma forma, como há o equivalente a um ano de capítulos, você pode focar em um capítulo por mês, por um ano inteiro (e um mês) de estudo.

No geral, o comentário tem a intenção de apoiar sua exploração das lições de *A nova arte da guerra*, enquanto você se envolve ativamente na vida diária *agora*, não em algum momento distante do futuro. Aplicar o trabalho por meio de um hobby, habilidade ou ofício pode ser benéfico, já que a repetição de uma única tarefa permite que a mente se concentre e foque mais ao longo de um período de tempo e por meio de passos que acabam por levar à maestria.

Por exemplo, se você é escritor, alpinista, dançarino, cantor, ator, piloto de corrida, escultor, tecelão, engenheiro, mecânico, atleta, músico ou inventor, e assim por diante, praticar seu ofício pode criar meios de desenvolver a prática de observação de Sun Tzu, junto com muitos dos outros ensinamentos encontrados neste livro.

Da mesma forma, nosso dia a dia fornece uma torrente interminável de tarefas que nos permitem utilizar os ensinamentos de Sun Tzu para dominar nossa mente: limpar um banheiro, cozinhar, brincar, lavar roupa, fazer jardinagem, falar com clientes, arrumar prateleiras ou encaixotar coisas, varrer ou fazer chá são todas formas incríveis de aprender paciência e calma.

Cada ação conta. O segredo é começar no próximo momento que se apresente.

Junte-se a mim, agora!

Quando transformamos o *dia* em sua meditação, em uma cerimônia ou celebração momento a momento — uma expressão singular e incessante que está presente —, as preocupações da rotina aos poucos retrocedem. Você vai gradualmente parar com a guerra do pensamento constante, que te impede de observar quem realmente é. Quando terminamos com a guerra em nosso interior, fica a nosso alcance nos tornarmos Mestre Sol.

Que você tenha vitória.

Reflexões: O Caminho da Paz e da Plenitude

"Não está registrado em lugar nenhum que um discente se beneficiou por protelar a preparação e a execução da prática."

— Capítulo 2

1. *Como é a imagem da guerra física para você? Faça um desenho ou escreva um poema para expressar isso.*

2. *Em comparação, como é a imagem da guerra pessoal em sua vida? Dê um exemplo de um conflito com outras pessoas no qual você esteja atualmente envolvido.*

3. *Que exemplos você pode dar de situações em que experimentou sua intuição por vontade própria?*

4. *O quanto é fácil/difícil considerar que um professor está no interior e que a busca pela paz ou pela sabedoria também está no interior e não é externa?*

5. *O que você espera trazer para sua própria vida, agora que está embarcando no Caminho Oculto para a Paz e a Plenitude de Sun Tzu?*

6. *Como você acha que é uma vida de paz e harmonia?*

7. *Que habilidade, trabalho ou ofício lhe interessa no qual você pode utilizar e aplicar os ensinamentos de Sun Tzu? Se nada lhe vem à mente, o que empolga e inspira você? (Faça isso agora.)*

8. *Compartilhe uma coisa que você pode fazer hoje que pode inverter uma crença preconcebida sobre outras pessoas, anunciando a chegada de paz para essa miniguerra.*

9. *Pense em uma área de sua vida, ou do mundo, onde você se deparou com a evidência de que o que fere um fere todos nós. Que passo(s) pode(m) ser dado(s) diretamente para gerar mudança?*

10. *O que você quer fazer na vida e como você pode começar a honrá-la ainda mais e aplicar os pensamentos conforme os aprende?*

1

FAZENDO PLANOS

1. Sun Tzu disse: a arte de observar a mente é de importância vital para o Eu.

2. Alcançar um Eu unificado é questão de vida ou morte, uma estrada para a segurança ou para a ruína.

3. Ao batalhar pela união do Eu, há cinco princípios que devem ser levados em conta nas deliberações de uma pessoa para atingir a unificação com a Fonte.

4. Eles são: Lei Moral, Céu, Terra, o General, método e disciplina.

5-6. A Lei Moral, ou Caminho, faz com que um aprendiz esteja totalmente em harmonia com seu Eu mais elevado, então ele vai segui-lo de qualquer forma, sem se abalar com nenhum perigo. Ao permitir que o Eu Superior governe, o corpo vai estar em harmonia com o Eu e não vai temer nada no mar das preocupações terrenas.

7. O Céu (Yin), ou o Eu Superior, deve estar equilibrado para que o estudante possa alcançar a conscientização da mesma forma que a noite equilibra o dia, ou o frio equilibra o calor, e as épocas das estações equilibram umas às outras.

8. A Terra (Yang), ou o ego (ou a Consciência Inferior que percebe o corpo como uma forma), vai passar por muitos obstáculos, grandes e pequenos, e outros que vão desafiar sua sensação de segurança e torná-la instável, já que não vai abrir mão facilmente do controle; assim, o aluno deve ser dedicado. Se você dominar uma mente inquieta, vai levar vida para o Eu unificado e morte para o ego.

9. O aluno dedicado (o General ou Comandante) no caminho da Plenitude vai encontrar as virtudes da sabedoria, sinceridade, benevolência, coragem e rigor a seu comando.

10. O Método e a Disciplina devem ser compreendidos como a habilidade de uma pessoa colocar o exército de sentidos e desejos em seus devidos lugares, e também de manter a energia vital ao longo dos caminhos[9] no corpo, fornecendo a conscientização da pessoa e controlando quanta energia vital é gasta. (O aprendiz que se dedica à prática vai se disciplinar para superar seus desejos e controlar seus sentidos.)

11. Esses cinco sentidos (visão, audição, paladar, olfato e tato) deviam ser conhecidos por todos os alunos: aquele que sabe como controlá-los vai ser vitorioso; aquele que não sabe vai fracassar. O aprendiz que continua a ceder a desejos terrenos derivados dos sentidos (por exemplo, o paladar, que pode levar à gula) não vai atingir a Plenitude.

12. Portanto, em suas deliberações, quando determinar o caminho para atingir a consciência, pense nas seguintes perguntas para ter sucesso:

    a. Qual dos dois, o Eu Superior ou o Inferior, está imbuído com o Caminho da Paz e da Plenitude?

    b. Dos dois, qual tem mais habilidade de chegar ao sucesso?

    c. Qual é mais equilibrado, e portanto tem vantagem quando surgem obstáculos? Como você pode levar sua mente (pensamentos/desejos) a um estado de equilíbrio?

    d. De que lado a Disciplina é seguida de forma mais rigorosa?

    e. Qual lado tem mais treinamento?

    f. Que lado demonstra uma habilidade maior de permanecer imutável, especialmente quando se trata de recompensas e castigos?

[9] "Caminhos" ou *meridianos* que estendem energia/força vital através do corpo. Às vezes, chamados de chacras, do sânscrito *chakra*, que significa "roda", ou "aquilo que gira".

13. Por meio dessas sete considerações, o aprendiz (e o mestre)[10] pode prever a vitória ou a derrota da mente na obtenção de unidade com a Fonte.

14. O estudante que presta atenção ao conselho do mestre (intuição) e o coloca em prática vai conquistar a ilusão de forma do Eu; esse tipo de estudante deve manter o controle. Mas o aprendiz que não segue o conselho do mestre (conselho da intuição) nem o coloca em prática vai permanecer em um estado de ilusão e sem consciência de todo o seu Eu; ele precisa recuperar o controle.

15. Acima e além do conselho/intuição do mestre, se você tem conhecimento de suas próprias fraquezas, deixe que elas saibam que você também pode conquistá-las.

16. Da mesma forma, se você não está fazendo progresso com sua prática, modifique o que está fazendo de acordo com o necessário.

17. Toda guerra da mente inquieta — a batalha para desfazer ou superar a ilusão do domínio terreno — tem base no engodo.[11] O Eu Inferior (Terra) vai tentar enganar o Eu Superior (Céu). Esse é um ponto simples, mas importante, pois muitas pessoas que começam o caminho para a paz interior ficam inquietas e entediadas. O corpo, com a ajuda da mente inquieta, vai encontrar coisas mais empolgantes para fazer, desviando, assim, o Eu da busca pela sabedoria.

18. Por isso, quando conseguimos praticar (ou seja, observar a mente), devemos parecer incapazes, ou fazer isso sem esforço. Quando usamos nossas *forças* (o exército),[12] devemos parecer inativos; quando nossas forças estão perto, devemos

---

[10] O mestre tem um Conhecimento Intuitivo, ou intuição interior. O mestre está escondido no interior e não é externo. Nós precisamos apenas sintonizar nossa intuição para *ouvir* o mestre.

[11] Quando atribuímos dificuldade (por exemplo, doença, dor, contratempos, atribulações) a qualquer momento, criamos uma divisão na percepção da Plenitude; assim podemos reconsiderar que nossos pensamentos ganhem liberdade de pontos de vista limitantes.

[12] Ver Introdução, "O exército".

fazer com que o inimigo (pensamentos conscientes) acredite que estamos longe; quando estamos longe, devemos parecer estar perto. Para obter consciência, é necessário encontrar a quietude da mente. A batalha está em direcioná-la para um lugar de equanimidade — um feito bastante difícil. O mestre (intuição) sabe que o corpo vai resistir, por isso deve estar vigilante e se manter longe da atração dos sentidos.

19. Por meio da vigilância, o aprendiz *pode* superar a ilusão dos sentidos terrenos. Não ceda à tentação de lutar contra o corpo/sentidos, pois eles possivelmente vão ganhar. O inimigo é o Eu. O mestre (intuição) sugere a estratégia de enganar o Eu para que ele fique imobilizado, assim conquistando a conscientização.

20. Se os sentidos corporais forem fortes, prepare-se para vacilar. Faça o que for preciso para evitar reconhecer a existência do Eu.

21. Não evite suas emoções, como a raiva, mas reflita sobre elas, para que você possa entendê-las, conquistá-las e seguir em frente. Além disso, se você se aborrecer ou agir com arrogância, deve evitar a tomada de decisões e permanecer imóvel.

22. Quanto às estratégias para conquistar seus desejos e sentidos, esteja vigilante e não permita que eles encontrem um ponto de apoio. Separe-os de outras emoções, para que sejam mais fáceis de desvendar, entender e superar.

23. Além disso, use o tempo em que você não está *ligado a* (ou afetado por) emoções ou desejos intensos para investigá-los, e vá para um lugar onde elas não controlem você.

24-25. É papel do professor (intuição) guiar o aluno (mente consciente) pelos diversos níveis até chegar à Consciência do Eu (Sol Interior). Saber de antemão quais desafios estão por vir vai afastar o aluno fraco. Para alcançar a vitória ou a equanimidade, o aprendiz deve se concentrar no momento presente e não se preocupar com o passado ou com o que está por vir.

26. O aluno que faz muitos cálculos antes que a batalha seja lutada vai derrotar a mente inquieta. Da mesma forma, o aluno que faz poucas considerações vai perder. É possível prever quem vai ter sucesso e quem não vai.

INTERPRETANDO A SABEDORIA VIVA DE SUN TZU

Sun Tzu pede ao aluno comprometido no Caminho Oculto para a Paz e a Plenitude que considere a importância de entender a dificuldade envolvida para atingir a liberdade da mente inquieta. Aprendemos os cinco princípios que, quando colocados em prática, podem ajudar o guerreiro que esteja disposto a incorporar uma sensação mais profunda de sua intuição inerente ou unidade com o Sol Interior.

Ao fazermos esta conexão com nossa consciência, que tudo vê, imediatamente começamos a ver mudanças em nosso dia a dia, embora Sun Tzu alerte sobre os obstáculos imediatos que vamos encontrar depois de fazer um compromisso com o caminho. Quanto mais nos planejarmos para enfrentar esses obstáculos, mais podemos medir nosso sucesso. Seja vigilante e firme; o tédio e a inquietude podem vencer o iniciante que está começando a fazer mudanças. Previna a vontade de se cobrar demais ou de ser rígido e autoritário e adote uma abordagem mais suave.

Em outras palavras, Sun Tzu está nos pedindo para termos consciência das necessidades do corpo e da inquietude da mente, e não nos punirmos por nenhuma duas. Nós devemos deixar que os sentidos/emoções venham e vão embora sem resistência, em vez de deixá-los nos controlar.

PRIMEIRA LIÇÃO (1-4): A BUSCA DA PAZ INTERIOR E DA PLENITUDE

No caminho do autodomínio e Plenitude, Sun Tzu explica que o comprometimento do estudante é uma questão de vida ou morte. Em teoria, quando o Eu está sintonizado com a intuição (Conhecimento Intuitivo), não há mais um limite ou separação entre as percepções do pensamento dicotômico (por exemplo, bom/mau, quente/frio, vida/morte). A mente anteriormente egoísta é reajustada, sem o efeito vai e vem, e pode experimentar a paz, fazendo com que nossas decisões, escolhas e propósitos sejam muito mais fáceis de entender e confiar.

Ao nos prepararmos para nossa jornada rumo à Plenitude, simbolizada por um compromisso formal, nos pedem para não perdermos tempo e estabelecermos de imediato estratégias que vão limpar ou esvaziar o "campo de batalha da mente". Se fizermos isso, podemos aliviar nosso sofrimento interior (por exemplo, medo, preocupação, desconfiança, paranoia, fracasso) que turva nosso discernimento em questões do dia a dia. Conforme nossas percepções mudam, não somos mais governados por emoções inquietas, e sim alcançamos a experiência da paz interior.

Mas, veja bem, Sun Tzu alerta que esse caminho vai levar à segurança (da existência cíclica) ou à ruína (renascimento).

SEGUNDA LIÇÃO (5-11): OS CINCO PRINCÍPIOS DO AUTODOMÍNIO

A essência dos ensinamentos de Sun Tzu no capítulo anterior é dividida em cinco princípios ou considerações de autodomínio: *a Lei Moral*; *Céu*; *Terra*; *o General*; *e Método e Disciplina*. Cada um serve para ajudar o novato a começar no Caminho Oculto para a Paz e a Plenitude. Lembre-se, esse é o início da jornada (de modo figurado), um momento em que fazemos um compromisso pessoal e planos para ter sucesso e atingir todo o nosso potencial.

Cada um dos cinco princípios se concentra em equilíbrio e harmonia. Embora a guerra e todos os seus componentes sejam usados como símbolos, na verdade estamos limpando o campo de batalha da mente para dar um ponto de apoio para a paz e a harmonia como um estado natural do ser. Outrora tenhamos nos acostumado com barulho, distrações, conversas constantes e movimento, agora começamos a avaliar nossa mente e ver como opera momento a momento. Ao fazer isso, reconhecemos que nosso estado "normal" é na verdade a quietude da mente, paz e harmonia, portanto podemos agir de forma mais direta e assertiva em nossos assuntos diários.

- O *primeiro princípio* de Sun Tzu é a Lei Moral, ou o caminho que tomamos para reestabelecer nossa habilidade de *ouvir* aquela vozinha delicada em nosso interior como a mais elevada das verdades (ou o Conhecimento Constante). Nossa intuição é projetada para ensinar o aluno-guerreiro a abandonar o medo no dia a dia — especialmente na mente inquieta, que vai automaticamente criar resistência e tentar "fugir", evitando a prática e o treinamento — e a quietude!

Pense na força do "inimigo", nossos pensamentos e percepções eternos, que sempre foram dominantes e agora serão "atacados" ao adotarmos uma abordagem para desaprender todos os nossos antigos comportamentos, hábitos e padrões. Eles não vão desistir com facilidade e vão fazer o possível para impedir que o aluno-guerreiro seja diligente e firme. Como nossa consciência interior é pura e onisciente, e existe sem o impacto de nossos pensamentos ou emoções, pode ser canalizada como nosso estado natural em vez de ser governada por emoções desequilibradas e incertas, constantemente impactadas por circunstâncias exteriores.

Nós, essencialmente, vamos adotar uma prática de desaprender todos os nossos antigos comportamentos, hábitos e padrões. Sun Tzu explica que precisamos nos desprender do medo para gerar essa unidade entre a Consciência Superior e a Inferior, e desenvolver equilíbrio sem a interferência de distrações externas (perceptíveis). Não estamos tentando "destruir" nossos pensamentos, e sim permitir que nosso estado natural de paz se transforme em nosso estado dominante de experiência. Ao fazer isso, nossa individualidade, aquilo que nos faz especiais, não mais estorvada pela imprevisibilidade da emoção, fica mais sintonizada, e começamos a viver a vida a partir de nosso propósito inerente e nosso conhecimento puro.

- O *segundo princípio*, representado pelo Céu (ou Yin), explica que a consciência nasce da habilidade de manter nossa natureza Yin ou consciência *em equilíbrio* enquanto nos envolvemos em atividades diárias (externas). Primeiro, precisamos reconhecer que uma mente tranquila é nosso estado natural e dar a ela espaço para se firmar. Ao fazer isso, começamos a acessar "o sentido que sentimos", essa bússola interna que nos sinaliza para irmos em frente. Se você pensou em fazer uma coisa e a fez, como tomar um caminho diferente para o trabalho, e depois descobriu que tinha evitado um atraso, então você experimentou o Conhecimento Intuitivo. Imagine carregar esse conhecimento com você todo o tempo!

Sun Tzu está sugerindo que podemos alcançar essa união ao não dar aos nossos pensamentos — como a dúvida e a preocupação — o palco principal do espetáculo de nossas atividades diárias. Em vez disso, devemos ignorar esses pensamentos e emoções, sem questionamentos ou obstáculos, e dar espaço para a intuição nos guiar sozinha. Para chegar lá, precisamos preparar e confiar em uma mente tranquila como nossa existência natural no dia a dia.

- O *terceiro princípio* é Terra (Yang) e representa o ego (ou a Consciência Inferior que percebe o corpo como uma forma), que não quer abrir mão do controle de sua percepção da forma. A maior parte da resistência vai ser sentida no domínio material, assim que você começar a praticar (ou seja, você está adotando a consciência de não se deixar mais conduzir por seus pensamentos e sentidos). O Eu não vai se sentir seguro — ele vai se sentir como se estivesse se dirigindo ao esquecimento ou à morte —, mas, se você perseverar, diz Sun Tzu, o resultado vai ser vida eterna para o Eu unificado ou a consciência.

- O Comandante, ou *quarto princípio*, representa "aquele que vê" e testemunha a batalha, procurando ser a força orientadora das duas mentes (intuitiva e ego) para alcançar um estado de harmonia que vai levar à sabedoria, à sinceridade, à benevolência, à coragem e ao rigor ao seu comando. Isso por sua vez vai resultar em ordem e vitória ou, nesse caso, autoconscientização e unidade com toda a criação (o Conhecimento Constante).

- O *quinto princípio* a se levar em conta é Método e Disciplina, as ferramentas que permitem que o aluno-guerreiro alcance o equilíbrio, a unidade e a harmonia definitivos com seus sentidos, enquanto mantêm sua energia vital (que sustenta o pensamento consciente). Quanto mais o aprendiz praticar, mais experiente ele se torna no emprego das estratégias, e mais provavelmente vai reduzir o risco de fracasso. A abordagem de Sun Tzu é metódica porque antecipa como o aprendiz pode fracassar e implementa uma técnica para passar por cima do fracasso na esperança de que prossiga até a vitória.

Finalmente, em *Fazendo planos*, Sun Tzu lembra o aluno-guerreiro do poder dos cinco sentidos (visão, audição, paladar, olfato e tato). Se *não pudermos* controlá-los, estamos fadados a fracassar. Ao fazermos um compromisso formal e começarmos a implementar os exercícios que Sun Tzu fornece, devemos reconhecer que os sentidos, que podem disparar emoções, vão precisar ser dominados para se chegar à autorrealização e à conscientização (ou não dicotomia).

Dominar, aqui, implica compreensão e suavidade, em oposição à repressão ou dureza. Outra palavra útil é *desistência*, já que permitimos que nossos pensamentos passem sem restrições, ou podemos desistir de um hábito, o que pode criar uma sensação de passividade ou fraqueza, mas é em grande parte uma escolha e um comando, dado livremente, em vez de por meio da força. Essencialmente, estamos abrindo mão do poder que nossas emoções, pensamentos e sentidos têm sobre o que vamos fazer e como vamos agir, a favor de trabalhar com a intuição como nossa autoridade mais elevada.

Por exemplo, se quiser renunciar ao controle que uma comida em especial tem sobre você, seus sentidos ou emoções vão criar uma guerra em sua mente por meio da indicação de que você está "abrindo mão" ou desistindo de uma coisa. Para começar, tire um momento para investigar *por que* você acredita estar abrindo mão de uma coisa. Frequentemente, podemos descobrir a origem do hábito e eliminar seu controle.

Da mesma forma, dor e doença são outras experiências que conectamos a uma linguagem negativa e à linhagem de medo; nós as consideramos "ruins" ou algo do que devemos nos livrar, já que ambas são conceitos construídos com associações negativas. Mas, na verdade, são ideias sobre as quais nós mesmos decidimos, as quais percebemos e a partir das quais criamos nossa realidade, por isso podem ser mudadas, trocadas ou neutralizadas para nos libertar da forma com que podem nos aprisionar.

No fim, o domínio sobre o "inimigo" (nossos pensamentos, sentidos) acaba prevalecendo ao reafirmar uma vontade imóvel, como vamos ver com mais detalhes, que não precisa ser agressiva ou hostil, e sim acertada e firme.

TERCEIRA LIÇÃO (12): CONSIDERE AS PERGUNTAS DIFÍCEIS

Sun Tzu está pedindo ao estudante que pense sobre as perguntas difíceis — mesmo antes do início da jornada — para estabelecer os alicerces que o farão compreender melhor como a luta vai ser difícil. Nós precisamos, primeiro, perguntar o que é mais forte: nossa mente intuitiva ou nossa mente consciente? Qual delas tem mais chances de ser bem-sucedida?

Dependendo de onde você se vê no "caminho", isso vai definir suas respostas. Se você estiver só começando a perceber como a mente opera, é sua mente material que está basicamente no controle, já que ela é se envolve com as operações diárias da vida sempre que surge alguma dificuldade. Mas aos poucos isso pode e vai mudar.

Além disso, Sun Tzu está perguntando: quando dificuldades e conflitos surgem em abundância, como você provavelmente vai reagir? Caso você esteja apenas começando a cultivar a conscientização do presente ou tenha passado anos deixando sua mente sob controle, a mente que pensa ainda pode intervir e fazer exigências para impedir que você evolua para um estado de Plenitude. A prática, então, não é reservada para a sala de meditação, mas ocorre a cada momento seguinte que se desenrola e em toda situação — é a próxima decisão que você vai tomar que basicamente determina a resposta.

Nós *sempre* podemos tentar outra vez.

Conforme você prossegue no Caminho Oculto de Sun Tzu para a Paz e a Plenitude, fique atento. Não adie o esforço *neste momento.* Sun Tzu está pedindo a você que pense em *qual lado está respondendo* em *cada* atividade. Com o tempo, conforme você muda, vai aos poucos reparar nas melhorias e ver se a mente intuitiva *pode* ou *está* se apoderando do controle sobre a mente que pensa (e vice-versa).

O mais importante, neste estágio preliminar, é que recebemos a habilidade de prever a "vitória" ou a "derrota" para nós mesmos, ao atingir a unidade com o Todo.

QUARTA LIÇÃO (13-23): ENCONTRANDO DESAFIOS

Ao revisar as perguntas fornecidas por Sun Tzu, podemos reconhecer nossas fraquezas e nos determinar a realizar mudanças, a fazer alguma coisa diferente, mesmo que a jornada seja difícil. Sun Tzu está perguntando: *você está à altura do desafio?* Se colocarmos os ensinamentos em prática, podemos mudar o curso de nossa vida e "conquistar" o controle da mente habituada a pensar. Quando conhecemos nossas fraquezas, precisamos lidar com elas para aprender sobre nós mesmos e podermos crescer. E, se não estivermos avançando, podemos então facilmente fazer as mudanças adequadas ao que estamos fazendo.

Da mesma forma, Sun Tzu ensina que, para romper com a ilusão do domínio terreno (ou ambiente do dia a dia), o aluno-guerreiro precisa estar vigilante de sua própria habilidade de enganar. O único inimigo que você vai encontrar na jornada está do lado de dentro — mesmo quando outras pessoas parecem estar tornando a vida difícil, você logo vai descobrir que é sua própria mente que está criando o distúrbio.

Quando nos incomodamos com algo externo (por exemplo, um cachorro latindo, trânsito barulhento), isso pode até parecer o motivo de nossa agitação, mas na verdade é nossa percepção que faz isso. Essa pode ser uma ideia difícil de considerar porque, instintivamente, nossas emoções fazem com que nos sintamos incomodados quando ouvimos barulho ou entramos em conflito com outras pessoas. Mas, se você investigar mais a fundo, pode acabar por se dar conta de que é, na verdade, *sua escolha*, pois a emoção que brota dessa experiência é a raiz de toda a perturbação.

Ao colocarmos em prática os ensinamentos de Sun Tzu, ganhamos novas percepções e aos poucos reconhecemos que é apenas *nossa* mente que está produzindo a irritação, que *não é natural.* Com prática, quanto mais trabalharmos para disciplinar a mente e os desejos, mais vamos ver quem está realmente invadindo quem, por exemplo, quando culpamos forças externas como um pai ou uma mãe ruim, um chefe opressor, dor e assim por diante, por nossos infortúnios (percebidos). Quanto antes pudermos nos responsabilizar por *tudo* em nossa vida e deixarmos de culpar os outros, mais depressa vamos aumentar nossa conscientização e ser capazes de dominar nossas dificuldades e fazer mudanças duradouras.

Sun Tzu também alerta que a mente inquieta vai tentar enganar o guerreiro, que vai ficar entediado e cansado rapidamente. Sem vigilância, podemos dar as costas para a busca pela sabedoria e voltar para nossos modos e hábitos antigos. A chave para "vencer" a batalha contra os pensamentos é deixar de lutar — nossa capacidade de trabalhar na própria mente sem buscar um resultado ou uma consequência é essencial para a prática de Sun Tzu durante todos os dias e em todas as atividades. O objetivo não é ser puxado para um lado ou para o outro, mas dar à mente espaço para experimentar a equanimidade ou o equilíbrio calmo, não importa em que ocasião.

E não ficamos repentinamente desprovidos de nossos objetivos e ambição, e, sim, podemos evoluir ao agir por medo e preocupação, ou nos tornar mais desligados do resultado, permitindo que o futuro se forme *naturalmente* e de acordo com nossas intenções pacíficas.

Com esse objetivo, Sun Tzu pede ao aluno-guerreiro que aborde cada momento com vigilância, especialmente quando o corpo/sentidos começam a lutar por atenção (por exemplo, quando você sente cansaço, preguiça, ansiedade etc.). Ela alerta: "Faça o que tiver de fazer para evitar o reconhecimento do Eu." Além disso, não precisamos reprimir nossas emoções, só não lhes fornecer um ponto de apoio — deixe que venham e vão como nuvens ou carros que nos ultrapassam na estrada. Se estivermos com raiva, devemos reconhecê-la; não há necessidade de se sentir degradado, mas em vez disso ver tudo como parte de nossa perfeição imperfeita e seguir em frente.

Aos poucos, vamos ver essas respostas como ações habituais que não nos servem mais e vamos nos livrar delas sem esforço, promovendo nossa harmonia essencial. Se você por acaso experimentar um momento de "agitação por uma emoção forte", então investigue seu estado emocional e estude-o — entenda-o até que ele não esteja mais controlando você.

QUINTA LIÇÃO (24-26): ENCONTRE SEU PROFESSOR INTERIOR

O papel do professor é guiar o aluno-guerreiro e antecipar quais desafios vão surgir. Neste caso, nossa intuição (Conhecimento Intuitivo) serve como a única autoridade, o professor interior "escondido" em plena vista, com quem podemos estabelecer um compromisso e confiar integralmente.

A má interpretação da frase "Quando o aluno estiver pronto, um professor vai aparecer" fez com que, por muitas gerações, estudantes fossem levados equivocadamente a uma busca *externa* de toda uma vida por um professor especial *externo*, quando ela apenas sugeria a conscientização do professor *interior* — escondido, mas mesmo assim atuando ativamente em sua defesa. *Quando você estiver pronto, sua professora oculta — sua intuição — vai aparecer.*

É por isso que Sun Tzu pede que nós tenhamos um papel ativo em nosso próprio Caminho Oculto para a Paz e a Plenitude, evitando nos deixar enganar por distrações. Ele nos pede para nos prepararmos, para fazermos planos, para nos tornarmos conscientes dos desafios que enfrentamos desde o começo, para não darmos as costas.

Acima de tudo, nosso objetivo é estar presentes, trabalhar a partir de uma compreensão que não se preocupa com o futuro ou com o passado. Ao fazer isso, podemos avaliar (ou calcular) nossa própria habilidade de prever o sucesso em nossa evolução para libertar o professor interior — nossa intuição ou Conhecimento Intuitivo — para ser nosso guia sem interferência.

RECONHEÇA SUA VERDADEIRA NATUREZA

Em nossa jornada para reconhecermos nossa verdadeira natureza, não basta apenas *ler* Sun Tzu. Nós precisamos *aplicar* os ensinamentos a nossas vidas diárias e experimentar um estado constante de consciência (Conhecimento Constante), *que é* nosso caminho natural. Do contrário, nossos pensamentos ou percepções vão continuar experimentando um estado de guerra.

Para começar, podemos cultivar a "observação direta" de nossos pensamentos para trazer paz e harmonia para nossos momentos do dia a dia. Quando isso acontece, mesmo quando fazemos um esforço pequeno, nosso mundo exterior vai reagir e responder ao cuidado que estamos dando a ele. A gentileza prevalece, e a bondade reina quando levamos amor e perfeição a tudo que fazemos. Com o tempo, você não vai querer permitir que um pensamento momentâneo e descuidado passe despercebido, caso ele possa sair e criar uma "guerra" ou desequilíbrio no mundo.

Como podemos aplicar os ensinamentos a uma prática diária?
O Capítulo 1 fornece o passo preparatório necessário para reconhecer as fraquezas de nossa mente. Como professora experiente, Sun Tzu tem consciência de muitas coisas que vão impedir nossos primeiros passos no Caminho Oculto para a Paz e a Plenitude, ao mesmo tempo que também reconhece as limitações do que um aprendiz pode saber nesse estágio inicial.

Em suma, se no começo de seu compromisso você toma consciência de algo que vai ser um obstáculo, desvele isso para poder superá-lo. Confronte-o, traga-o à tona e seja curioso. A mensagem de Sun Tzu de preparação ecoa a sabedoria do provérbio buji: "Antes de subir em uma árvore, você precisa começar pela base." Quando fazemos planos, começando "pela base", temos toda a nossa jornada à frente, e o conhecimento de cada passo que vamos percorrer.

EXERCÍCIO: REFLITA SOBRE SEUS OBSTÁCULOS CONHECIDOS

Em seu tablet ou em uma folha de papel, desenhe duas colunas. Agora, faça uma lista de qualquer obstáculo ou estorvo em que você consiga pensar. Ponha-os em uma coluna, e na outra, escreva uma solução sugerida. Por exemplo, se você está tentando criar um horário para caminhar, mas parece haver muitas coisas em seu dia a dia que impedem que você adote uma prática regular, isso pode parecer como esse exemplo na Figura 1.

Obstáculos	Soluções
Restrições de tempo.	Acordar meia hora mais cedo ou ir dormir meia hora mais tarde para ter tempo para caminhar.
Cansado demais na maioria dos dias.	Mudar minha dieta para incluir alimentos mais leves e com mais fonte de energia que vão me dar mais força; estabelecer um estado mental que supere o cansaço.
Não consigo encontrar um bom lugar para caminhar.	Pesquisar parques ou trilhas próximos onde caminhar. Estar aberto a novas possibilidades e procurar lugares de fácil acesso. Tentar um shopping fechado ou andar a passo acelerado pelos corredores de supermercados.
Tenho sucesso por três dias, depois alguma coisa atrapalha.	Fazer um novo compromisso que honre minha força de vontade para ter sucesso e não desistir. Se algo entrar no caminho, perguntar por que estou deixando que isso aconteça. Se caminhar é importante para mim, devo encontrar obstinadamente um jeito de ter sucesso.

Figura 1: Exemplo de fazer planos

Quando nos identificamos com nossas limitações (percebidas) e as destacamos, estamos basicamente nos responsabilizando por elas, não tentando escondê-las ou afastá-las. Nós aceitamos quem somos no momento, entretanto também reconhecemos que estamos dispostos a confrontar o que pode estar nos obstruindo, nossos hábitos e padrões que por tanto tempo têm nos governado. Então, se você sabe que existe algo que está impedindo seu sucesso, segundo Sun Tzu, você pode fazer ajustes para impedir fracassos.

Quando olhamos para a natureza do que consideramos um obstáculo, já estamos lidando com nosso pensamento dicotômico. Em teoria, não há obstáculos, apenas nossa percepção de que eles existem. Por exemplo, se você sente que quer perder peso, mas não consegue fazer dieta, isso cria um obstáculo ou sensação de fracasso, e você se sente "mal". O lugar por onde começar é pelo "você" que acredita que seu peso atual deve ser reduzido. Por quê? Se você tem uma sensação de desequilíbrio (por exemplo, se você sente que está acima do peso), pode fazer seu corpo entrar *em equilíbrio* fazendo outra escolha no momento seguinte sem resistência nem dano potencial de se rotular como uma pessoa "ruim" por ter ganhado peso (ou comido demais), nem criado a dualidade de que um você melhor, que pesa menos, existe em algum lugar (normalmente no futuro).

Se conseguirmos sair do vai e vem mental do aqui/lá, pesado/não pesado, removemos a natureza dicotômica de como percebemos a realidade/nossa vida; nós nos libertamos e podemos comer quando e o que quisermos comer, e caminhar se e quando quisermos caminhar, tudo com harmonia, sem dualidade. É o seu caminho; você é o Comandante encarregado de sua jornada. Então comece, um pensamento de cada vez com equanimidade! Ao mesmo tempo, depois de tomar uma decisão, não desista — se você fizer isso, então o corpo, os sentidos estão no controle, não sua mente.

Agora tente. Preencha o quadro (Figura 2) com uma lista dos obstáculos (percebidos) que têm impedido ou impediram que você começasse a trabalhar no Caminho Oculto para a Paz e a Plenitude. Que coisas atualmente impedem que você crie um novo equilíbrio em sua vida? Que coisas impediram você no passado? Coloque-as no papel agora e pense em soluções possíveis. Como você pode trabalhar com essas barreiras percebidas para criar harmonia em sua vida ultrapassando esses obstáculos? Então, escolha uma e comece por aí.

Lembre-se de que a *prática* não significa necessariamente um período de tempo específico reservado para uma atividade, como meditação, oração ou exercício — o que certamente pode ajudar, e é extremamente útil. Também pode significar qualquer busca ao longo do dia que proporcione espaço para trabalhar com sua mente e suas emoções. Todo dia, você se envolve com dificuldades e toma decisões que lhe arrastam para estados emocionais que não estão em equilíbrio. Você provavelmente não precisa ir longe para encontrar essas batalhas.

Para começar, você pode fazer uma lista de obstáculos que encontra no dia a dia. Um exemplo pode ser quando você sente que seu local de trabalho é prejudicial para manter uma mente equilibrada — uma mente que não está em um estado constante de bom/mau, alegre/triste etc., mas plena e experimentando equilíbrio. Que obstáculos se apresentam em seu local de trabalho e o que você pode fazer para criar mais equilíbrio com mais frequência?

Obstáculos	Soluções

Figura 2: Identificando obstáculos

A preparação é chave — assim como a organização e a disciplina — para cultivar uma prática duradoura que vai estabelecer uma mente naturalmente tranquila de autodomínio. Quer estejamos dando nosso primeiro passo ou o milionésimo, temos muito a ganhar lidando com o que pode nos atrapalhar. Quanto mais nos dedicarmos a nosso novo caminho, mais coragem e disciplina estarão sob nosso comando.

Com o tempo, quanto mais praticamos, mais nossos "inimigos" vão se revelar, e mais seremos capazes de combatê-los. Como explica Sun Tzu, ao conhecer os obstáculos com antecedência, podemos fazer planos para obter o sucesso. Ao fazer isso, estamos sendo Generais sábios no campo de batalha da vida.

O PRIMEIRO PASSO NO CAMINHO OCULTO PARA A PAZ E A PLENITUDE

1. Aplique os ensinamentos de fazer planos da melhor forma em que eles se revelarem para você, sem medo ou obstáculos.

2. Elabore um plano na direção de um novo objetivo de vida ou prática diária, ou apenas estabeleça um plano para dominar a mente como uma prioridade em sua vida.

3. Nomeie suas fraquezas (percebidas) e liste qualquer hábito que crie potenciais obstáculos. Em seguida trabalhe para removê-los, para que possa atingir o sucesso.

***Fazer planos** é o primeiro passo no Caminho Oculto para a Paz e a Plenitude. Quando confiamos em nossa habilidade de gerar mudança, podemos criar um compromisso sincero na direção de um objetivo e estabelecer um estado mental inabalável para conseguir alcançá-lo.*

Reflexões: Fazendo planos

"O aluno que faz muitos cálculos antes que a batalha seja lutada vai vencer o embate contra a mente inquieta."

— Capítulo 1

1. *O que Sun Tzu está dizendo especificamente para você? Lembre-se: é o seu Caminho Oculto para a Paz e a Plenitude, e é preciso começar a confiar em seu professor interior, e então colocar a intuição em prática. O que essa sabedoria interior revela a você, a respeito de onde está em sua jornada de vida pessoal?*

2. *Dos cinco sentidos (visão, audição, paladar, olfato e tato), qual distrai mais você no momento? E por quê?*

3. *Quais medos em sua mente impedem você de seguir em uma jornada interna na direção do autodomínio?*

4. *Olhando com mais atenção para as perguntas (12) de Sun Tzu para fazer planos, responda o seguinte:*

   - Qual dos dois Eus, o Superior ou o Inferior, é imbuído da conscientização presente? Dos dois, qual tem mais habilidades para atingir o sucesso?

- Qual está mais equilibrado, e portanto tem a vantagem, quando surgem obstáculos? Como você pode fazer com que sua mente (pensamentos/desejos) entre em estado de equilíbrio?
- De que lado a Disciplina é aplicada com mais rigor? Que lado é mais bem treinado?
- Que lado mostra maior habilidade para permanecer imutável quando se trata de recompensas ou punições?

---

5. *Você pode prever vitória ou derrota? O que isso revela sobre sua própria natureza? Isso o atrapalha ou o encoraja? Você está à altura dos desafios à sua frente? Por quê?*

---

6. *De que maneiras você enganou a si mesmo e obstruiu sua própria jornada no caminho do equilíbrio? Dê exemplos de quando você culpou outra pessoa pelos seus problemas. Como você pode começar a se responsabilizar por um problema antigo em sua vida? (Pense no exemplo do cachorro latindo.)*

---

7. *Que outros cálculos você pode fazer antes de preparar sua mente para a prática diária?*

---

8. *De que maneira você está vigilante para preservar sua mente contra pensamentos e desejos irrequietos ao longo do dia?*

9. *Dê um exemplo de quando você não foi "dominado por emoções ou desejos mais intensos" e conseguiu investigar sua experiência para seguir de um lugar onde suas emoções não o controlaram.*

10. *Qual sua maior fraqueza (percebida) e como você pode passar a conhecê-la para poder "conquistá-la" ou passar por ela?*

11. *Que atividades você pode incorporar a seu Caminho diário para a Paz e a Plenitude — coisas que enfatizem fazer algo novo e diferente — para obter maior autoconscientização de seus padrões habituais?*

12. *Que pequena mudança você pode fazer hoje na direção de sua própria plenitude e de seu novo futuro?*

2

O PREÇO DE LUTAR UMA GUERRA (MENTAL)

1. Sun Tzu disse: o preço de lutar uma batalha mental contra a mente inquieta é igual a abrir mão de mil moedas de ouro; o aluno deve estar disposto a abrir mão disso em empreendimentos terrenos para avançar em seus esforços. Na guerra física, você organizaria mil bigas velozes e mil soldados armados, junto a todas as provisões para sustentar o exército tanto em casa como no campo; em uma guerra acontecendo na mente inquieta, essas coisas são iguais a nossos pensamentos, desejos, hábitos e distrações — um fardo (ou preço) que nos impede de alcançar o sucesso.

2. Quando o estudante se senta para praticar, se a vitória (ou sucesso) em acalmar a mente (emoções/pensamentos/desejos) demora a chegar, então seus sentidos vão ficar embotados, e seu entusiasmo vai diminuir. Se você tentar fazer coisas demais de uma vez, sua força vai se exaurir.

3. Quanto mais você adiar tomar uma atitude, mais seus recursos — inclusive sua energia vital — serão gastos, e isso vai causar um desequilíbrio que vai obstruir o sucesso.

4. Quando você se vê no estado em que exauriu suas forças e recursos, e seu entusiasmo está baixo e a mente embotada, vão surgir situações (desejos/pensamentos/pessoas/acontecimentos) para tirar proveito de você. Se isso acontecer, mesmo os sábios vão achar difícil evitar as consequências que virão.

5. Assim, aqueles ligeiros em se preparar para executar uma ação (ganhar o controle da mente) vão experimentar longos atrasos, mas aqueles que exercitam a inteligência e a preparação não vão.

6. Não há registro de um aprendiz ter se beneficiado de prolongar os preparativos para executar a prática.

7. Só alguém bem familiarizado com a natureza da mente e todos os seus obstáculos pode entender totalmente a forma mais benéfica de agir.

8. O praticante habilidoso não precisa fazer um segundo compromisso, depois de fazer o primeiro com sinceridade, nem vai precisar reabastecer sua paixão, porque tomou precauções para preservá-la.

9. Ao manter sua energia vital e seu vigor para a prática, você vai começar a se alimentar do "inimigo" — ou seja, vai começar a conquistar ou acalmar seus pensamentos/desejos/hábitos que são custosos para seu estado natural de equanimidade; ao fazer isso, você terá necessidade de menos, e consequentemente seus desejos diminuirão, permitindo que você persevere e tenha sucesso.

10. Se você tem uma mente inquieta, ou seja, é enfraquecido pela atração constante de vontades e desejos, vai parecer estar sempre trabalhando de longe sem nunca conquistar território. Da mesma forma que lutar uma batalha física de longe vai exaurir recursos, interagir com os mesmos padrões e hábitos prejudiciais vai esgotá-lo física e mentalmente.

11. Por outro lado, se você está perto de reconhecer suas fraquezas ao trabalhar com a mente inquieta e age para enfrentá-las, então você vai acumular força e vigor que não vão se esgotar com facilidade.

12. Quando sua energia vital é drenada, os sentidos se embotam e exigem mais.

13-14. Se essa perda de energia vital continua, ela não vai apenas reforçar o "inimigo" (pensamentos e desejos irrequietos), mas despir o corpo de saúde e energia. É como um exército cansado se encaminhando para a batalha: ele vai encarar exaustão contínua e ferimentos, que vão sugar ainda mais os recursos, ou até mesmo levar à morte.

15. Por isso, um aluno sábio (ou General) faz questão de aquietar os pensamentos e desejos inquietos da mente. Acalmar o pensamento é o mesmo que um exército obter uma carroça cheia de provisões; isso vai nutrir e reforçar tanto a mente quanto o corpo, não os enfraquecer.

16. Agora, para dar continuidade a esse "ataque" e retomar o controle da mente, o aprendiz precisa ser estimulado a ver os benefícios de derrotar pensamentos/desejos desnecessários e as recompensas resultantes.

17. Portanto, quando um pensamento/desejo/hábito prejudicial é substituído por um benéfico, ocorre uma mudança recompensadora na percepção. Substituir velhos pensamentos/hábitos e padrões por novos é feito de um jeito delicado, como o soldado capturado na guerra que é tratado com justiça.

18. Isso se chama usar pensamentos conquistados para aumentar a própria força.

19. Então, em uma guerra da mente, seu maior objetivo é almejar a vitória, não a procrastinação.

20. Assim, pode ser entendido que você escolheu o rumo de seu próprio destino: paz ou o perigo da mente.

INTERPRETANDO A SABEDORIA VIVA DE SUN TZU

Ao continuarmos no Caminho Oculto para a Paz e a Plenitude, Sun Tzu nos pede para levarmos em conta os custos de entrar em ação para obter o controle sobre a mente inquieta e atribulada. O tipo de *ação* que precisamos levar em conta vai nos preparar para a "batalha" pela Plenitude.[13] Nós devemos planejar e nos preparar da mesma forma que planejaríamos ir para a guerra: não íamos apenas alimentar o exército, mas também precisaríamos fazer manutenção das carruagens e cuidar dos conselheiros, além de se responsabilizar por aqueles que fornecem apoio de casa. Se mesmo um único detalhe for perdido, toda a operação sofre.

O fracasso é um dos maiores obstáculos na longa guerra para alcançar a vitória de uma mente equilibrada. Se não estivermos vigilantes contra os distúrbios do pensamento que podem prejudicar nossa concentração — ou se não controlarmos nossas respostas às quais estamos acostumados —, então empreenderemos, desde o início, uma "batalha" de dificuldade ou conflito pessoal no qual podemos não ter a energia nem a força de vontade para perdurar por muito tempo. Como resultado, podemos acabar mental e fisicamente cansados e desistir, aceitando o fracasso.

Mesmo que tenhamos esses sentimentos, não precisamos nos comprometer uma segunda vez — Sun Tzu garante que não há necessidade de recomeçar, mas podemos retomar de onde estivermos, abandonar a sensação de derrota e começar de novo. Ao fazer isso, não vamos sentir que perdemos a guerra, mas apenas *uma* batalha. E, como fizemos nosso compromisso com sinceridade, poderemos seguir adiante com confiança.

Ao mesmo tempo, podemos considerar os benefícios de tomar o controle sobre a mente inquieta. O controle, neste caso, significa

---

[13] Tenha em mente que isso é dito de forma figurada, pois existimos na consciência do presente, mas percebemos isso como obstruído.

conscientização do que estamos pensando. Nós podemos escolher não nos deixa levar por uma mente turbulenta e, em vez disso, vencer a "guerra" ao ver nossos pensamentos com objetividade.

Se, por exemplo, estivermos acostumados a experimentar nossa mente inquieta, nós podemos confiar nela acima de qualquer outra experiência, ou acreditar que, se não temos *pensamento*, vamos estar desprovidos de emoções ou perder a identidade. Mas, pelo contrário, *ganhamos* liberdade, abrindo espaço para o surgimento de um discernimento mais profundo ou da intuição. Essa conexão é mais profunda e onisciente, e se torna a bússola interna na qual confiamos.

Além disso, Sun Tzu nos diz que bastam pequenos esforços para alcançar grandes resultados. Um *velho* pensamento ou hábito substituído por um *novo*, de forma delicada — ou seja, que não é forçado nem feito por meio de pressão — vai provocar uma mudança notável em nossa consciência que vai continuar a oferecer recompensas. Se pudermos nos tornar mestres de nossos próprios pensamentos e hábitos e desenvolver mudança por meio da calma, seremos capazes de criar os alicerces para nosso sucesso.

EXERCÍCIO: PREPARE SUA MENTE

Sun Tzu está nos pedindo que preparemos o corpo e a mente para as mudanças graduais que estão a caminho, tanto fisicamente quanto para nossa percepção, o que com esforço consistente vai levar à vitória (a união com nosso Sol Interior). Você pode querer anotar suas respostas para te ajudar a deixá-las claras em sua mente. Para empreender totalmente essa aventura, pergunte a si mesmo:

- Você está cuidando do seu corpo de um jeito que vai mantê-lo bem em longo prazo?
- Você está abrindo mão de coisas em sua vida que não servem mais para você, material ou emocionalmente?
- Você está dando continuidade ao ciclo de estresse, preocupação e cansaço para atender a exigências, derrotando continuamente suas chances de autodomínio?
- Você está levando em conta o autocuidado da mente para a "guerra longa"? Como você imagina isso?
- Como seus pensamentos estão agindo e defendendo os mesmos padrões e estados mentais, criando a ilusão de sua limitação?

Ao saber as respostas antecipadamente, você pode se preparar para vários obstáculos na jornada à sua frente. Você vai experimentar uma gama de emoções e reações, de uma sensação de progresso e alegria para frustração, derrota e exaustão. Ter consciência do que esperar vai aumentar sua determinação em perseverar.

PRIMEIRA LIÇÃO (1): SE COMPROMETER COM O CAMINHO OCULTO PARA A PAZ E A PLENITUDE

Quando assumimos um compromisso com o autodomínio — ou automaestria —, Sun Tzu explica que devemos estar dispostos a abrir mão de nosso "ouro" para avançar. Em outras palavras, ele precisa ter valor para nós. Ou seja, do que você está disposto a abrir mão para se comprometer plenamente com sua liberdade pessoal de uma mente inquieta? Você está disposto a depositar toda a sua fé em seu novo futuro em potencial, ou só está disposto a se comprometer pela metade? Você tem de topar *de verdade*, ou vai, com muita facilidade, voltar ao que sabe por hábito e àquilo em que você se sente confortável.

Se *estiver* disposto a abrir mão de seu ouro — ou seja, assumir um compromisso sincero —, então você não vai precisar "reabastecer" ao longo do caminho. Comece com uma ambição pequena — abrir mão apenas de *parte do ouro* —, e estará fadado a vacilar e não alcançar a vitória, porque sabe que bater em retirada ainda é uma opção disponível. Você então pega o caminho mais fácil, de volta para "casa", ou permanece em suas circunstâncias do momento, sem mudar.

Não é preciso dizer que o ouro também é um símbolo da crença no valor do mundo material. Ao assumirmos um compromisso total, abrimos mão ou mudamos nossa percepção do mundo exterior (o "ouro" que é apenas uma ilusão) e desistimos do modo como sempre fizemos as coisas. Nós abrimos mão da maneira de pensar que percebemos, o que nos leva a uma nova liberdade para agir e criar alguma coisa nova. Isso é abastecido pela vontade, que fica totalmente energizada quando não é perturbada pela distração do pensamento, e então tem um canal aberto para agir em parceria com a intuição para realizar qualquer coisa, e nunca se cansa.

Por fim, quando nos desprendemos da ilusão do mundo material (simbolizado pelo ouro), ganhamos acesso ao "ouro" interior da Plenitude que é eterna.

SEGUNDA LIÇÃO (2-3): A ARTE DE PERMITIR SEM ESFORÇO

Antes de dar início a qualquer mudança, especialmente uma mudança que exija prática consistente, Sun Tzu nos alerta que nosso entusiasmo por ela pode começar a se esvair facilmente. Como resultado, podemos começar a nos pressionar, nos esforçar ou forçar as coisas pelo caminho, mas isso só cansará o discente e esgotará a energia vital (a vontade) dele, fazendo com que seja difícil continuar.

Lembre-se, esta é uma guerra delicada, que exige que o aluno se volte para seu interior para conquistar uma compreensão maior de como a mente funciona. É uma batalha na qual não é preciso *fazer* nada, e sim o oposto do que nos ensinaram: *permitir sem esforço*. Se o aluno-guerreiro *insiste* por mais, *espera* mais, *se esforça* mais, ele vai se enfraquecer e desestimular, e ficar aberto à tentação das influências externas do dia a dia, das pessoas e de acontecimentos, que podem tirar proveito de uma vontade fraca, tornando mais difícil permanecer no caminho.

Todos nós já experimentamos momentos em que começamos algo novo e estamos cheios de vigor e entusiasmo para vencer. Aos poucos, quanto mais tempo fazemos isso, podemos facilmente ficar entediados ou perder o gás, ou podemos não ver resultados rápido o bastante; nós podemos nos deparar com obstáculos externos ou encontrar pessoas à nossa volta que podem despertar nossa dúvida e bloquear nosso progresso. Em vez de fazer progresso, podemos acabar em um tipo de batalha entre nossa nova vida e a vida antiga da qual estamos tentando abrir mão.

Quanto mais nós (figurativamente) lutamos por território, mais propensos ficamos a experimentar cansaço e perda de energia e determinação, especialmente quando nosso cérebro é estruturado para repetir o programa, fazendo com que a "batalha" para escrever um programa novo pareça impossível. Enquanto isso, o mundo exterior — nosso dia a dia — continua a agir ao nosso redor, nos arrastando de volta para o que é familiar e fazendo com que corramos o risco de desistir.

Sun Tzu explica que mesmo um guerreiro bem treinado vai ter dificuldade para retomar sua prática quando está cansado e sente que é um fracasso. Na verdade, quando trabalhamos mais duro para chegar a um lugar, estamos agindo a partir da ilusão de que existe um lugar futuro em que vamos ser perfeitos e não vamos nos aborrecer; esse lugar só existe no momento presente, sem ser contido por pensamentos inquietos. A contradição que enfrentamos na prática de Sun Tzu é que, por meio de experimentar uma mente tranquila, basicamente paramos de lutar uma guerra dentro de nós mesmos.

Uma mente pacífica é possível quando colocamos os soldados dos sentidos sob nosso comando. Mas, se atacamos gritando ordens para nós mesmos para agir e fazer, perdemos o progresso, o crescimento que vem por meio de uma mudança de percepção que vê a realidade de determinada situação pelo que ela é: algo que não é *isso* ou *aquilo*, mas que apenas *é* — um estado de consciência presente em constante evolução e que pode ser experimentado, não apressado.

Por meio da quietude, nós nos *tornamos*.

TERCEIRA LIÇÃO (5-7): PLANEJAR ANTECIPADAMENTE E EXECUTAR

Para evitar o fracasso, Sun Tzu aconselha que o aprendiz esteja consciente *antes do momento* do que pode acontecer se surgirem problemas. Mas não podemos apenas planejar, precisamos botar a mão na massa, e, ao fazer isso, vamos inevitavelmente começar a enfrentar obstáculos. Conhecendo suas fraquezas e os obstáculos que podem surgir a partir dessas fraquezas, você pode criar uma estratégia para evitar ou impedir o fracasso, garantindo seu sucesso em potencial.

Por exemplo, digamos que você tem um vício em chocolate e gostaria de retomar o controle sobre isso. Você pode planejar não ter chocolate em casa, sabendo que se você o vir, provavelmente irá comê-lo. Planejando com antecedência desse jeito, você tem mais chances de ter sucesso. Da mesma forma, se você sabe que há uma festa chegando e alguém especial pode surpreender você com uma caixa de seu doce favorito, você pode planejar com antecedência e fazer algo, explicando que não come mais isso, e assim pode evitar o fracasso.

Sun Tzu está compartilhando a sabedoria de ser honesto com nossa preparação inicial. Se nossos pensamentos estão atrelados ao passado, podemos achar difícil confiar em uma ideia ou caminho novos à frente que podem criar mudanças. Da mesma forma, corremos o risco de procrastinar se levarmos tempo demais na preparação, no planejamento e na execução. Pense nisso quando for colocar suas intenções em ação.

Podemos determinar um objetivo, nos preparar por semanas, até nos imaginarmos acionando nossa intenção — e, quando chega o momento de colocar em prática, adiamos até o dia seguinte. Uma semana pode se passar, criamos várias desculpas e, antes de nos darmos conta, estamos mergulhados em fracasso e inércia, sem termos nem sequer começado.

Sabendo como nossos pensamentos agem para criar obstáculos para nosso sucesso, podemos reconhecer antecipadamente que temos o potencial para procrastinar. Tenha cuidado com isso e aja para obter a vitória em vez de recuar para o hábito de sempre. Nós temos de estar *totalmente* envolvidos. Comprometa-se, planeje e execute.

Depois de assumirmos um compromisso sincero, nós tentamos e, se fracassamos, não desistimos nem recuamos; nós seguimos em frente. Se fizermos isso, vamos ver os resultados.

QUARTA LIÇÃO (8-9): A IMPORTÂNCIA DOS OBSTÁCULOS

Como os obstáculos são parte natural de domar a mente, quando os confrontamos, vai parecer que estamos sendo desafiados e fracassando. Mas não estamos. Isso faz parte da evolução e do aprendizado sobre a natureza da mente inquieta.

O fracasso é uma ilusão construída: quando um obstáculo surge para desafiar nossa resolução, podemos nos sentir perdidos, especialmente quando as coisas não saem como o planejado. Ao nos concentrarmos em nossos objetivos com uma mente calma, vamos aos poucos ver que todos os nossos esforços são o *mesmo esforço*, e que nosso compromisso é um *compromisso duradouro*.

Usando o exemplo de acabar com o vício em chocolate, você pode passar um mês sem comer chocolate, então ir para uma festa no escritório, onde decide se permitir uma sobremesa de chocolate.

Na manhã seguinte, você pode acordar sentindo que perdeu o rumo e falhou com você mesmo. Mas isso é apenas mais uma percepção da mente, que você pode reaprender simplesmente escolhendo novamente.

Com o tempo, sua percepção vai mudar outra vez, e se você comer chocolate ou não é irrelevante — você simplesmente come ou não come, e não se apega a nenhum dos dois. No momento em que o desejo e a emoção ligados ao chocolate deixam de controlar você, isso é a vitória.

No processo de superar obstáculos, não precisamos assumir *outro* compromisso cada vez que voltamos ao começo, não se já assumimos o primeiro com a sinceridade. Se você caminha na direção de seu objetivo com sinceridade, então até mesmo quando parece que você fracassou, pode seguir em frente — o entendimento que vem com o obstáculo é o que, na verdade, o está impulsionando adiante. Pode não parecer, mas, se formos sinceros, então nossa disposição não vai fenecer, e sim vai nos permitir retomar o caminho e seguir em frente com coragem.

Na verdade, a dificuldade é o caminho — o obstáculo — que nos proporciona uma oportunidade de agir em parceria com nossa intuição, de nos livrarmos de nossas percepções e de crescermos. Cada batalha nos permite um avanço para conquistar ou acalmar nossos pensamentos/desejos/hábitos. Depois que superamos o obstáculo, podemos recuperar a força e seguir em frente em nossa jornada. Com o tempo, percebemos mudanças no modo como vivemos nossa vida, sem sermos mais afetados pelas emoções ou pensamentos descuidados, mas sendo dirigidos pelo Comando de uma mente unificada.

Com o tempo, conforme dominamos nossos pensamentos e aprendemos a forma como eles nos aprisionam, vamos precisar de menos e ter menos vontades, o que vai nos ajudar a aprofundar nossa prática. Quando um aprendiz se depara com um muro na floresta (metafórica), ele pode recuar, mas o Mestre vai continuar andando até descobrir um meio de contorná-lo. Nosso objetivo não é ser detidos, e sim trabalhar com nossos pensamentos para nos libertarmos de seu controle percebido.

QUINTA LIÇÃO (10-17): UMA PRÁTICA DE MENTE FORTE

Assim como um exército exausto seguindo para a batalha, se não conseguirmos nos concentrar e estivermos enfraquecidos pela constância de nossas vontades/desejos, vamos enfrentar constantemente exaustão, ferimentos, outras coisas que esgotam nossos recursos (nossos tesouros e suprimentos), e até mesmo a morte. Quando permitimos que nossos desejos/vontade captem nossa atenção, podemos até desenvolver ou fortalecer padrões e hábitos nocivos, que por sua vez podem nos esgotar física e mentalmente e atrapalhar o avanço.

Nosso objetivo é ser o guerreiro sábio e trabalhar diligentemente para aquietar a mente inquieta cheia de emoções e desejos que vão nos afastar do equilíbrio. Se estamos sentindo raiva, precisamos estar abertos e explorar essa raiva, para trabalhar com ela para encontrar e devolver o equilíbrio, em vez de reagirmos e desistirmos. Como observa Sun Tzu: "Aquietar um pensamento é o mesmo que um exército obter uma carroça cheia de provisões; isso vai nutrir e reforçar tanto a mente quanto o corpo, não os enfraquecer."

Nós precisamos estimular nossos esforços e ver os benefícios que vêm de desenvolver uma vida e uma prática que fortificam a vontade. Ao fazer isso, ficamos mais aptos a fortalecer nossos traços positivos, levando a um corpo e a uma mente mais saudáveis. Nós também não vamos ser sugados com tanta facilidade e vamos ter a energia e a vontade para seguir em frente. Ao vermos essas recompensas, vamos ficar mais estimulados a continuar.

Ao mesmo tempo, se pudermos realmente substituir os antigos hábitos negativos (nossa maneira costumeira de pensar) por pensamentos novos e benéficos, vamos experimentar uma "mudança recompensadora de percepção". Nós fazemos isso com delicadeza, "como o soldado capturado que é tratado com justiça".

SEXTA LIÇÃO (18-20): ESCOLHENDO SEU FUTURO

O método de Sun Tzu é usar nossos pensamentos conquistados para aumentar nossa força para alcançar a vitória sobre a mente e seus hábitos costumeiros. Quando fazemos isso, deixamos de lado a procrastinação, reduzimos o cansaço, a confusão, a decepção e afins, e acalmamos nosso próprio destino ao avançarmos na direção de uma "paz da mente" e da autoconscientização.

Em teoria, se você fosse libertar sua mente ou pelo menos *metade* dos zilhões de pensamentos gerados por ela em um dia, você ia, da mesma forma, liberar a energia necessária para mantê-los. A energia que não é mais usada em pensamentos pode ser usada na direção de um objetivo digno. Sun Tzu explica: você precisa escolher o rumo de seu futuro em todo instante e pensamento: vai ser paz ou perigo? Conforme cada pensamento se desenrola no momento seguinte, você pode exercer intencionalmente uma nova escolha e alcançar a vitória.

Com mais frequência, sem percebermos, estamos decidindo continuamente sobre nosso futuro e nosso destino. A maioria vai culpar as circunstâncias, as outras pessoas, os governos — qualquer um menos elas mesmas — por sua situação na vida. Mas você, na verdade, decide o que acontece no momento seguinte, mesmo que tenha tentado e fracassado mil vezes antes. Com suas próximas novas decisões, o futuro pode ser diferente.

Incentive-se a seguir os passos fornecidos por Sun Tzu para conquistar a paz para você mesmo.

SE RECUSE A RECUAR

Toda vez que você decide ativamente estar mais consciente de seus pensamentos, está afirmando seu compromisso com o autodomínio. Comece agora estabelecendo uma prática de observação diária por meio de uma atividade (por exemplo, quando estiver caminhando, sentado, correndo, meditando ou cozinhando) e se comprometa com isso por um dia, depois por uma semana, depois por um mês, então por três meses e depois por um ano.

Dê tudo de si.

Planeje, mas não procrastine.

A cada dia, encontre tempo para examinar o que está funcionando e o que não está. Pergunte a si mesmo: o que te afasta de uma mente tranquila? Em vez de se esforçar ou se livrar desses pensamentos, como, em vez disso, você pode ter curiosidade em relação a eles — o suficiente para descobrir algo mais profundo que precisa mudar internamente?

Quando você começa a fazer mudanças em sua vida, também começa a ver todos os obstáculos que podem surgir para te afastar de suas vitórias pessoais que afirmam a vida. Ao levar a conscientização para seu processo de pensamento, você vai começar a experimentar uma serenidade profunda que essencialmente te carrega para o momento seguinte, criando um novo futuro.

Nós decidimos o futuro; nós decidimos nosso comprometimento; nós decidimos se vamos desistir quando encaramos obstáculos. Mas o negócio é o seguinte: quanto mais conseguirmos planejar, nos preparar, agir e nos estimular, mais vamos fazer mudanças graduais, e esses pequenos passos *vão* levar à vitória!

RENOVANDO SEU COMPROMISSO

É muito fácil sentir empolgação e energia quando começamos a prática para dominar a mente. Mas, assim que nos deparamos com um problema ou um obstáculo — pode parecer que alguém ou alguma coisa está tentando nos deter —, podemos nos desencorajar com facilidade. Mas nós somos responsáveis por nossas escolhas. É aí que você precisa reagrupar e tentar outra vez. Esteja sempre disposto a dar mais um passo na direção dos objetivos ou sonhos que você pretende atingir na vida.

Para começar, você pode reexaminar o compromisso que assumiu no Caminho Oculto para a Paz e a Plenitude. Faça a si mesmo as seguintes perguntas para começar a explorar possíveis dificuldades no dia a dia. Escrever suas respostas em um diário pode ajudar você a obter um quadro mais claro.

- Há áreas na sua vida que estão impedindo que você alcance seus objetivos? Faça uma lista delas e comece a planejar maneiras de superar as dificuldades percebidas.
- Que passos você pode dar para abrir mão do "ouro" e assumir um compromisso completo?
- Que pequenos esforços você pode fazer para garantir que esteja cuidando de seu corpo e de sua energia vital, de modo que possa aguentar os rigores que pode encarar nesse caminho? Confira intuitivamente para ver o que é necessário e aja de acordo com isso.
- Você pode comer de forma mais natural ou em equilíbrio consigo mesmo intuitivamente, ou pode introduzir exercícios ou uma atividade que gera energia, como caminhadas, pintura ou jardinagem? Que dificuldades físicas surgem? Que obstáculos mentais surgem? Como você pode se livrar de seu modo habitual de pensar e começar de novo?

- Você faz reflexões e exames suficientes para ver onde pode fazer melhorias contínuas? No fim de cada dia, reveja as batalhas que você lutou nas quais a sabedoria venceu a dificuldade e como você fez mudanças. Essa introspecção vai permitir que você planeje de maneira apropriada para aumentar seu sucesso no dia seguinte.

Não importa quais desafios surjam, veja-os como uma oportunidade e tente mais uma vez. Desde que você tente de novo, nunca vai poder ser derrotado.

O SEGUNDO PASSO NO CAMINHO OCULTO PARA A PAZ E A PLENITUDE

1. *Aplique os ensinamentos sobre o custo de lutar uma guerra (mental) da melhor maneira que se revele para você, sem reprimir nada.*

2. *Pense nas coisas que desperdiçam sua energia, te distraem e fazem com que você desista, e elabore um plano para dizer "sim" ao que serve a seu caminho e sucesso no interior.*

3. *Reexamine seus esforços a cada dia e tenha consciência de qualquer coisa (por exemplo, suas percepções de circunstâncias externas e pessoas) que te afastaram do trono do poder sobre a mente.*

Os preços de lutar uma guerra (mental) *são o segundo passo no Caminho Oculto para a Paz e a Plenitude. Quando sabemos o que vai drenar nossa energia vital e nos causar perdas e sofrimento, podemos fazer um esforço franco para evitar isso, dizendo "não" para distrações e pessoas/circunstâncias que não beneficiam nossos objetivos nem propósito de vida. Se fizermos isso, vamos ter uma força maior para percorrer a distância até estabelecer uma mente inabalável que é invencível.*

Reflexões: Os preços de lutar uma guerra (mental)

"Aqueles que têm pressa na preparação para executar a ação (para ganhar o controle da mente) vão experimentar longos atrasos, mas aqueles que exercitam a inteligência e a preparação não vão."

— Capítulo 2

1. *Sun Tzu nos alerta a não tentarmos fazer coisas demais ao mesmo tempo. Como você pode diminuir o fardo de seu dia a dia para aplicar os ensinamentos em passos?*

2. *De que maneiras você prolonga a preparação para atingir um objetivo e procrastina? Como você pode começar a fazer progresso em seu Caminho Oculto para a Paz e a Plenitude?*

3. *Dê um exemplo de quando você tentou fazer coisas demais, exaurindo sua força. Usando os conselhos de Sun Tzu, o que você pode fazer de diferente na próxima vez?*

4. *Descreva um momento em que você sentiu exaustão, a ponto de abandonar seu objetivo, ou um momento em que sua força e seus recursos — seu entusiasmo — estavam tão baixos que você ficou com a sensação de que não podia continuar. Usando os conselhos de Sun Tzu, o que você pode fazer para evitar isso no futuro?*

5. *Sun Tzu está nos pedindo para escolher entre a paz e o perigo da mente. Como você descumpriu compromissos que eram importantes para você?*

6. *Sun Tzu nos diz que não precisamos assumir um segundo compromisso se assumimos o primeiro com sinceridade. O que você pode fazer para seguir adiante, para se livrar do sentimento de fracasso e, delicadamente, prosseguir com sinceridade?*

7. *Basta que nossos esforços sejam pequenos para terem grandes resultados. Que coisa pequena você pode fazer que vai beneficiar seu sucesso hoje?*

8. *Como você imagina o autocuidado? Como você pode reservar um espaço de tempo a cada dia para apoiar sua necessidade de meditação/quietude?*

9. *Sun Tzu nos diz que um pensamento ou hábito velho substituído por um novo é um passo na direção do autodomínio. Escolha um: que pensamento antigo é possível substituir por um novo que pode ser a mudança responsável por criar um novo você?*

---

10. *Que pensamentos te enfraquecem com a insistência constante de vontades/desejos que te afastam da vitória?*

---

11. *Se você pudesse mudar uma ideia sobre você mesmo para avançar rumo a um novo futuro, o que seria?*

---

12. *Descreva um momento em que você tentou fazer mudanças em sua vida e teve sucesso. Sendo honesto, o que você sabe sobre si mesmo hoje que pode usar em seu plano para a vitória?*

3

EMPREENDENDO POR ESTRATAGEMAS

1. Sun Tzu disse: é melhor retomar o território da mente por inteiro, em vez de permitir que a ignorância estraçalhe a atenção de uma pessoa. Da mesma forma, o objetivo é conseguir o controle total sobre os pensamentos, em vez de permitir que eles permaneçam, se fragmentem ou se multipliquem, o que torna mais difícil controlá-los e superá-los.

2. Portanto, é aconselhável confrontar a resistência de sua mente ao trabalhar com pensamentos; faça isso de um jeito que não sugira falha, mas sim aborde-os com espírito investigativo.

3. Assim, a forma mais elevada de disciplina é não ceder à força de seus pensamentos; depois disso, o melhor é detê-los na intersecção com outro pensamento; a ação seguinte é deter um pensamento na raiz; a pior ação é ficar com raiva quando você não consegue controlá-los.

4. A regra é, sempre que possível, não sentir raiva de sua falta de controle mental. A preparação da mente pode levar até três meses; e mais outros três meses até você ser capaz de silenciar um pensamento.

5. O aluno que se irrita e fica impaciente com sua falta de habilidade em controlar a mente vai atacar seus pensamentos com raiva, o que vai dar origem a muitos outros pensamentos e irritações. Como resultado, seu entusiasmo e sua ambição vão perder energia, enquanto sua mente continua inquieta. Esses são os efeitos desastrosos de abraçar a raiva e a impaciência.

6. Portanto, o estudante habilidoso vai conter seus pensamentos sem resistência; ele assume e supera os pensamentos sem raiva e frustração, dessa maneira, sem prolongar seu avanço.

7. Com a mente em estado de concentração, o aluno vai continuar a afirmar seu domínio sobre a totalidade de seu ser, e assim, sem se perder, ele vai acabar triunfando. Este é o método de empreender por estratagemas.

8. É regra, ao combatermos nossa mente, que, caso nossos pensamentos estejam agitados, podemos cercá-los, dividi-los e, em seguida, ganhar gradualmente o controle sobre eles.

9. Quando nossos pensamentos estão igualados — ou seja, estão trabalhando duro e não vão nos permitir atingir um estado de concentração —, então podemos permanecer e trabalhar para restabelecer o controle; se nossos pensamentos tiverem vantagem sobre nós, então é melhor evitá-los por enquanto; se nossos pensamentos têm uma grande vantagem sobre nós, não devemos confrontá-los, mas tentar novamente mais tarde.

10. Portanto, se estiver obstinado em tentar recuperar o controle sobre pensamentos que têm grande força sobre você, não vai ter sucesso e vai acabar sendo superado.

11. Agora o aprendiz é o guardião da mente; se ele tem controle e concentração, sua intuição (Conhecimento Intuitivo) vai se desenvolver e ficar forte; mas, se ele tem dificuldades, sua concentração vai enfraquecer a conexão.

12. Há três maneiras de o aprendiz levar infortúnio a seu caminho/prática:

13. (1) Tentar *ordenar* ou forçar a mente inquieta a agir de determinada maneira, ignorando que ela não pode ser vergada pela força.

14. (2) Tentar *governar* a mente inquieta da mesma maneira que faz na vida material, ignorando que a força vem de *não fazer* em vez de fazer.

15. (3) Iniciar ações *sem discernimento*, ignorando que a mente inquieta pode se adaptar a novas circunstâncias, que vão enfraquecer cada vez mais a confiança do estudante.

16. Mas, quando os pensamentos da mente estão fora de controle, ela pode despertar sentimentos, fazendo com que todo o ser entre em estado de desordem, tornando a vitória breve.

17. Assim, podemos saber que há Cinco Pontos Essenciais para a Vitória sobre a mente inquieta:

    a. Vai vencer o aluno que souber quando entrar em ação e quando resistir.

    b. Vai vencer o aluno que souber lidar com pensamentos e distrações superiores e inferiores.

    c. Vai vencer o aluno cuja mente e os sentidos estiverem alinhados com um objetivo unificado.

    d. Vai vencer o aluno que se preparar, esperar para enfrentar seus pensamentos e não lhes conceder nenhum poder.

    e. Vai vencer o aluno que tem um corpo saudável,[14] um corpo que possa sustentar a quantidade necessária de prática e não interfira no avanço de uma pessoa.

    A vitória sobre a mente inquieta está no conhecimento desses cinco pontos.

18. Daí o ditado: *Se você conhece a si mesmo e a natureza de sua mente (aquilo que você está enfrentando), então não precisa temer o resultado de cem encontros*. Se você conhece a si mesmo e não a natureza de sua mente, para cada vitória obtida, você também vai sofrer uma derrota. Se você não conhece a si mesmo nem a natureza de sua mente, vai falhar toda vez que praticar.

---

[14] A citação a um corpo saudável inclui regular o fluxo de energia na direção do "olho", um alinhamento que leva à Consciência do Todo. Da mesma forma, ela sugere manter a saúde do corpo para a longevidade para garantir a duração necessária para completá-la.

INTERPRETANDO A SABEDORIA VIVA DE SUN TZU

Sun Tzu está incitando o estudante a adotar uma estratégia consciente para se tornar seu próprio Mestre Sol. Para alcançar a vitória, precisamos confiar no professor (intuição). Nós não recebemos instruções complicadas nem somos desviados do caminho pela promessa de um treinamento especial que certamente vai mudar nossa vida. Em vez disso, recebemos conhecimento muito simples e atemporal, e nos pedem que o apliquemos.

Mais importante: conforme desenvolvemos uma nova consciência, ela pode se tornar um modo de vida natural que age como um intercâmbio entre nossas percepções (por exemplo, emoções e pensamento dicotômico), para experimentar a Plenitude (o saber constante), disponível para nós em todos os momentos.

Se estivermos dispostos, Sun Tzu nos mostra a maneira de recuperar o autodomínio sobre a mente *inteira*, não apenas parte dela. É fácil nos levarmos a acreditar que terminamos depois de fazer uma pequena mudança. Mas essa é uma batalha *contínua* que vai demandar vigilância permanente sobre nossos pensamentos: é um modo de vida sem fim, um ciclo que vai se repetir.

Quando os "exércitos" de nossa concentração são enviados para lutar uma guerra contra os pensamentos inquietos, nós aprendemos a cortá-los pela raiz e a impedir que se multipliquem. Ao fazer isso, estamos essencialmente cercando o pensamento, impedindo-o de avançar (ou criar mais emoção por trás dele), e assim podemos obter a vantagem da paz e da calma que vai nos levar à frente até a vitória.

Mas Sun Tzu nos alerta que, quando começamos a dominar nossa mente inquieta, ficamos propensos à frustração e à raiva; vamos acreditar que os pensamentos (ou o exército inimigo) são maiores, mas em nosso esforço para deter os pensamentos, não devemos restringir ou usar a força. Nós podemos começar a complicar ou ir para outro lugar, nos sentindo desconfortáveis. Quanto mais lutamos, mais vamos testemunhar nossa própria fraqueza e ficar mais obstinados; assim, o fracasso vai chegar com facilidade.

Esta é a escola da mente, onde é preciso praticar para aprender uma habilidade. Quando você domina sua mente e leva seus pensamentos a um estado imóvel de concentração, você experimenta seu puro Eu e "sabe" quem é — ponto. Não quem você *foi* ou quem você *vai ser*, mas quem é *agora*. Infinitamente e sem limites.

PRIMEIRA LIÇÃO (1-6): DOMINANDO SEUS PENSAMENTOS

Segundo Sun Tzu, nossa batalha é por *todo* o território, ou, neste caso, *nossa mente inteira*, não uma parte dela. Assim como no campo de batalha, se você ataca um exército e não consegue derrotá-lo de uma vez, ele vai se fragmentar e reagrupar. No campo de batalha da mente inquieta, nos pedem para usar a arma da concentração para apaziguar o pensamento *integral*. Se não, ele continuará se multiplicando e vai ser difícil de superar.

Nós devemos ser proativos e confrontar o que nossa mente está enfrentando, e não questionar isso com culpa, mas com investigação. Por exemplo, se você pratica corridas e distende a panturrilha, sua mente imediatamente o arrasta para uma batalha de pensamento sobre o que vai acontecer em seguida. Você, basicamente, vai deixar seu lugar de poder sobre tanto o corpo quanto a mente. Primeiro, o corpo vai se concentrar na sensação de dor e chamar sua atenção, e, depois, sua mente vai começar a multiplicar pensamentos sobre o que fazer. Se você permitir que eles corram livremente, como um exército desgarrado, eles vão se infiltrar de maneira incessante na mente.

Sun Tzu está pedindo a você que contenha ativamente os pensamentos antes que essa guerra incessante aconteça. Do contrário, isso vai se tornar algo grande demais para superar. Um pensamento se torna dez mil em segundos. Nosso objetivo, então, é deter um que se encontre "na intersecção com outro pensamento". Ah, o lugar perfeito: *por quê?* Porque entre as interrupções está a calma, e na calma, nosso estado natural, somos capazes de empregar o poder mental para redirecionar recursos para nossa intuição (ou Sol Interior), o olho que tudo vê e está constantemente consciente e sabe o que vem em seguida.

Está *sempre* dentro de nosso poder escolher a *calma* e tranquilizar nossos pensamentos para "ouvirem" internamente nossa intuição sobre o que vai acontecer em seguida.

Então, o corredor que distendeu a panturrilha e teme a repetição da lesão pode manter uma mente disciplinada que não vai ser arrastada para um futuro que pode nunca acontecer. Basicamente, quando imaginamos situações, nós as estamos desnecessariamente vivendo como se fossem nossa realidade. Em vez disso, quando percebemos dificuldade, ou um obstáculo, em vez de deixar que nossos pensamentos interiores lutem uma guerra, abastecida por preocupação, medo e derrota (nessa situação, não poder voltar a correr), podemos interromper os pensamentos e restaurar o equilíbrio.

Sun Tzu está nos pedindo para tentar e, se fracassarmos, tentar novamente. No processo, você aos poucos reconhece que a forma mais elevada de autodomínio e disciplina não vai ser deposta pelos nossos pensamentos, mas vai se apoderar deles e restaurar seu poder ao agrupá-los. Ainda mais habilidoso é o guerreiro que consegue deter o pensamento na raiz — ou seja, antes mesmo que ele aconteça. Sem ação, podemos perder a guerra, melhor dizendo, nossa habilidade de controlar nossos pensamentos, que são, em vez disso, varridos na ilusão de nossas próprias emoções.

O domínio e a arte de criar paz na mente exigem prática e disciplina.

Se você sentir raiva de sua incapacidade de dominar o controle mental em suas experiências do dia a dia, isso vai apenas criar "um enxame de outros pensamentos e irritações", o que vai fazer com que você perca ímpeto. Sun Tzu oferece uma linha do tempo realista: três meses só na preparação da mente, e mais três para silenciar apenas um pensamento!

Seis meses não parecem muito, não quando você pensa sobre aprender uma habilidade nova. Imagine acreditar que você pode pintar uma obra-prima em uma tarde ou aperfeiçoar seu arremesso no basquete em apenas cinco minutos. Mesmo depois de pintar vários quadros ou fazer mil arremessos perfeitos, sempre há mais a aprender.

SEGUNDA LIÇÃO (7-11): CULTIVANDO SUA CONCENTRAÇÃO

Sun Tzu explica que, se levarmos nossa mente a um estado de concentração, então vamos realmente alcançar o domínio sobre a mente e o corpo e gradualmente experimentar a Plenitude. Nós podemos fazer isso com planejamento ou regulação, em vez de viver passivamente, como se não tivéssemos nenhum controle sobre nosso futuro. Não importa onde estamos nem qual é nossa situação, nós podemos pegar um pensamento de cada vez e retomar o controle sobre a vida que queremos viver.

Ao avaliarmos e criarmos estratégias para nossos comportamentos, podemos começar a agir assim que nossas mentes nos desviem do caminho. Quando nossa mente trabalha duro para nos distrair de nosso objetivo, nós vamos precisar recuperar a concentração. Isso é uma prática. Sun Tzu oferece os passos necessários para recuperar a equanimidade.

- Se um pensamento te afasta de seu centro, você deve se livrar dele.
- Se um pensamento assumiu ou tirou sua concentração, procure não o forçar a parar nem o enfrentar, mas tente novamente mais tarde.

É como se você perdesse suas chaves ou sua carteira — sua primeira reação pode ser de pânico; em seguida, de preocupação. Seus pensamentos podem facilmente se multiplicar em histeria, raiva ou culpa. Se você se livrar do fluxo de pensamento e tentar novamente quando estiver calmo, você frequentemente encontra as chaves ou a carteira em questão de minutos, percebendo a tolice de sua reação inicial.

Momentos como esse dão a você a oportunidade de deter o pensamento na raiz, permitindo que nossa própria sabedoria intuitiva encontre um caminho à frente até a superfície — você pode restaurar a calma e procurar em seu interior uma resposta que é encontrada sem esforço. Mas não se sua mente estiver trabalhando fortemente contra você. Em vez disso, vai ser difícil recobrar o controle. Na verdade, você pode até ficar com mais raiva e frustração, e no fim das contas, se sentir sobrecarregado.

Somos os guardiões da mente. Ou nós permitimos que nossas fraquezas vençam, ou aumentamos nossa concentração para superá-las.

TERCEIRA LIÇÃO (12-15): TRÊS OBSTÁCULOS PARA A CONCENTRAÇÃO

Sun Tzu fornece ao aluno-guerreiro três maneiras costumeiras pelas quais ele pode cair no infortúnio se for removido do trono da concentração. A primeira é quando você tenta "comandar" ou ordena que sua mente inquieta aja de determinada maneira. Você tenta fazer com que ela pare à força, mas, como Sun Tzu explica, a mente não pode ser dominada pela força.

A segunda maneira é tentar "governá-la" da mesma forma que fazemos com nossa vida diária. Isso pode ser feito por meio de barganha e de dizer para o exterior o que a mente deve ou não fazer. Aqui, mais uma vez, é o "não fazer", ou uma permissão sem esforço, que realmente acalma a mente.

A última armadilha é "fazer" sem discernimento, permitindo, basicamente, que o pensamento controle o corpo e lidere o caminho sem preocupações. Essa indiferença pode parecer livre, mas isso também é ilusório, porque é impossível de ser dominado. A indiferença sem discernimento é apenas mais um hábito.

QUARTA LIÇÃO (16-18): CINCO ESTRATÉGIAS PARA O SUCESSO

Para recobrar a concentração e a conscientização, Sun Tzu nos dá cinco estratégias comprovadas para afirmar o controle sobre os sentidos, que vão retaliar e criar mais guerra e caos, até chegar a um estado de desordem e inquietação descompromissado e incessante. Nesse estado belicoso, a vitória está distante — ou pelo menos, parece muito estar.

Primeiro, devemos ser verdadeiros em relação a como nossa mente está nos enganando e então aprender quando tomar uma atitude e quando não tomar. No processo, vamos começar a ver a nossos pensamentos como um campo de batalha e saber quais deles estão vindo de nossa intuição (a ponte para nosso Sol Interior) e quais são "inferiores", ou nos levam para as trevas da ilusão, guiados pelo sentido e pela emoção. Um é agente de distração, o outro não é. Para saber qual é qual, devemos usar discernimento e nos lembrar de deixar nosso objetivo unificado guiar nosso caminho.

Por exemplo, se você estiver treinando para uma maratona e seu objetivo é correr os quarenta e dois quilômetros sem parar, então isso vai ter o poder de unificar a mente e o corpo na direção desse resultado. Se você está se afastando do sucesso, pode discernir qual é sua próxima ação e revisá-la, para poder continuar em frente com seu objetivo. Da mesma forma, você vai precisar manter seus sentidos equilibrados para não se afastar emocionalmente do objetivo; faça um esforço para *não* dar a nenhum pensamento guiado pelos sentidos ou pelas emoções poder ou domínio para deter você.

Sun Tzu também nos lembra de que precisamos manter um corpo saudável para sermos capazes de sustentar uma prática ao longo da vida, de modo que as limitações de nosso corpo não nos detenham e nos distraiam ainda mais. Com um corpo saudável, não vamos ser detidos pelo sofrimento.

Mais especificamente, ele está nos pedindo que consideremos quanta energia vital expelimos por meio de uma mente inquieta e conturbada. Todo pensamento gera e utiliza energia. Quanto mais você estiver ativamente conectado a pensamentos, pessoas, lugares, atividades e assim por diante, que usam sua mente, mais energia você está usando e, essencialmente, gastando. Até os itens em nossa posse estão ligados a energia. Quanto mais você expelir, mais cansado (e potencialmente estressado) você fica; quanto mais você enfraquecer o corpo e pôr sua saúde em risco ou convida ao desequilíbrio (doença ou morte prematura), mais ele vai exigir descanso e abrir mão da vontade de resistir e lutar.

Sun Tzu apresenta estratégias para reduzir seu uso de energia mental, para ter uma reserva e até fazer com que sua energia aumente, para manter sua vontade e sua energia. Então, as "estradas" de energia através do corpo, que levam essa força, vão ecoar com uma grande força vital, dando a você uma sensação de leveza e levando sua consciência para os centros mais elevados da mente (e do Sol Interior), proporcionando maior conscientização a você.

As cinco estratégias mostram o que vai nos afastar do sucesso, enquanto também demonstram que nós podemos aprender o caminho para a vitória. Em palavras simples, Sun Tzu está dizendo que se conhecemos a natureza de nossa mente, sabemos exatamente onde vamos vacilar, e portanto nunca devemos temer nenhum encontro — neste caso, encontros são os desafios que enfrentamos em todos os lugares na vida.

Nós podemos enfrentar qualquer situação, não importa o quanto ela seja pequena ou insignificante; com uma mente equilibrada, abrigados em nosso trono de poder mental que ninguém, nem nenhuma situação, pode tirar de nós.

BASE PARA A PLENITUDE

Nossa habilidade de dominar a mente começa agora. Ela começa com o próximo pensamento que chamar nossa atenção. No início, pode parecer que estamos propensos à distração, ao descuido, à frivolidade e a caprichos, simplesmente porque começamos a perceber o quanto nossa mente se entrega rápido a pensamentos. Mas não precisamos criticar isso, ou a maneira que temos vivido, apenas criar novas estratégias para cultivar uma nova consciência com base em concentração e confiança.

Quando confiamos em quem somos — ou seja, não sofremos imposições de outras pessoas para sermos melhores nem damos ouvidos à autocrítica, e sim celebramos nossa beleza inerente e estado interior único — e ressonamos com amor por nossa natureza mais verdadeira e nossos dons, honrando nossa vida, mesmo que estejamos muito longe do caminho que pretendíamos, começamos a conquistar bases para criar um novo futuro, no qual percebemos de forma integral todo nosso poder e Plenitude.

Isso começa com se tornar consciente de um pensamento, o que envolve observar e flagrar a mente no ato de multiplicar pensamentos. Emoções surgidas de nossos sentidos também vão nos ativar profundamente em distrações. Mas há esperança: nós podemos interromper o fio de pensamento quando estamos no meio dele. Somos capazes de nos tornar muito habilidosos em bloquear nossa mente, antecipando o que vamos dizer, como vamos dizê-lo e o resultado, tudo ao mesmo tempo, e não dar poder a isso. Nós, na verdade, somos muito previsíveis, por isso, podemos inserir um novo padrão por meio de concentração e investigar por que esses pensamentos estão nos afastando do sucesso.

Sun Tzu diz que podemos começar a nos comprometer com um plano que derrote a mente meditando sobre os cinco princípios, que estão aqui para que cultivemos sabedoria e disciplina. É possível utilizá-los como perguntas de revisão, que podemos fazer a nós mesmos no início e no fim de nosso dia. Se descobrirmos que não correspondemos aos princípios, não há problema; podemos abordar nossos problemas com a mente aberta e curiosidade, não com restrições. Então, podemos revisar as lições de capítulos anteriores e ver se há maneiras de redirecionar nossos esforços.

Quanto mais ficamos conscientes do que estamos pensando, e de quando pensamos, melhor podemos lidar com isso e levar nossa mente para um estado pacífico, em vez de estar em guerra permanente com nosso ambiente próximo, com nosso corpo e com o mundo. Podemos, basicamente, alcançar um lugar onde temos consciência do que pensamos, em vez de sermos levados por isso. Quanto mais terreno ganhamos (figurativamente), mais quieta a mente fica, e mais nosso Sol Interior, ou seja, nosso centro intuitivo, fica livre para nos guiar.

Essa é a ponte entre os níveis Superior/Inferior (percebidos) da Consciência; um é intuitivo, com o conhecimento orientado para dentro, o outro é regido pelo ambiente/sentidos/emoções. O domínio por meio da concentração aquieta uma pessoa, dando poder e liberdade para o outro. Dessa forma, é possível extirpar a preocupação e o medo na raiz e recobrar o poder. Se a mente produz uma multiplicidade de pensamentos, você pode novamente assumir o controle por meio da atenção focada. Sua mente já é o Mestre Sol, o iluminado, neste exato momento. Então, não tenha medo de utilizá-la e aumentar seu poder de concentração, não só ao reservar tempo especial para meditar, mas sempre: hoje.

Lembre-se: *sua vida* é sua cerimônia e sua prática. Se você rotineiramente vai e vem entre a conscientização e a falta dela, aprenda a treinar sua mente para recuperar a Consciência Concentrada. No fim, como nós conhecemos a nós mesmos, a nossas reações e a nossas resistências tão bem, podemos continuar a planejar e agir para evitar fracassos e permanecer no caminho para atingir a paz e a Plenitude.

Comece agora mesmo prestando mais atenção ao que está sugando sua energia vital e comece a cortar amarras. Quando você parar de ver essas coisas externas como mais importantes que seu estado interior, vai ser capaz de "convocar" sua força vital de volta, para recarregar. Não se sinta culpado caso pare de pensar sobre certas pessoas ou situações em que você normalmente pensaria. Quanto mais você conseguir "cortar amarras" com as coisas em sua vida que esgotam sua energia e força de vontade, mais vitalidade você vai ter para ser usada na direção de seus próprios objetivos e futuro.

Experimente. Comece revisando seu dia com todos os momentos passados avaliando o que era necessário ou perda de tempo. Planeje utilizar esse tempo para reflexão tranquila ou outra prática que recarregue você, como caminhar ou fazer artesanato, que podem resultar em quietude mental e concentração.

O TERCEIRO PASSO NO CAMINHO OCULTO PARA A PAZ E A PLENITUDE

1. *Aplique o Caminho Oculto para a Paz e a Plenitude da melhor maneira que ele se revelar a você, sem resistir a mudanças por meio de um plano de ação consciente.*

2. *Adote estratégias a fim de chegar à raiz de seus problemas para dominá-los, de modo que sua mente inquieta esteja em um estado unificado com maior frequência, em vez de um dividido. Ao fazer isso, você vai conservar energia e se manter em seu trono mental de poder para promover seus objetivos na vida.*

3. *Mantenha sua mente em um estado de conscientização quando surgir o momento seguinte, para manter uma vontade forte e evitar ser esmagado. Se você experimentar desordem, reestabeleça a calma.*

Empreender por estratagemas *é o terceiro passo no Caminho Oculto para a Paz e a Plenitude. Quando nos planejamos conscientemente para o momento seguinte, podemos antecipar como vamos reagir e manter a equanimidade.*

É possível treinar a mente — a prática de uma estratégia nos prepara para fortificar nossa vontade e nossos esforços.

Planejar vai nos dar uma vantagem, ao contrário do que acontece com aqueles que não planejam e deixam a mente correr solta sem cuidado; dessa forma, podemos alcançar nossas próprias vitórias em qualquer instância.

Reflexões: Empreendendo por estratagemas

"Confronte a resistência de sua mente quando estiver trabalhando com pensamentos; faça isso de um jeito que não insinue falha, mas em vez disso aborde-a com investigação."

— Capítulo 3

---

1. *Em sua prática diária para obter o controle de pensamentos ou emoções agitados, você acha que é obstinado em fazer mudanças? Como pode ser mais gentil quando se trata de trabalhar com pensamentos e emoções recorrentes ou fortes?*

---

2. *Sun Tzu sugere que o simples ato de preparar a mente pode levar três meses — e mais três apenas para silenciar um pensamento. Isso incentiva sua prática ou você pensa em desistir? Se a segunda opção for o caso, como você pode trabalhar suas expectativas de progresso?*

---

3. *Com base nos ensinamentos de Sun Tzu, que estratégias você pode incorporar à sua atividade ou prática diária que ajudariam a trabalhar a frustração e a raiva, sem ser intransigente consigo mesmo?*

---

4. *Sun Tzu sugere dividir nossos pensamentos e trabalhar neles gradualmente, um de cada vez, para obter o controle. Escreva três exemplos de onde você sabe exatamente como vai reagir em determinada situação, e como você planeja interromper o pensamento antes que ele se multiplique, para ganhar mais concentração e realização em sua vida.*

5. *Que oportunidades você pode criar em seu dia a dia para iniciar o discernimento com cada pensamento e ação novos, em vez de ser vítima de emoções/sentidos?*

6. *Examine a lista dos Cinco Elementos Essenciais para a Vitória e decida qual parece ser a melhor abordagem para você no momento e por quê. Qual parece o mais difícil, e por quê?*

7. *Por que você sente impaciência ou irritação quando não consegue controlar seus pensamentos?*

8. *Dê um exemplo em que você perdeu o controle de sua mente/emoções, e deixou de se sentir você mesmo. Como você aliviaria essa situação hoje, usando os estratagemas de Sun Tzu?*

9. *Segundo Sun Tzu, a forma mais elevada de disciplina é não ceder à força de seus pensamentos. Conte um momento em que você conseguiu exibir esse tipo de domínio.*

10. *Quando você sentiu toda a sua mente em um estado de paz ou equanimidade? O que está mantendo você longe desse estado no momento?*

11. *De que maneiras você pode promover um corpo mais saudável que ajude você a sustentar uma prática de longo prazo na direção de seus objetivos de vida inteira?*

12. *Qual seria a sensação de não temer o resultado de cem encontros?*

4

CALCULANDO A NATUREZA DE UMA PESSOA

1. Sun Tzu disse: os mestres antigos se colocavam além das possibilidades de serem derrotados ou detidos (quando em luta para controlar a mente inquieta), então trabalhavam na direção de eliminar qualquer distração, sabendo que não iriam falhar.
2. Sermos invulneráveis em relação a pensamentos/emoções descontrolados está em nossa própria habilidade de conhecer a mente.
3. Assim, o aluno médio pode não se afetar por pensamentos/emoções descontrolados, mas não pode ter certeza do sucesso.
4. Daí o ditado: *a vitória sobre a mente pode ser antecipada, mas não forçada.*
5. É possível tomar precauções para garantir o sucesso e está dentro da habilidade de cada um proteger a mente.
6. Quando um estudante tem força de vontade, ele vai trabalhar na mente inquieta; quando a determinação do estudante é fraca, ele vai ser esmagado pela mente inquieta.
7. O estudante de vontade fraca vai tentar se esconder no mundo material, em vez de trabalhar para desmantelar o ego; o estudante determinado vai seguir o caminho na direção da Plenitude. O primeiro vai se proteger de fazer progressos, o segundo vai se mover para perto do sucesso.

8. Permanecer ou se abrigar em um estado de expectativa não vai ajudar você a superar sua própria compreensão da mente.

9. Tampouco é o auge da grandeza se seu ego é propenso a elogios.

10. Nem é sinal de domínio permanecer ligado às maravilhas que você experimenta durante estados mais elevados de consciência.

11. O que os Antigos chamavam de um aprendiz sábio é aquele que não apenas domina sua mente além de todas as distrações, mas faz isso com pouco esforço.

12. Por isso, as vitórias do aprendiz (sobre a mente) não trazem reputação por sabedoria nem crédito por coragem.

13. O aprendiz alcança o sucesso por meio de esforços imperturbáveis. Isso vai dar a ele confiança e certeza (ou entendimento) para dominar a mente: *conquistar a mente é entender que não havia nada a conquistar.*

14. Portanto, o aluno habilidoso permanece vigilante; ele não vai se permitir ser posto em uma posição que iria tentá-lo e impedir seu sucesso. Da mesma forma, ele vai continuar a se engajar em prática até alcançar o domínio total.

15. É assim quando observamos: o aluno de *sucesso* nunca se empenha por um resultado, enquanto o estudante *sem sucesso* avança com empenho e se esforça para obter um resultado em particular.

16. O aluno Completo (ou Pleno) cultiva a consciência e adere rigidamente à organização e à disciplina (na prática); por isso, está em seu poder controlar e alcançar o sucesso.

17. Em relação à organização da mente plena, primeiro devemos *avaliar nossa mente*; segundo, *estimar nossas fraquezas*; terceiro, *calcular nossas forças*; quarto, *levar nossa (percepção do) mundo interno e externo a um estado de equilíbrio e harmonia*; e quinto, *presumir o domínio.*

18. Cada um desses é considerado um passo na direção de alcançar níveis mais elevados de consciência: para chegar ao próximo passo, um aprendiz deve se tornar habilidoso no primeiro.
19. Um estudante que é mentalmente organizado e tem sucesso é igual ao peso de um saco de meio quilo de farinha em uma balança contra um único grão.
20. Isso porque a torrente de pensamentos/emoções dentro da mente é como a explosão de águas represadas em um abismo de milhares de braças de profundidade. Assim se conclui nossa discussão sobre calcular a natureza de uma pessoa.

INTERPRETANDO A SABEDORIA VIVA DE SUN TZU

Sun Tzu está nos pedindo que tomemos o caminho dos mestres que atingiram um estado mais elevado de conscientização protegendo a mente e antecipando seus pensamentos. É isso o que significa calcular sua própria natureza para não ser enganado por ela. Mas não se deixe enganar pela referência a um estado mais elevado. Isso é resultado apenas de uma mente quieta e regulada, alcançada de diversas maneiras, incluindo concentração, como vai ser discutido em capítulos posteriores.

Quanto mais entendemos nossa mente inquieta, mais podemos antecipar o que vamos fazer e decidir interromper os fios de pensamento na raiz. Habituados, pensamentos inconscientes se multiplicam — se você já teve algum aborrecimento ou preocupação, provavelmente experimentou uma alteração no tempo, onde dez minutos se passaram e você ainda estava reexaminando uma questão repetidas vezes, como se desejasse ter ou não ter feito ou dito algo. Sun Tzu defende que, se você consegue calcular sua própria natureza, então pode retomar o controle sobre ela.

Quanto mais organizados e honestos pudermos ser em relação à posição em que estamos no momento, mais seremos capazes de trabalhar na direção de superar dificuldades. Nossa avaliação, explica Sun Tzu, é necessária para permanecermos focados e realistas. Se nos tornamos como um general que, depois de vencer a batalha, se banha de elogios, então a concentração se perde — e também o objetivo. O foco não é mais "vencer" a batalha, mas o resultado que vai dar origem aos elogios.

Sun Tzu termina com uma nota desanimadora ao nos lembrar de que o aprendiz que vai até o fim é raro. Mas isso também é dito como um desafio: "O que você vai ser, o único grão ou o meio quilo de farinha?"

PRIMEIRA LIÇÃO (1-6): ANTECIPANDO SEUS PENSAMENTOS

Sun Tzu está nos pedindo que façamos da mente nossa melhor amiga. Conhecer a mente é *conhecer a si mesmo*, ecoando a sabedoria singular deixada pelos Oráculos de Delfos na Grécia antiga. É uma mensagem duradoura com a intenção de nos colocar na direção do autodescobrimento e da realização. Quando antecipamos o momento seguinte, estamos estabelecendo um estado mental que está pronto para a batalha — "batalha" sendo o próximo pensamento ou conversa a se infiltrar em nossa mente.

Acredite ou não, uma hora ou mesmo cinco minutos por dia de atenção total reduz as distrações causadas pelos sentidos. É libertador ter períodos de silêncio para observar o mundo sem pensar, apenas experimentando-o. Essa não é uma habilidade especial que só os mestres experimentam. Qualquer um que adote a estratégia de calcular a mente pode fazer isso.

Nós temos oportunidades infinitas de *calcular a mente*. Quando você entra em um supermercado, pode calcular sua natureza; usando tecnologia, você pode calcular sua natureza; antes de dormir ou comer, enquanto trabalha — não importa onde esteja, você pode levar sua mente a um estado de calma e então prever o que ela vai fazer em seguida, de modo que você possa tomar uma atitude.

Por exemplo, se você já recebeu um convidado especial ou importante, ou uma pessoa mais velha ou um avô em sua casa para jantar, já experimentou calcular sua natureza. Você vai ter arrumado a mesa com cuidado meticuloso e perfeição; garantido que a refeição fique pronta a tempo e não passe do ponto; terá garantido que seus convidados fiquem confortáveis e recebam a melhor porção; estará plenamente consciente de como está vestido, como fala e age, ou que gestos fazer — e tudo o que você faz terá sido executado com escrutínio, sem querer dizer ou fazer a coisa errada, e sim agir de maneira honorável.

Ao calcular nossa natureza dessa forma, podemos viver nossos momentos do dia a dia com esse tipo de consciência, de modo que, a todos os lugares que formos, somos nosso Eu mais unificado e harmonioso. Podemos nos sintonizar com nossa mente mais elevada. A mente de nossa verdadeira natureza, a que é verdadeira, não esconde, não é insegura nem tenta impressionar; nós podemos ser autênticos e falar e agir de um modo que é gentil, calmo e pacífico.

É assim que vigiamos a mente.

Quando fazemos isso, não gastamos um excesso de energia vital que nos deixaria cansados, mas construímos nossa própria vontade (volição), o que cria uma determinação profunda de avançar na direção da perfeição. Nesse caso, perfeição sugere que estamos agindo a partir de nosso Eu unificado, não nos apressando nem nos distraindo, mas totalmente envolvidos com o que quer que esteja ao nosso alcance. Fazendo isso com amor e consciência, não deixamos nada por fazer; nós agimos diante de cada ação com perfeição, harmonia e equilíbrio cuidadosos. Assim, nunca vamos nos sentir sobrecarregados, e, caso estejamos em perigo de ficarmos assim, podemos nos sintonizar com nossa natureza e começar a calculá-la, dessa forma antecipando nossos próximos pensamento e momento.

SEGUNDA LIÇÃO (7-12): EVITE SE ESCONDER

No Caminho Oculto para a Paz e a Plenitude, o aluno corre o risco de se enfraquecer pela falta de habilidade da mente para vencer batalhas, por ser sempre indisciplinada e permanecer em discordância e distraída. Se sua determinação é fraca, você vai basicamente se "esconder" no mundo material. Em outras palavras, podemos ser derrotados e achar a luta tão difícil que voltamos para nossos modos antigos e habituais com facilidade, permitindo que nossas circunstâncias externas pareçam maiores e permaneçam mais fortes.

Sun Tzu aconselha o aluno a não desistir e a tomar cuidado para não se tornar arrogante ao supor que, só porque começou a ver avanços, já é superior aos outros, atribuindo a si mesmo mais importância. Nós podemos nos sentir bem quando essas mudanças acontecem, mas no momento em que começamos a atribuir um significado a elas, corremos o risco de cair na dualidade — ou seja, na noção de que fizemos algo grande, de que chegamos a algum lugar importante, superamos obstáculos, e por isso merecemos elogios por nossos esforços. Sun Tzu nos ensina que os mestres antigos consideravam um aprendiz sábio quando ele superava a mente distraída com pouco esforço. É traiçoeiro: você sabe que mudou, mas, na verdade, está apenas evoluindo, entrando na próxima fase de sua experiência humana.

Como mencionado, pode parecer que você está subindo um nível, como em um videogame, no qual você acha a chave das masmorras que o leva do nível 1 para o nível 2. Você pode sentir orgulho — pode até ter adquirido clareza ou experimentado "maravilhas" ao levar sua mente a um estado mais elevado de consciência. Você vai se sentir bem depois de superar suas próprias limitações — talvez o suficiente para contar vantagem sobre sua conquista, mesmo que não seja intencional. A vida é um relacionamento recíproco com o professor interior, o que significa que qualquer coisa que você diga/pense está sendo falada para que sua própria intuição reaja em relação a ela.

O ditado "Tenha cuidado com o que você diz" é verdadeiro nesses casos em que estamos criando um novo futuro com novos pensamentos. Um corredor que comenta sobre nunca ter tido uma lesão pode acabar se machucando, ou a pessoa que supera o vício em biscoitos e fica maravilhada por não conseguir se imaginar comendo um biscoito outra vez pode se ver fazendo exatamente a mesma coisa em um restaurante! Da mesma forma, uma pessoa que perdeu muito peso pode elogiar a disciplina mental que foi necessária para levar a essa mudança, então jogar fora todas as suas roupas de tamanho grande, segura de si mesma (interna ou externamente), só para terminar recuperando o peso perdido.

Essas ocasiões em que nos gabamos e o tiro sai pela culatra podem nos manter humildes, porque somos forçados a agir novamente para colocarmos outra vez nossos corpos sob o domínio da mente disciplinada. Se conseguirmos fazer isso, vamos ficar menos propensos a mencionar nossas conquistas outra vez, depois de reconhecer como foi difícil alcançar o equilíbrio. No fim, sempre estamos a apenas um pensamento de distância de "cair" na arrogância ou na vanglória. Da mesma forma, esses momentos nos fazem sentir empatia pelos que estão a nossa volta, que podem ter suas próprias dificuldades para superar suas limitações.

O objetivo é reconhecer esse relacionamento recíproco, esse professor interior, que nos leva sem esforço para o próximo Desenrolar Intuitivo, nosso estado natural. Quanto mais vemos cada momento — difícil ou não — como uma conscientização que está evoluindo, mais vamos permanecer no centro, em vez de parar e recomeçar, avançar e encontrar dificuldades. Como aconselha Sun Tzu, "Por esta razão, as vitórias do aluno (sobre a mente) não lhes trazem reputação por sabedoria nem crédito por coragem". Em outras palavras, você não é mais especial porque regulou sua mente nem mais corajoso que ninguém. Você apenas "se torna" consciente de sua mente e segue para o momento seguinte.

TERCEIRA LIÇÃO (13-20): O CICLO DE BATALHAS

A confiança em nossa habilidade vem de sermos firmes, "imperturbáveis". Quando superamos dificuldades e obstáculos, isso revela nossa natureza intuitiva, *sempre ali, sempre presente*, e nos fornece um fluxo constante de conhecimento puro. Ao calcularmos nossa natureza, estamos "ouvindo" mais e começamos a reagir de acordo:

nós desenvolvemos uma certeza de uma forma que nunca tivemos antes. Nós nos tornamos decisivos; nossa voz, ou seja, nossa intuição (Conhecimento Intuitivo), se torna a voz mais alta. Dúvida, preocupação ou medo do futuro, todos se dissolvem quando estamos em equilíbrio e agimos a partir desse centro, e, uma vez que vemos resultados, realmente abrimos mão do mundo externo (sempre em busca de atenção) e mergulhamos mais fundo no interior.

Isso, por sua vez, vai acarretar o entendimento de que não há nada a conquistar, porque você não está competindo com pessoas e situações; você reconhece que está em guerra com a forma como sua mente percebe a vida. Voltando-se para dentro, vencendo batalhas contra a mente, você elimina o inimigo em seu interior e experimenta harmonia. Então, quando você age ou empreende alguma coisa, não vai buscar o resultado externo, e sim se voltar automaticamente para dentro, vendo mais uma vez que confiar em sua intuição resultou em uma paz mais profunda para seus esforços.

A luta é cíclica. Lembre-se: depois que um pensamento, um hábito, um padrão é eliminado, você segue naturalmente para o seguinte, até sua mente ficar imperturbada em todos os momentos (e para começar, por *mais* tempo). Portanto, se você transforma a sensação de incapacidade em coragem e tem a oportunidade de "derrotar" esse sentimento em sua mente, demonstrando coragem e superação, você conquista a vitória. Entretanto, essa é uma batalha, sendo preciso permanecer vigilante em relação à próxima oportunidade que lhe dará outra chance de ter coragem, até que se torne algo automático.

Quanto mais você controla a mente, mais desenvolve um relacionamento com um professor invisível — o *guerreiro oculto* em seu interior — que vai usar o tempo consciente que você passa acordado para superar suas fraquezas, até que se torne o Mestre Sol, aquele que é completo, que pode experimentar Plenitude com toda a criação e não estar em conflito com ela. Nós temos oportunidades de desenvolver nossos "exércitos" internos para superar os padrões em nossa vida. Vença um, e nós vamos, em outro ciclo, em outro momento, ter a chance de nos erguermos frente a eles novamente.

Normalmente, depois de derrotarmos "oficialmente" nosso inimigo externo, podemos experimentar uma mudança, ou uma liberação de energia em nosso corpo, permitindo que recuperemos energia vital perdida ou retida, que agora se torna um recurso novo para seguir em frente e "lutar" uma outra batalha em um outro dia. Da mesma forma, você pode começar a perceber repetições de padrões que parecem nos testar e nos proporcionam a chance de provarmos que somos mais poderosos que nossas limitações físicas (ilusórias). (Percebê-las é um exemplo de calcular a mente!) Quando dominamos esses hábitos repetitivos, nossa vontade fica mais forte que suas limitações costumeiras, e ganhamos um ponto de apoio, uma base que vai fazer com que você sinta que a lição está avançando — nós subimos mais degraus na escada, podemos dizer assim, embora internamente nossa percepção esteja apenas mudando para ficar mais semelhante à nossa natureza mais verdadeira.

Sun Tzu continua a nos lembrar de que não precisamos nos pressionar nem forçar um resultado. Somos ensinados a competir em nosso mundo físico, mas como estamos trabalhando internamente em harmonia com nossa natureza inata, podemos permitir que ela ensine, fale e nos guie, e, se fizermos isso, vamos superar nossas limitações percebidas com muito mais facilidade.

Um exemplo disso pode ser quando você aceita um emprego que não é certo para você porque precisa do dinheiro. Também pode ser que não se sentisse merecedor de algo melhor, ou que tenha baseado suas ações na escassez. Mas você fez a escolha, e mesmo que tenha sido errada, porque lhe faltou coragem, permanecerá no emprego. Meses podem se passar antes que você finalmente coloque um fim nisso (até mesmo anos), até que reconheça a lição: *Se tivesse sido corajoso o suficiente para confiar que eu era capaz de con-*

seguir um trabalho mais apropriado para mim, não teria passado por essa experiência.

O que Sun Tzu ensina é que aceitar ou não aceitar o emprego é irrelevante — você vai aprender o que precisa superar, de qualquer forma. Isso vai continuar voltando até ter sido capaz superá-lo. Quanto mais tiver consciência das escolhas que faz — antecipando sua mente —, menos você vai vacilar. Você, na verdade, pode ver oportunidade e dificuldade como lições iguais e reduzir o tempo necessário para aprender a dominar suas limitações. Nesse caso, se você tivesse dito "não" para o emprego que sabia não ser o certo para você, confiando em sua intuição inerente, teria acessado a coragem. Isso teria levado você (figurativamente) adiante mais depressa, até uma escolha mais apropriada, guiado por sua intuição.

Por fim, Sun Tzu oferece ao aluno-guerreiro uma visão geral do ciclo que ocorre na mente quando começamos a avaliar nosso comando de General. A mente está organizada e podemos avaliá-la, estabelecer nossas fraquezas, avaliar nossas forças, então entrar em sintonia e alcançar harmonia. Mas a mente está sempre em movimento, então, com frequência, nós repetimos o processo.

DETERMINANDO SUA PRÓPRIA NATUREZA

Sun Tzu nos apresenta passos muito específicos para sermos "firmes" em nossa determinação para experimentar a Plenitude. Ao cultivarmos nossa intuição, somos solicitados que nos mantenhamos vigilantes, avaliando os pontos fracos e fortes de nossa mente *consistentemente*, enquanto trabalhamos na direção de aliviar conflitos que diminuem a harmonia e a unidade naturais do ser. Ao apurar seus esforços, considere se você está fortalecendo o ego com autocongratulação ou elogios de outras pessoas. Você está focado em um resultado em particular, ou está praticando sem restrições?

Repasse cada um dos passos (17) para a "organização da mente plena" para calcular sua própria natureza e volte a este capítulo periodicamente como meio de conferir seu progresso.

Da mesma forma, Sun Tzu está oferecendo a você um jeito de dominar seus pensamentos calculando sua natureza sem cessar. Você é o guerreiro em uma jornada de uma vida inteira, e seu dever com o autodomínio é para sempre. Quando você começa a regular a mente inquieta, sua consciência vai ser mantida automaticamente. Mesmo com pouco esforço, será possível ver os benefícios, de modo que a noção de "para sempre" é apenas um desdobramento, em vez de algo que você está interrompendo/começando, portanto criando mais divisões em seu pensamento. A consciência se torna tão integral quanto respirar, uma acuidade com a qual você vai passar a contar.

Se calculamos nossa natureza sem esforço, com entendimento e prática, vamos ver que nossa batalha não é com outras pessoas ou circunstâncias externas, mas com nosso estado interior. Isso significa que somos responsáveis por nós mesmos. Nós começamos a mudar de um foco externo para um novo reconhecimento que nossa batalha é interna, e podemos determinar quem somos e quem *nos tornamos.*

Frequentemente, ficamos propensos a nos comparar com os outros, quando começamos a fazer e a experimentar mudanças. Sun Tzu está nos pedindo que sejamos cautelosos em relação aos julgamentos, pois não estamos alcançando nada (embora possa parecer que sim), e, em vez disso, simplesmente respeitemos nossa natureza inerente. Quando nossa natureza mais verdadeira se revela, ela se torna nosso defensor interno em todas as questões. É como ter um mentor constante que vai nos guiar à ação com harmonia, gentileza, perfeição, unidade, cooperação e amor em todas as situações.

Ao fazer isso, determinamos nosso porvir e nossos pensamentos futuros. Nós reorganizamos nossa vida de acordo com a maneira que pensamos e agimos, momento a momento. Nossa conquista e competição com os outros se dissipa, e uma sensação mais profunda se desvela. Nós ficamos mais leves e ávidos para continuar.

Ciclos se repetem e vamos entrar "em guerra" outra vez. Nós vamos continuar a avaliar, conhecendo nossos pontos fracos e fortes, o que nos permite estabelecer harmonia e equilíbrio mentais e, no fim, alcançar a vitória.

O QUARTO PASSO NO CAMINHO OCULTO PARA A PAZ E A PLENITUDE

1. *Aplique o Caminho Oculto para a Paz e a Plenitude da melhor maneira que ele se revelar a você para gerar harmonia e equilíbrio.*
2. *Calcule sua natureza para antecipar suas limitações. Observe quando a dificuldade se apresenta a você para superar limitações.*
3. *Depois que você conquista a vitória, continue a avaliar seus pontos fracos e fortes para poder levar mais harmonia e equilíbrio mental para sua vida diária.*

***Calcular a natureza de uma pessoa** é o quarto passo no Caminho Oculto para a Paz e a Plenitude. Quando reconhecemos conscientemente a força de nossa natureza interior para conduzir nossa vida, estabelecemos confiança e certeza em tudo que fazemos, o que vai produzir harmonia e paz.*

Quanto mais permitimos que nossa intuição (Desenrolar Intuitivo) nos guie, mais vamos querer honrar nossa natureza mais verdadeira, nunca deixando que qualquer coisa nos afaste dela.

Como as marés dos oceanos que enchem e esvaziam, lições vêm e vão, e progredimos sem esforço em direção à vitória.

Reflexões: Calculando a natureza de uma pessoa

"Ser invulnerável contra pensamentos/emoções descontrolados está em nossa própria habilidade de conhecer a mente."

— Capítulo 4

1. *De que maneira você acha que a mente está tentando se esconder e se proteger? Que estratégias você pode implementar em sua rotina que vão permitir se livrar de medos?*

2. *De que maneira você tomou precauções para vigiar a mente e assim construir sua confiança e sua vontade? Como você pode permanecer aberto e humilde diante de seus avanços?*

3. *Quando você experimentou uma lição repetitiva? Você aprendeu com ela ou ela ressurgiu (especialmente por permanecer nela)?*

4. *Se você fosse acessar a fraqueza ou limitação que atualmente seria mais benéfica para superar, qual você escolheria e por quê?*

5. *Qual você acredita ser seu ponto mais forte (talvez algo que você sinta como um dom de sua natureza mais verdadeira)? Por quê? Como você vai reagir em reação a ele e a nutri-lo?*

6. *Que prática você pode levar para sua vida que te ajudaria a avaliar sua mente, seus padrões e hábitos com regularidade?*

7. *Descreva um momento em que você forçou um resultado e as consequências posteriores. O que teria sido necessário para você confiar mais em sua intuição na próxima vez?*

8. *De que maneiras você sente que se organiza e trabalha ativamente com sua mente? De que maneira você pode melhorar isso?*

9. *Descreva um momento em que você se lembra de estar extremamente vigilante (em relação a seus pensamentos/emoções) durante uma situação, e isso foi recompensado. Ou descreva um momento em que desejou ter sido mais vigilante. O que você pode fazer na próxima vez para criar um resultado diferente?*

10. *Descreva um momento em que você confiou em sua intuição. Quais foram os resultados?*

11. *Como você se sintoniza com sua intuição (Conhecimento Intuitivo) e confia nela?*

12. *Como é a imagem da sua vida exterior no dia a dia quando sua intuição está em harmonia e equilíbrio?*

5

CONCENTRAÇÃO ENRAIZADA

1. Sun Tzu disse: o controle de todos os pensamentos/emoções/sentidos é o mesmo em princípio que o controle sobre os mais fracos; ou seja, é meramente uma questão de separação.

2. Procurar acalmar todos os pensamentos/emoções poderosos não é nada diferente de trabalhar com os mais fracos: é apenas questão de organização e seleção.

3. Que toda a sua mente/consciência resista ao ataque de pensamentos/emoções/sentidos e permaneça inabalada — isso é afetado por ações indiretas e diretas.

4. Isso ocorre por meio da identificação dos pontos e fracos e fortes de cada pensamento/emoção.

5. Em todos os esforços para dominar a mente, a ação direta pode ser usada para ativar pensamentos, mas a ação indireta vai ser necessária para assegurar o sucesso.

6. O aprendiz capaz de aplicar ações indiretas é tão incansável quanto o Céu e a Terra. Ação indireta permite que os pensamentos venham e vão, sem restrições: intermináveis como a corrente de rios e riachos. É como o sol e a lua que terminam apenas para começar de novo; como as estações que passam mas retornam novamente.

7. Há poucas notas musicais, mas as combinações delas dão origem a mais melodias do que podem ser ouvidas.

8. Há poucas cores primárias, ainda assim em combinações elas produzem mais tonalidades do que podem ser vistas.

9. Há poucos sabores fundamentais, entretanto, combinações deles produzem mais gostos do que podem ser provados.

10. Na batalha filosófica, não há mais que dois métodos de atingir a concentração da mente — direto e indireto. Mesmo assim, esses dois, em combinação, dão origem a uma série interminável de práticas.

11. Ações diretas e indiretas levam umas às outras de cada vez. É como se movimentar em um círculo — você nunca chega ao fim. Quem pode exaurir as possibilidades de sua combinação?

12. O início de uma ação indireta vai afastar da mente até os pensamentos mais poderosos — no fluxo de uma torrente, que vai revirar as pedras ao longo de seu curso.

13. A decisão de uma pessoa de usar ação indireta ou direta é como o mergulho bem cronometrado de um falcão que ataca e mata sua presa.

14. Portanto, o bom aluno não vai ter pressa em sua abordagem e vai ser rápido em sua decisão.

15. A ação (ou a concentração fixa/enraizada da mente) pode ser comparada com vergar um arco; a decisão, com soltar a corda.

16. Em meio ao redemoinho e ao tumulto da mente, pode parecer haver desordem e, mesmo assim, nenhuma desordem; em meio à confusão e ao caos da mente, seu equilíbrio mental pode parecer sem pé nem cabeça, ainda assim, ele vai ser uma garantia contra a derrota.

17. Desordem simulada resulta em disciplina perfeita; medo simulado em coragem; fraqueza simulada em força.

18. A *ordem* oculta sob o disfarce de *desordem* é uma questão de decisão: aquele que oculta a coragem por baixo da timidez supõe ter um suprimento infinito de energia vital para entrar em ação. Mascarar a força de uma pessoa com fraqueza sugere que a pessoa está afetada por sua natureza perspicaz.

19. Assim, o aluno habilidoso em manter a mente ativa mantém aparências enganadoras, permitindo que seus pensamentos retornem e retaliem; ele sacrifica algo ao qual seu pensamento vai se agarrar.

20. Ao fazer com que a mente entre em ação, ele mantém a mente ativa e ocupada; então o ataque de pensamentos vai conseguir um apoio para penetrar.

21. O aluno inteligente olha para as consequências do controle combinado e não exige demasiada ação individual. Daí vem sua habilidade de escolher o momento certo para utilizar ação combinada.

22. Ao utilizar ação combinada, o aluno pode combater o grande número de pensamentos/emoções. *Pois é da natureza do pensamento permanecer imóvel. A menos que provocado, a menos que tenha a permissão de passar livremente e de terminar por conta própria.*

23. Assim, o controle desenvolvido pela boa concentração é como o ímpeto de uma pedra redonda rolando por uma encosta de trezentos metros de altura. Isso encerra o assunto da concentração enraizada.

INTERPRETANDO A SABEDORIA VIVA DE SUN TZU

Para dominar a mente inquieta, Sun Tzu oferece a ferramenta da concentração como meio de estabelecer equanimidade e permanecer mentalmente inamovível pelos pensamentos, sentidos e emoções. Se utilizamos e reforçamos nossa concentração inerente, os pensamentos virão e irão embora como as ondas do oceano: às vezes a maré vai ser forte, outras vezes, fraca, mas durante *todas as estações*, podemos manter nossa força mental firmemente em nossa concentração enraizada e fazer com que ela não seja derrubada.

Sun Tzu explica os diferentes tipos de pensamento que vão surgir e como eles vão se fragmentar e parecer nos cercar, de modo que ficamos mais propensos a nos sentirmos esmagados e desistir, como um exército em retirada.

Ao estabelecermos a concentração enraizada, podemos delinear a verdade de nossos pensamentos, para vê-los sem dois lados (duais), mas como uma *expressão integral,* uma percepção que chamamos de vida, nossa jornada. Se fizermos a mudança, podemos conceber todas as experiências como iguais, em vez de através de uma lente de dualidade (ou seja, difícil/fácil). Você é a única pessoa capaz de tomar decisões e de fazer orquestrações que discernem a realidade, dessa forma, também é a única que pode te libertar.

PRIMEIRA LIÇÃO (1-14): COMBATENDO A DUALIDADE DO PENSAMENTO

Para estabelecermos uma concentração enraizada ou fixa, podemos começar (imediatamente) a reconhecer como separamos nossos pensamentos para criar dualidade. A dicotomia — bom/ruim, certo/errado, alegre/triste, bonito/feio, oportunidade/dificuldade — cria uma hierarquia em nossa mente e estabelece como vamos agir em determinada situação. Já que somos mais treinados a perceber e a querer apenas pensamentos "bons", então, quando surge um ruim, nos sentimos esmagados (derrubados) e podemos experimentar um esvaziamento de nossa força de vontade por causa do ataque de emoções que vêm com o que consideramos difícil ou desconfortável.

Está em nosso poder avaliar pensamento (bom/ruim, e assim por diante), isso quer dizer que estamos em grande parte no controle de como vamos nos sentir em cada momento. Sun Tzu está nos pedindo para sermos *conscientes* de como rotulamos experiências, por meio de polaridade, e de como diferenciamos pensamentos fracos de fortes, e então interagir ativamente com eles para determinar sua verdade e sua autoridade quando se trata de nossas emoções, para experimentá-los como iguais. Experiências semelhantes trazem harmonia; elas restauram nosso poder como mestre criador do momento presente desvelado (ou realidade).

Para combater a percepção de dualidade da mente, Sun Tzu apresenta a técnica de dominar a consciência indireta e direta do poder que um pensamento tem sobre o corpo, a mente e as emoções. Se tivermos atenção, podemos ver imediatamente como um pensamento vai desencadear outros, além de emoções, como um exército que o coloca em uma armadilha e o cerca, provocando sua derrota. Sun Tzu quer que cerquemos o pensamento, para podermos aprender mais sobre o seu inimigo de pensamento (e ele é alusivo ou de natureza indireta). Ao fazer isso, vamos ficar menos propensos a ser tomados por ele.

Para ilustrar: caso tenha ido ao supermercado e acabou preso em uma fila no caixa que te atrasou por meia hora, você podia facilmente sucumbir à frustração e à raiva. Esse é o pensamento direto do qual você pode se livrar imediatamente. Mas com maior frequência, sem uma concentração fixa, somos deslocados e permitimos que mais pensamentos indiretos se fragmentem a partir do inicial. Nesse exemplo, o pensamento inicial pode ser raiva ou frustração, até impaciência.

Então, o pensamento indireto vai, sem supervisão, lhe causar um sentimento de falta de sorte, ou de que o mundo está contra você — *entre todas as filas das quais escolher, você escolheu a mais lenta!* Você pode facilmente transformar seu dia, atraindo emoções de não ser bom o bastante para merecer um dia em que tudo dá certo, e se tornar o alvo dessa dificuldade. Mas adivinhe uma coisa: você essencialmente determina o pensamento de se o dia é bom ou ruim — sua mente está estabelecendo se a espera é frustrante ou não, lembrando que o mundo está contra você.

Se você fosse investigar seus pensamentos, como Sun Tzu aconselha, circundando-os, você ia descobrir que os pensamentos não são reais nem concretos, mas passageiros — ou, mais especificamente, mutáveis, dependendo do que vier a seguir. Você poderia, com a mesma facilidade, estar em uma fila e perceber o atraso como um presente enviado por Deus, que você pode aproveitar. Pode dar uma descansada e respirar; pode começar uma conversa com outra pessoa; ou, inadvertidamente, evitar um acidente em outro lugar. O atraso pode se tornar um momento honorável para você perceber que está vivo e capaz de permanecer de pé e esperar.

No fim, você pode e deve sempre ver a natureza cíclica da percepção binária para conduzir a mente até a vitória do equilíbrio. É possível determinar como nós encaramos cada situação, que, na realidade, não se resume a uma opção ou outra, mas sim a um estado livre de impedimentos ou contaminações, dependendo de sua decisão. Só o pensamento dita a emoção, e o pensamento seguinte pode determinar emoção ou uma nova realidade, *com a convicção de uma vontade removida de sua posição.* Quanto mais criamos e atribuímos dualidade a opostos (ou seja, *isso* ou *aquilo*, *versus* o que simplesmente *é*, ou é *completo*), mais vamos ficar no vai e vem e criar nosso próprio sofrimento (e o futuro de sofrimento), quando nos esforçamos mentalmente para ir de um lado para outro através do campo de batalha das emoções.

Nós sempre podemos nos livrar de um estado de ânimo "ou isso ou aquilo", ou de um pensamento em conflito com seu entorno. Sun Tzu nos pede para cercarmos o pensamento, para impedir que ele se espalhe ou invada nosso reino normalmente pacífico, não deixando que ele comande nossa ação/reação. Se enfrentarmos cada momento com equilíbrio, não sendo nem de um jeito nem de outro, então o pensamento vai baixar e fluir sem criar ou agitar mais emoções.

SEGUNDA LIÇÃO (15-23): MUDANDO SUA PERCEPÇÃO

Ao reconhecermos os dois métodos — conscientização do pensamento direto que está inicialmente nos perturbando, e depois os pensamentos indiretos/circulares que nos cercam e nos esmagam —, podemos escolher uma estratégia para enxergar a verdade da "batalha", a verdade do pensamento que nos está fazendo acreditar que estamos impotentes. Sun Tzu explica: todas as ações estão nos conectando em um círculo infinito: bem ou mal, nós decidimos como vamos interpretar o próximo momento que se desvelar.

Se você alguma vez já disse "Lá vamos nós de novo", pode ter certeza de que você criou uma longa corrente de pensamentos habituais e circunstâncias recorrentes que parecem intencionalmente te atormentar; se pudesse firmar sua concentração por tempo suficiente para investigar por que esses pensamentos agitam suas emoções, e por que você considera a circunstância "negativa", você poderia vencer a batalha mudando sua percepção para ver que apenas você e sua mente determinam isso, como sua própria realidade. Pensamentos são neutros, e, se reconhecemos como criamos o julgamento e a objetividade associados a eles, então podemos superar seu poder.

Nós andamos em um círculo porque nossa mente, agitada pela emoção, determina nossa resposta. Quando alcançamos a vitória com um objetivo, por exemplo, frequentemente olhamos para trás e percebemos que todos os encontros, todas as situações/pensamentos — preocupação, medo, coragem —, todas as conversas levaram ao Todo. Frequentemente o que sentimos como resistência e dificuldade, ou fracasso, foram os momentos em que escolhemos acreditar que somos incapazes de algo, ou que o consideramos difícil, em vez de apenas outro passo evolutivo para o Todo.

Essa é a sabedoria por trás do dito popular atribuído a Lao Tzu, que diz: "Uma jornada de cem passos começa com um único passo." Isso significa que uma única ação concebida pela mente está conectada com centenas de experiências incrementais, sempre ligadas a outras pessoas, que não podem ser totalmente medidas (pela conscientização comum). Fazer uma xícara de chá, por exemplo (um passo), está conectado a tudo no universo. Da mesma forma, um pensamento gerado na mente pode criar uma corrente extensa que nunca termina.

Assim, quando a mente está em paz, você não experimenta mais a realidade com diferença (dualidade), mas permite que ela se desenrole sem esforço. Então pensamentos vêm e vão, e todos os fenômenos, todos os momentos, se tornam um momento. Essa conscientização permite que você relaxe; não há pressa; não é preciso lutar nem estar em outro lugar. Você abandona a ideia de um *outro* lugar que é melhor; reconhece o atraso como perfeito e permanece no controle. Livre para pensar, você pode decidir ativamente, com base na concentração, superar as coisas com facilidade.

A ação não demanda esforço, porque, não importa o caminho que está à sua frente, você sabe que o resultado é perfeito. Você vê desordem/ordem igualmente; vê confusão e caos como o caminho cíclico para a calma; sua prática está em equilíbrio, não mais lutando contra você mesmo. Tudo que surge vai ser recebido como outro momento para exercer sua perfeição. Cada novo momento é uma oportunidade que dá a você uma chance de exercer mais disciplina, coragem e força.

Mas esteja atento e alerta. Sun Tzu nos lembra de que podemos fingir ter dominado nossos pensamentos e emoções, quando na verdade, os estamos escondendo ou suprimindo, e não mudamos de verdade (o tema do próximo capítulo).

Tudo pode estar bem, mas, se você esconder suas emoções, ou agir falsamente com humildade quando é arrogante (ou qualquer outra emoção dual), você engana a si mesmo, e, por sua vez, a mente (seu eu intuitivo) vai continuar a andar em círculos. Mais pensamentos vão inevitavelmente surgir para testá-lo. Em vez de experimentar Plenitude, você vai continuar lutando mais batalhas (mentais) para vencer ou perder para estabelecer o reino de paz em seu interior.

ESTABELECENDO SUA CONCENTRAÇÃO ENRAIZADA

Como você começa a estabelecer concentração enraizada? De acordo com Sun Tzu, um pensamento de cada vez. Nós não precisamos ir longe para ver que um pensamento pode criar um distúrbio ou desequilíbrio que é capaz de durar horas, dias, semanas ou uma vida inteira. Mas com um pequeno esforço, quando você começa a aplicar concentração — ou seja, uma conscientização delicada e uma presença, de momento a momento —, isso vai se tornar mais natural para você, e você vai ansiar por isso e alcançá-lo com facilidade.

O julgamento que atribuímos a pensamentos cria nossas circunstâncias. No início, pode parecer difícil reconhecer como nossa mente está vencendo batalhas para nos fazer acreditar que nossas emoções e percepções são firmes/concretas e a lei. Mas a única lei é nossa habilidade de avaliar o próprio poder mental sobre o momento seguinte. Nós raramente somos legisladores da mente, mas somos prisioneiros da ilusão que nossa mente cria quando ela rotula ou forma uma opinião.

Por exemplo, um emprego perdido pode ser uma oportunidade gerada por uma perda; uma lesão pode ser um momento para aprender compaixão pelo Eu por causa de um contratempo — ou fornecer tempo muito necessário para descansar do excesso de trabalho; e o fracasso pode redirecionar nossa paixão para uma nova estrada que podíamos, sem isso, não ter percorrido. Em todos os três exemplos, nós podemos acabar alcançando um estado mental de equilíbrio, um estado que não inclui um e/ou, mas um lugar suspenso na neutralidade da Plenitude — nós não vivemos mais o momento em uma gangorra mental, perturbado por circunstâncias externas, mas internamente de nosso ponto de atenção concentrada, nosso Sol Interior, sem sermos impactados por isso.

Cada um de nós tem uma vida diferente para viver e experimentar, e o que aprendemos, como mudamos de percepção, também vai ser diferente. Cada momento nos permite uma chance de empreender uma estratégia para reconhecer todas as nossas limitações individuais (percebidas), para convidá-las ao exterior e trabalhar nelas uma de cada vez. Um pensamento, uma emoção, com mais frequência está conectado a outros, então, quando trabalhamos em um, Sun Tzu nos pede para tomarmos cuidado com os outros também, e lidarmos com eles, sem nos escondermos nem sermos enganados.

Quando você começa a observar sua mente e vê que pensamentos te arrastam para a limitação, pode investigá-los para liberar a percepção de dualidade e reestabelecer sua própria Plenitude. Não é necessário tempo. Na verdade, é questão de disposição — reconhecer quando você se afundou e acreditou em uma perspectiva e opinião como a única forma de enxergar uma coisa, portanto criando sua própria batalha e tendo de lutar.

Um dia por semana, escreva todas as vezes que você experimentou dificuldade. Investigue por que você se sente assim. Olhe para o pensamento inicial e os correspondentes que o circundam, ou mesmo estão amarrados ao passado. O que eles dizem sobre as coisas em que você escolheu acreditar sobre si mesmo e a vida (realidade) em geral? Como você pode empreender uma estratégia para basicamente ver a Plenitude de cada situação: se você escolher felicidade, ela vai ser feliz; se você escolher tristeza, ela vai ser triste. Mas elas não são nem um nem outro, apenas um único momento *completo* que se desenrola no seguinte.

Não precisamos oscilar de um lado para outro nem acreditar que vamos nos esvaziar de emoções se *nos entregarmos ao desenrolar* do presente infinito que não é rotulado. Em vez disso, evoluímos e nos desvelamos; começamos a viver sem esforço e em harmonia com nosso entorno, sem consequência. Ao fazer isso, conquistamos vitória. Nós nos tornamos inamovíveis, independentemente da situação. Então, podemos conhecer um novo tipo de paz e unidade.

A concentração enraizada é vital para nosso sucesso. Ela fortifica nossa volição (ou vontade) de participar com o conhecimento constante, para criar o próximo momento, e, percebamos isso ou não, ela está criando ativamente o mundo a nossa volta.

Nossa consciência, então, nossa habilidade de estarmos enraizados em concentração, significa que toda situação que surja pode ser enfrentada com resiliência e domínio. Ela não precisa fazer que nós "sejamos levados pela emoção", mas pode nos lembrar de permanecer em harmonia para participar do próximo momento congruente.

O QUINTO PASSO NO CAMINHO OCULTO PARA A PAZ E A PLENITUDE

1. *Aplique o Caminho Oculto para a Paz e a Plenitude da melhor maneira que ele se revelar a você para estabelecer concentração enraizada agora mesmo.*

2. *Reconheça oportunidades, momento a momento, para permanecer ou criar concentração enraizada, permitindo que seus pensamentos encham e esvaziem como marés. Se sua concentração vacilar, não se critique nem ceda ao fracasso, que vai multiplicar ainda mais o inimigo de pensamento.*

3. Observe encontros em que você restringe suas emoções ou as esconde para fingir tê-las dominado e, em vez disso, traga as emoções/pensamentos à tona e lide com eles. Cuidado para não se sentir arrogante em seu progresso, o que pode agir como outra falsa vitória.

***Concentração enraizada** é o quinto passo no Caminho Oculto para a Paz e a Plenitude. Nunca desista nem se canse de estabelecer um foco profundo em tudo que você faz. Quanto mais você dirigir sua vontade na direção da perfeição e da harmonia, mais você vai estar cercado por elas.*

Reflexões: Concentração enraizada

"O bom aluno não vai se apressar em sua abordagem nem provocar sua decisão."

— Capítulo 5

---

1. *Escolha um momento em que você experimentou uma emoção (percebida) negativa (por exemplo, raiva, frustração, medo) e investigue o outro lado — alterne para vê-lo de um modo positivo ou neutro. É como quando dois lados lutam uma guerra, os dois acreditando estarem certos. Como você pode ganhar um novo entendimento para ver que não há dois lados, mas apenas um (Plenitude)? Use suas experiências e investigue os resultados.*

---

2. *Escolha um evento que aconteceu com você hoje e o descreva com detalhes, especialmente o que você pensou e como você reagiu. Depois, circule todas as vezes que você consegue identificar em que percebeu a experiência de forma dual. Avançando, como você pode perceber sua experiência como integral?*

---

3. *Que estratégias você pode estabelecer para seu futuro que vão permitir que você tenha uma concentração mais profunda? Por exemplo, se está planejando visitar um membro da família que provoca uma sensação de desvalorização em você, como você pode investigar a emoção para ver se ela é gerada no interior, abalando seu poder?*

4. *No final do seu dia, reserve um tempo para revisar momentos em que você permitiu que seus pensamentos fossem de um lado para outro sem detê-los ou tentar se livrar deles. Como você se sentiu depois?*

5. *Hoje, que pensamentos/emoções não governaram você, mas voltaram com frequência para tentar chamar sua atenção outra vez? Como você lidou com eles? Com concentração, ou você foi removido de seu lugar de poder (mental)?*

6. *Conte uma vez em que seu pensamento/emoção (direto) inicial disparou um número avassalador de outros pensamentos/emoções. O que você fez no passado para aliviar a situação, a sensação de ser esmagado (ou de estar impotente)? O que você pode fazer no futuro?*

7. Quando nossos pensamentos têm impacto direto ou indireto sobre nós, qual é mais fácil de reconhecer? Como você vai começar a ver os dois como um método unificado de manter sua concentração?

8. Reflita sobre o que significa para você que essa ação seja delicada e flexível, como um arco que se curva. Como você pode estabelecer menos resistência às circunstâncias?

9. Quando você experimentou um período de caos ou desordem, só para olhar para trás e ficar grato pela experiência — não importa o quanto ela pareceu "ruim", mas foi basicamente benéfica? Como você pode continuar a obter vitória vendo todas as dificuldades como oportunidades que se apresentam?

10. Sun Tzu lembra que não devemos nos deixar enganar pelo pensamento cíclico e não deixar nossa mente se perder ou ser "agarrada" por qualquer desvio. Cite e assuma a responsabilidade por uma vez hoje ou nessa semana em que você enganou a si mesmo de que estava tendo pensamentos proativos, mas, na verdade, estava apenas prolongando a "batalha".

11. *No fim do dia de hoje, escreva os pensamentos que ainda estão perturbando sua mente.* Sun Tzu nos lembra de que quando nos agarramos *ao pensamento (deixando-o imóvel), ele continua ruminando e causa uma guerra.* Em contraste, *se o deixamos livre, ele vai passar.* Experimente *fazer* isso *agora.* Relate os resultados.

12. *Sun Tzu compara boa concentração com "uma pedra redonda rolando por uma encosta de trezentos metros de altura".* Liste os momentos em que você exibiu um nível de concentração *enraizada* e deixou que os pensamentos passassem.

6

EQUILIBRANDO PONTOS FRACOS E FORTES

1. Sun Tzu disse: o aprendiz cuja mente está à espera e pronta quando o inimigo do pensamento chega vai estar cheio de energia para enfrentá-lo; o aluno que se atrasa para a batalha mental vai chegar exausto.

2. Portanto, o aprendiz inteligente impõe sua vontade mental sobre o inimigo de pensamento, mas não permite que o pensamento/sensação-emoção seja imposto sobre ele.

3. Assim, o aprendiz que controla o fluxo de pensamentos mentais vai fazer com que seja impossível ser controlado por eles.

4. Se a mente (volição) é preguiçosa, o aprendiz inteligente pode invadir facilmente a perturbação com concentração, dessa forma deixando o fluxo mental de pensamentos faminto de mais ação (ou multiplicação); se a mente está enraizada em distração, o aprendiz pode expulsar o fluxo mental de pensamentos.

5. Estabelecer uma vontade forte e concentração enquanto deixa que pensamentos passem sem interagir com eles vai manter a mente fluida, evoluindo (se desdobrando) como um exército em movimento que não consegue uma base para atacar o reino.

6. A mente que flui sem esforço e sem se engajar em pensamento vai impedir que ele interaja com ideias/emoções que, de outra maneira, iriam naturalmente parar, deter ou fazer o aprendiz sofrer.

7. O aprendiz pode ter certeza de sucesso na manutenção de um equilíbrio mental (equanimidade) se ele permitir que seus pensamentos fluam sem restrições. Com uma vontade forte preservando a Plenitude, a mente é como um exército guardando sua posição, impossibilitando que o inimigo ataque.

8. Por isso, o aprendiz é hábil em reconhecer os pensamentos que são fracos e podem ser liberados com facilidade, e também está pronto para reconhecer quando um pensamento está começando a se enraizar (atacar) e estabelecer um ponto de apoio mental.

9. *Ah, a arte do distúrbio mental e da distração sutis!* Com a sua ajuda, nós aprendemos a manter nossa mente imóvel, sem sofrer impactos, e assim podemos ter controle do nosso próprio destino!

10. Você pode avançar e se multiplicar em nossas mentes, ao ponto de acharmos irresistível continuar a pensar sem parar, especialmente quando você ataca nossos pontos fracos, nossas emoções e desejos. Você pode avançar tão depressa que somos envolvidos e não conseguimos alcançá-lo.

11. Se o aprendiz deseja interromper o fluxo mental de pensamento — a sublevação e a desordem de pensar —, ele pode ativar imediatamente a concentração, por maior que pareça a sensação de esmagamento. Tudo que ele precisa fazer é se concentrar em outra parte para mudar o fluxo de pensamento para algo diferente, e a mente consciente vai seguir.

12. Se o aprendiz está demasiado cauteloso em recuperar a concentração, isso pode impedir que a mente continue sua "batalha" ou discurso mental — aqueles momentos em que parece impossível pensar em qualquer outra coisa. Apenas jogue algo lento e intrigante em sua direção para reduzir sua velocidade e desviá-la.

13. Ao descobrir a natureza da mente e permanecer em um estado de concentração profunda e inamovível, podemos manter nossa concentração enraizada, enquanto dividimos ativamente os fios de pensamento.

14. O aprendiz pode utilizar a concentração para abordar a cadeia de pensamento que tem sua atenção e começar a dividi-la em facções. Assim, a concentração que é plena agora pode lidar com a cadeia de pensamento que é separada, e portanto fraca, obtendo uma vantagem.

15. E se o aprendiz é capaz de conquistar os pensamentos "pequenos" ou inconsequentes com concentração profunda, permitindo que eles passem sem restrições, vai ganhar uma base de paz; o inimigo do pensamento não vencerá.

16. A mente que se desenrola sem esforço e sem abrir mão de sua posição — ou seja, sem se abrigar no passado ou olhar para o futuro — vai manter a calma e o estado pacífico, pois não vai permitir que um pensamento encontre raiz por tempo demais, onde poderia se multiplicar e criar desordem mental.

17. Pois, se a mente permanece por tempo demais em um só lugar, o aprendiz convida uma invasão de pensamentos. Da mesma forma, se a mente permanece flexível, sem nunca ficar em um único pensamento por tempo demais, então ela fortifica toda a vontade. Se em qualquer momento a mente se fragmentar em pensamentos acelerados, a mente consciente vai achar difícil interagir com a concentração, que age como um tipo de reforço, e arrisca ser jogada em uma guerra mental caótica.

18. Se o aluno-guerreiro pode remover a inquietação da mente consciente, ele pode manter equanimidade, em vez de permitir que qualquer pensamento enfraqueça sua resolução/vontade.

19. Ao conhecer nossa mente, e a facilidade com que ela é levada a uma guerra mental com nosso entorno, podemos enraizar nossa concentração sem nunca termos de nos engajar.

20. Mas permaneça com a concentração plena, pois, se a mente está voando para um lugar e você tenta mantê-la sob controle — e, antes que consiga fazer isso, ela voa para outro lugar e depois para outro —, por mais que você tente colocar a mente fragmentada e inquieta sob controle, não vai conseguir — sua concentração vai ser enfraquecida em muitos lugares.

Seria melhor se você mantivesse seu centro mental e atacasse cada pensamento assim que ele surgisse!

21. Por meio da experiência, o aluno deve saber que, mesmo que os pensamentos ou emoções/sensações pareçam exercer poder sobre sua concentração enraizada e aparentem ser impenetráveis, eles não são. A vitória sobre a mente consciente e inquieta é possível.

22. Embora os fios de pensamento pareçam ser mais fortes nos números, você pode impedir que eles se multipliquem ainda mais. É preciso astúcia e Inteligência para não ser sobrepujado mentalmente e para impedir que os pensamentos se multipliquem e aumentem utilizando a investigação.

23. Desperte sua mente inquieta para poder ver com clareza o que está varrendo sua concentração para longe, e você vai encontrar vulnerabilidade de pensamento, que não tem nenhum poder verdadeiro sobre você.

24. Compare cuidadosamente sua mente desordenada com a mente enraizada na concentração, pois as duas são simultaneamente inerentes, e você vai ver qual é forte e qual é naturalmente fraca.

25. Ao avaliar a natureza da mente, reconheça que seu poder está em reavaliar seu centro, sua concentração profunda que é inabalável. Quando você restaura paz e equilíbrio, a mente fica clara, e novos pensamentos não vão surgir com a mesma facilidade.

26. A vitória é alcançada por essas "batalhas", por meio da interrupção dos pensamentos, emoções e sensações, que vêm e vão em ciclos, mas podem essencialmente ser conquistados se você está disposto a não ser derrubado e continua estudando para dominá-los.

27. Todos os alunos-guerreiros podem ver como suas mentes tentam criar desarmonia mental, conquistando e escravizando a mente consciente. Mas o que ninguém percebe é que essa conscientização de como a mente trabalha (e batalha) é a coisa que vai gerar vitória e Plenitude.

28. Não repita seus maus hábitos depois que identificá-los, especialmente se você obteve uma vitória sobre eles. Em vez disso, aplique a suas próximas circunstâncias o método que lhe deu a vitória sobre si mesmo.

29. Batalhas mentais são como água que corre naturalmente de um lugar alto para um mais baixo, sem barreiras.

30. Então, na batalha pela calma mental e a serenidade, a maneira de evitar ser atropelado por pensamentos fortes é permitir que eles corram livres, assim vão permanecer fracos e vão passar, sem criar raiz nem se multiplicar.

31. A água dá forma a seu curso de acordo com a natureza do solo sobre o qual ela corre; da mesma forma, o aluno-guerreiro estabelece uma vitória duradoura por meio de um esforço contínuo que estabelece a regra da calma e da harmonia na mente.

32. Portanto, da mesma forma que a água não preserva uma forma constante, a mente plena (com unidade de consciência) não tem restrições nem limites, ela é sem fronteiras.

33. O aluno que consegue modificar seus hábitos e afirmar uma vontade forte sobre a mente inquieta e agitada vai ter sucesso em se tornar completo e habitar a equanimidade; esse aluno está de acordo com seu Sol Interior.

34. Cuidado: a mente consciente está sempre mudando. Da mesma forma que as estações não são permanentes, mas evoluem, uma após a outra, as percepções da mente também evoluem, experimentando grande crescimento e expansão, contrariamente a se reduzir e diminuir. O aluno sábio vai fazer bem se permanecer flexível não importa qual a estação.

INTERPRETANDO A SABEDORIA VIVA DE SUN TZU

Sun Tzu está nos pedindo para refletir sobre a importância de manter uma mente flexível. No momento em que tentamos restringir o fluxo de pensamentos que de outra forma passaria, ele vai começar a se enraizar. A boa notícia é que, mesmo que nossos pensamentos inquietos criem raízes e comecem a se multiplicar, gerando uma cadeia infinita, ainda podemos retomar o controle por meio de concentração e levar nossa mente para um estado equilibrado, por mais difícil que pareça.

Cada um de nós sabe quais situações, pessoas e circunstâncias vão disparar nossas reações: nós basicamente podemos prever o que virá a seguir, o que vamos pensar em todas as situações. Em vez de nos permitirmos sermos levados, Sun Tzu está defendendo que interrompamos o fluxo de pensamento, deixando-o, assim, menos enraizado; nós podemos até chegar ao ponto de desviar nossa atenção para algo estranho ou ridículo para impedir que a progressão dos pensamentos avance como um exército que vai acampar e continuar a manter o cerco em torno de nossa paz e calma mentais.

Quanto mais nós investigamos nossos pensamentos e mais os desmembremos e fazemos os fios deles ficarem menores, mais eles vão ser reduzidos em poder. No entanto, devemos ficar atentos: se nossa mente está agitada, indo de um lugar para outro, podemos correr o risco de nos sentirmos esmagados e com cansaço mental e desistir. Embora possa parecer que nossos pensamentos inquietos estão vencendo, eles na verdade nos permitem aprender sobre nossa forma de pensar e, essencialmente, por meio de regulação, nos tornarmos a mesma coisa que nos liberta.

Quanto mais gentis nós formos em nossa abordagem, permitindo sem esforço que nossos pensamentos passem sem estorvos, mais vamos retornar a um estado de equanimidade e mantê-lo.

PRIMEIRA LIÇÃO (1-8): MANTENDO A MENTE EM UM ESTADO FLUIDO

Sun Tzu está nos oferecendo conselhos de especialista sobre o método de equilibrar os pontos fracos e fortes de nossas mentes. Para começar, podemos encarar todo momento que se desenrola de um jeito gentil, sem restrição ou julgamento mentais (que criam dualidade) e, em vez disso, permanecer muito abertos e fluidos. Se estivermos prontos, observando nossos pensamentos e permitindo ativamente que eles se desenrolem sem restrições, vamos ter a energia para *nos curvarmos* para o momento seguinte. Entretanto, se encaramos o próximo momento que se desenrola tardiamente (de forma reativa), então vamos ficar mentalmente cansados e não tão maleáveis, e arriscar perder nossa calma mental.

Quando afirmamos nossa vontade (volição) e aplicamos concentração enraizada *no momento*, nossas tangentes de pensamento não conseguem obter um ponto de apoio em nossa paz, como um exército atacando a fronteira de um reino. Quanto mais mantemos nossa mente em um estado fluido, é menos provável que nos fixemos em um pensamento e permitamos que ele tenha poder sobre nós. Nosso sucesso depende do fluxo livre de pensamentos: agarre um dele (se concentre nele) e ele vai "atacar" ou abalar nosso equilíbrio mental.

Então, estamos aprendendo a habilidade de reconhecer quais pensamentos são fracos e quais são fortes, ou quais vão nos abalar e ganhar força para nos superar, e quais não vão. Nosso objetivo é sempre manter o equilíbrio, de modo que um pensamento fraco não possa se tornar forte e conquistar o reino da mente.

SEGUNDA LIÇÃO (9-16): CONHECENDO SEUS PONTOS FORTES E FRACOS

A mente inquieta é muito sutil para nos distrair. Para começar, presumimos que nossos pensamentos são algo que podemos identificar dentro de nossa cabeça (ou cérebro), mas eles são essencialmente sem limites e ocorrem no "campo" da percepção. Ao mesmo tempo, nossa intuição, igualmente sem limites, existe como parte desse campo (figurativo). Você pode sentir sua intuição sem limites, ou ter uma sugestão disso, quando "escuta" ou sente mentalmente que alguém está prestes a telefonar para você, demonstrando como é fácil entrar em sintonia com a energia de outra pessoa, no campo, passando livre pela mente ou pelo corpo.

Além disso, nossos pensamentos, como eles ocorrem, são essencialmente um processo natural e não algo que devemos vilificar ou do que nos livrarmos. Pensamentos ocorrem de forma natural, e podemos permanecer abertos a esse processo com investigação e conscientização. Cada pensamento que surge oferece a estrutura para ficar em um estado de equanimidade, para permanecer inamovível e ileso, criando um novo estado de consciência e não mais escravizado como um prisioneiro de guerra, mas libertado por ele.

Aos poucos, nossa mente (ou consciência) se esvazia, o barulho termina, e uma presença interna é sentida... no início, você pode interromper essa calma e quietude ao perceber que, na verdade, você parou de pensar! Mas essa quietude, essa paz, é a verdadeira norma. Entretanto, sem treino, a mente simplesmente reage e cede aos hábitos. De acordo com Sun Tzu, quanto mais você conseguir acalmar sua mente inquieta e "conquistar" seus hábitos, mais seu poder vai diminuir e, com o tempo, ela vai ceder o controle, dando espaço para a serenidade e a paz.

Se você já teve a experiência de sentir que sua mente estava "correndo de você", ou "tomando as rédeas", então vai entender como é irresistível repetir e reprisar o mesmo pensamento várias vezes — nós na verdade podemos nem perceber que isso está acontecendo. Nesse caso, Sun Tzu defende que você se concentre em outra coisa, e, por mais que o pensamento esteja profundamente arraigado, "mude o fluxo de pensamento para outra coisa". Se você fizer isso, o pensamento vai parar, e a mente consciente vem em seguida.

Se sua mente inquieta estivesse pensando sem cessar, por exemplo, e você tivesse de se concentrar na respiração (uma técnica comum para se acalmar), a mente consciente ia seguir. Pode levar diversas tentativas para redirecionar a mente da pegada de um fio de pensamento, mas com concentração, é possível. Você pode até jogar alguma coisa muito estranha ou intrigante para a mente, para desacelerá-la.

É assim que você conhece seus pontos fracos e fortes e pode estabelecer a equanimidade de sua mente, sua natureza mais verdadeira. Depois que você recupera a concentração, ainda vai circundar o fio de pensamento e pode trabalhar em desmantelar seu domínio, uma parte de cada vez, até que ele perca seu poder, e você fique novamente no comando. Se você consegue lidar com pensamentos pequenos e inconsequentes, permitindo que eles passem sem se aferrar a eles ou lhes dar mais força, é mais provável que você mantenha sua calma mental.

TERCEIRA LIÇÃO (17-24): A FLEXIBILIDADE DOS PENSAMENTOS

Sun Tzu está nos mostrando que a mente inquieta que gera pensamentos, acima da paz, pode permanecer flexível para manter seu estado livre ou vazio a cada momento que se desenrola. Mas, assim que permitimos que nossa mente permaneça em um lugar, em um pensamento, estamos chamando uma "invasão de um pensamento" que pode facilmente se fragmentar em muitos pensamentos, gerando uma miríade de tangentes, tornando-as quase impossíveis de controlar, possivelmente até criando uma mente muito caótica e disruptiva.

Depende de o estudante habilidoso levar a mente consciente ao equilíbrio. Quanto mais você conhecer sua própria mente — o jeito como ela cria miniguerras repetidas vezes, percorrendo o mesmo pensamento habitual —, mais ela vai criar obstáculos para sua paz.

Na verdade, se sua mente voa de um lugar para outro, sem concentração, você corre o risco de uma sobrecarga. Como os pensamentos se fragmentam com facilidade, fazendo com que distração e desordem assumam o controle da mente, você vai precisar reafirmar rapidamente a concentração para recuperar o equilíbrio.

Sun Tzu está aconselhando a nunca deixar que isso chegue tão longe, mas "atacar" e reafirmar a concentração enraizada assim que surgem pensamentos fortes. A boa notícia é que mesmo que o pensamento/emoção pareça muito forte — que ele pareça impenetrável e que não haja maneira de impedir que ele o esmague — você *pode* recuperar o controle. É preciso inteligência para ver cada pensamento com clareza, para impedi-lo de se multiplicar e de assumir o controle.

Ao identificar os pensamentos fracos e fortes que vão passar com facilidade ou se enraizar, podemos reagir da maneira apropriada e conquistar a vitória.

QUARTA LIÇÃO (25-28): CICLOS DE PENSAMENTO

Nós sempre estamos em posição de avaliar a natureza da mente e restaurar nosso centro por meio da concentração profunda. Quando fazemos isso, nossa mente recupera o equilíbrio e a força, e assim, em geral, os pensamentos têm menos chances de surgir. Nossa mente funciona em ciclos, e, assim que você estabelece conscientização, vai ganhar uma base em sua intuição, seu Sol Interior, que age como professor e guia para seu futuro e sua vida, e vai gerar situações que permitem a você romper suas limitações.

Se, por exemplo, você não tem coragem nem gosta de confronto, com o tempo (e geralmente de forma tardia), vai conseguir reconhecer os elementos externos sutis que surgem e que vão fazê-lo exibir coragem, ou que o farão se abster disso. Você pode ter vivido toda a sua vida de forma muito tímida, mas, com a consciência de seus pensamentos, pode fazer grandes mudanças e agir com coragem. Frequentemente, podemos ver as "lições" ou "testes" virem em ciclos, revelando um padrão.

É por isso que Sun Tzu também diz que nossos pensamentos são o que nos liberta — essas batalhas mentais não ocorrem no mundo exterior, e sim no interior. Eles nos permitem desfazer a impressão de que somos fracos e que estamos confinados em um corpo, porque por meio da unidade e da Plenitude, somos, na verdade, sem limites e invencíveis. Quanto mais estivermos alerta aos sinais, símbolos e ocorrências que acontecem em ciclos de nossos pensamentos mais podemos nos tornar conscientes do que precisamos para nos livrarmos deles.

Quanto mais reconhecermos o jeito com que a mente cria fios de pensamento que nos ensinam sobre a forma como percebemos a vida, e depois nos livrarmos deles, mais podemos fazer progresso na mudança de nossas percepções e evoluir na direção de nossa natureza mais verdadeira. Se você, por acaso, reconhece que se encontrou diversas vezes em situações em que precisou reafirmar sua coragem, vai procurar a próxima. Como diz Sun Tzu no início do capítulo, quando surge uma situação parecida, você vai estar à espera para envolver o pensamento e reagir com uma escolha diferente para conseguir uma nova vitória.

A dificuldade então se transforma em oportunidade; nossos pensamentos inquietos se tornam escadas para nossa natureza sem limites ao trocarmos nosso modo habitual de pensar por um nível mais elevado de conscientização — ou melhor, uma mente que não está desgovernada nem sendo liderada, e sim no comando, como um General! Nós a conduzimos por meio da concentração enraizada.

Sun Tzu afirma que poucos alunos param para perceber essa consciência de como a mente funciona, embora seja exatamente disso que eles precisam para desenvolver vitória e Plenitude. Entretanto, aqueles que conseguem reconhecer harmonia mental e os ciclos maiores de limitação vão levar mais conscientização para a próxima "batalha". Em outras palavras, quando sua vida está se repetindo, quando você faz e diz as mesmas coisas repetidas vezes, pode assumir um novo comando sobre a mente/pensamentos para criar um novo caminho à frente.

Depois que você identifica o hábito e a principal limitação, não os repita; trabalhe para enraizar sua concentração, para não ser mais atropelado por eles. Então, quando isso acontecer de novo, esteja preparado e não corra o risco de se distrair pela mesma tangente mental.

QUINTA LIÇÃO (29-34): DEIXANDO QUE OS PENSAMENTOS FLUAM

Os pensamentos que invadem o território da mente devem ter permissão de seguir naturalmente seu caminho, da mesma maneira que a água corre sem restrições de um lugar mais alto para um mais baixo. Quando interagimos com um pensamento e tentamos suprimi-lo ou detê-lo, damos a ele atenção e o tornamos mais real e poderoso. Quanto mais pudermos deixar que os pensamentos fluam sem obstáculos, mais seremos capazes de manter nosso estado natural de concentração, ou seja, livre de rupturas.

Na verdade, Sun Tzu sugere que quanto mais você permitir que seus pensamentos corram sem restrições, mais você vai criar um estado natural de harmonia na maior parte do tempo e, no fim, durante *todo o tempo*. O contrário também é verdade: se você restringir o fluxo de pensamentos, vai obter disrupção. Para alcançar um estado de equilíbrio e calma, podemos modificar nosso modo de pensar — a forma como nossa mente cíclica assume uma forte propriedade de nossa conscientização — para romper nosso estado natural de calma.

Sun Tzu encerra o capítulo com um alerta para o aprendiz reconhecer os ciclos, as vezes em que vai parecer que eles estão crescendo e mudando suas percepções e superando limitações, e as vezes em que eles vão estar em estado de transição, assim como as estações. Como Observadores cuidadosos, podemos reconhecer os ciclos, para podermos permanecer em unidade com a consciência e manter o equilíbrio todo o tempo.

EQUILIBRANDO SEUS PONTOS FRACOS E FORTES

Sun Tzu nos oferece o conhecimento de que não importa o quanto sua mente fique enraizada em um fio de pensamento, não importa quantas vezes ele se repita, não importa o quanto é irresistível pensar nele e se deixar levar, você *pode* superar isso. Nós não temos de ir a lugar algum nem marcar uma hora especial para refletir sobre as lições e como podemos aplicá-las. O trabalho começa *agora mesmo*. Nós podemos facilmente reexaminar nossos pensamentos e ver o que está nos incomodando e o que não está: fraco e forte.

Pensamentos fracos são aqueles que *podemos* permitir que passem sem muito esforço; pensamentos fortes são aqueles que geralmente estão ligados a uma emoção — uma emoção frequentemente de longa duração — e têm a capacidade de nos arrastar para uma dessas intermináveis tangentes de pensamento. Faça um inventário de seus pensamentos, agora mesmo, e decida quais parecem pequenos e quais têm um poder maior. (Nos próximos capítulos, vamos avaliar como pensamentos fracos e fortes aparecem para nós no campo da percepção e como "combatê-los" para preservar a harmonia de seu Sol Interior.)

Sun Tzu está nos mostrando que há esperança para uma mente fraca. Sempre. Não importa quem você seja, não importa o que você fez na vida, não importa o quanto sua mente pareça esmagada e disruptiva ou caótica, você *pode* sair vitorioso. Devemos estar presentes em cada momento que se desenrola *prontos, conscientes* e *flexíveis* para permitir que nossos pensamentos venham e vão por meio de concentração enraizada.

Se fizermos isso, o que acontece? Nós, na verdade, criamos uma sensação de fluxo sem restrições como um novo caminho e modo delicado de viver (ser/se tornar). Mesmo a leve consciência da maneira que um pensamento forte é capaz de fisgar seu foco pode fazer diferença. O pequeno esforço de um redirecionamento delicado de sua atenção, deixando que um pensamento passe, pode gerar uma mente calma como um estado natural e constante.

O que acontece se seus pensamentos (figurativamente) se deixam levar? Sun Tzu está nos oferecendo conhecimento para ser usado no campo *imediatamente* para romper o fio de pensamento e parti-lo em pensamentos pequenos. Quando você interrompe o fluxo do pensamento, ele para de se multiplicar. Pense em uma ocasião em que alguém te interrompeu e você não conseguiu se lembrar do que estava dizendo. É exatamente isso. Só que você vai fazer isso com sua própria mente para manter o foco, interromper os pensamentos e manter sua concentração e calma centradas.

Digamos, por exemplo, que você esteja em casa aproveitando uma bela refeição caseira em uma tarde tranquila de domingo, e, no momento em que dá a primeira garfada, seu vizinho começa uma barulheira cortando a grama, fazendo com que a frustração assuma o controle de seus pensamentos. A emoção pode ir de fraca para forte e vai continuar girando em círculos, porque você acredita que a ação externa de seu vizinho de fazer barulho está invadindo sua calma mental.

Sun Tzu demonstra a facilidade com que sua mente vai atraí-lo para reafirmar uma limitação — o ato de que alguém está causando mal a você —, já que essa é uma das percepções mais fortes. Mas, depois de ser reconhecida como tal, ela pode ser superada para criar liberdade mental. Em teoria, uma pessoa está cortando a grama. Só a mente/pensamento decide que está sendo incomodado por isso. Talvez você seja a única pessoa percebendo o barulho (e com certeza a pessoa cortando a grama está tendo seu próprio fio de pensamento!). O domínio da mente vem não de combater o mundo externo (percebido) e provocar emoções que vão criar um efeito gangorra, mas de permanecer flexível, uma mente que está enraizada na concentração para criar Plenitude.

Muitas de nossas emoções (especialmente quando começamos a nos tornar conscientes de nossos fios de pensamento) estão enraizadas no passado, em episódios e experiências já vividos. Se fomos uma criança tímida/quieta, podemos facilmente ser adultos tímidos. Na situação do vizinho barulhento, o foco pode ser colocado no estado interno do Observador, não no externo. O interior cria o exterior — em teoria, não há interior e exterior, apenas uma percepção ou Observador experimentando-os como dois — e nosso objetivo, usando a sabedoria de Sun Tzu, é interromper o fluxo de pensamento antes de sermos arrastados por um verdadeiro labirinto até emoções infinitas e pensamentos contraproducentes, que na verdade mantêm nossa percepção escravizada.

Se a situação com a grama ocorresse novamente na semana seguinte, o fio de pensamento provavelmente ia se repetir e se reforçar. Na verdade, você provavelmente pode escolher pessoas/situações na sua vida que imediatamente provocam um fio de respostas mentais habituais. Sun Tzu defende que, se você souber antecipadamente como vai reagir, pode interromper o fluxo de pensamento, dividindo o fio reativo para manter a concentração. Pode ser agradável achar que nossos pensamentos são justificáveis, e eles seguramente podem ser; o que com frequência deixamos passar é que na verdade controlamos o mundo exterior, nossa experiência, por meio de nossos pensamentos (internos).

Se sua mente interrompesse suas deliberações (e ficasse em silêncio), como seria o mundo exterior? Não disruptivo, mas *imóvel*, em paz.

Se sentimos que um vizinho é um estorvo, ele vai ser, e vamos continuar a reforçar essa opinião como a autoridade e a realidade supremas — e com certeza, ele pode ser a própria definição de "barulhento", mas sua reação, pensamentos e julgamento ainda são seus para serem controlados por você ou para criarem uma guerra. Através da orientação intuitiva, você pode permanecer em paz, centrado e inabalável.

Se, em vez disso, formos desviados pelos nossos pensamentos, temos a habilidade de interromper o fio para criar um resultado diferente. Nós adoramos estar certos; adoramos ouvir nossas convicções, e podemos ver, através da sabedoria de Sun Tzu, que a multiplicação de pensamentos vai acontecer com nosso foco e combustível supremos. Assim, o mundo e nossas emoções se tornam *imutáveis*, e deixamos de evoluir para nosso direito inato de liberdade e uma vida sem limites. Quando decidimos não nos irritar com nosso vizinho (ou inúmeras outras perturbações externas), nossa história de ideias não vai mais ser aplicada, e nosso mundo vai se reorganizar; ele não pode permanecer o mesmo.

Sun Tzu está nos oferecendo a sabedoria para interromper os pensamentos, de modo que eles encolham e sejam administrados com mais facilidade. Mas, se isso não funcionar, então é necessário que sejamos criativos: jogar para a mente algo estranho ou absurdo. Por exemplo, se você não consegue se livrar do fio de pensamento do vizinho irritante, imagine que são vacas lá fora fazendo o barulho! Se seus pensamentos tentarem se enraizar mais fundo, prontos para se multiplicarem, pense nessas vacas esbarrando umas nas outras por ali e fazendo mais barulho. Elas podem estar mugindo; seus sinos, badalando — ou elas podiam ser vacas azuis ou vacas subindo no telhado para saltar por cima da lua.

De qualquer forma, se você pensar nas vacas, adivinhe o que acontece? Você interrompe seu fluxo de pensamento (e até leva humor para a situação) e pode começar a recobrar sua concentração.

Da mesma forma, Sun Tzu nos mostra que a imobilidade mental surge por meio da concentração e da atenção, que podemos dominar, para recriar nosso mundo. Quando você gasta tempo para estabelecer concentração enraizada, você não vai ser varrido pelas suas emoções ou pensamentos; então, também começa a dominar a si mesmo — a dominar suas limitações (percebidas). Soluções podem surgir. Acima de tudo, você vai ganhar uma nova perspectiva sobre a vida.

Quando o vizinho irritante (do exemplo) não tem impacto sobre você, sua vida começa a mudar — e como nossas lições sobre percepção frequentemente vêm em ciclos, você provavelmente vai ver outras oportunidades para reforçar a concentração em relação a situações parecidas. Em pouco tempo, será até capaz de descobrir que membros da família ou colegas de trabalho não te perturbam facilmente, depois de fazer mudanças em seus padrões de pensamento. Enquanto estiver reforçando sua concentração enraizada e mantendo calma mental, você vai ver que ninguém está te incomodando; sua mente criou essa visão, e você finalmente a reinterpretou e retomou o controle.

Quando você está *livre* (do fio de pensamento ou da realidade fixa criados pelos seus pensamentos), também liberta todo mundo que você envolveu. Em outras palavras, seu pensamento de que o vizinho era uma irritação é a única maneira pela qual ele foi percebido; livre de seu pensamento, ele se torna livre para também ser seu Eu natural. (Isso vale para qualquer percepção que você cria sobre o mundo exterior.)

À medida que seus pensamentos mudam, sua percepção também muda (frequentemente através de empatia), e o mundo exterior assume um aspecto menos separado e mais harmonioso. Depois de algum tempo, você pode passar a reconhecer que está dando forma ao mundo à sua volta, e, se vacilar e se tornar mentalmente desordenado, o mundo exterior também vai assumir essa perspectiva confusa. Da mesma forma, você também pode ver que sua calma restaurada vai gerar um mundo mais harmonioso.

Reconheça os ciclos e os hábitos a serem superados; o Sol Interior vai estar presente para guiá-lo. Quando isso acontece, é uma experiência muito bonita, porque vai parecer que você tem um amigo gêmeo trabalhando com você, guiando você, querendo o seu melhor e apresentando as situações/oportunidades para demonstrar que você está sem limites. Aos poucos, ao trabalhar em unidade, como uma expressão completa, você se torna expansivo; amor toma toda a sua visão.

Com o passar do tempo, você vai agradecer por suas dificuldades (percebidas), porque vai se dar conta de que, sem elas, nunca teria tomado consciência de suas impressões limitadas. Com o tempo, você também vai criar um estado mental que está naturalmente em fluxo e equilibrado, da mesma forma que a água cria um sulco na terra ao viajar sem limites. Lembre-se: quando você permite que a mente te governe e te carregue sem ter consciência disso, você está apenas enganando a si mesmo para não viver sua vida sem limites.

O SEXTO PASSO NO CAMINHO OCULTO PARA A PAZ E A PLENITUDE

1. *Aplique o Caminho Oculto para a Paz e a Plenitude da melhor maneira que ele se revelar a você para trazer equilíbrio a seus pensamentos fracos e fortes agora mesmo.*

2. *Com o desenrolar do próximo momento, reconheça oportunidades para estabelecer uma vontade (volição) forte enraizada na concentração, antes que possa surgir uma situação que abalaria seu poder. Ao fazer isso, você cria o resultado antes de ter se envolvido! Pense verdadeiramente nas oportunidades que existem para reforçar sua vontade forte à frente de qualquer encontro.*

3. *Perceba situações e processos de pensamento nos quais você permite que os pensamentos se multipliquem, te levando fundo em "território inimigo" até virar prisioneiro. Quando você identificar os pensamentos e emoções que o enfraquecem, vai poder dominar sua vontade para permanecer firme com a prática.*

Equilibrar pontos fracos e fortes *na mente é o sexto passo no Caminho Oculto para a Paz e a Plenitude. Nossos fios de pensamento habituados não são concretos, embora possam parecer. Com o tempo, quanto mais abalamos esses "inimigos de pensamento", mais provavelmente vamos descobrir liberdade, e um novo modo de vida vai se abrir para nós.*

Reflexões: Equilibrar pontos fracos e fortes

"O aluno que controla o fluxo de pensamentos mentais vai tornar impossível ser controlado por eles."

— Capítulo 6

1. *Lembre-se de um momento hoje em que você permitiu que um pensamento chegasse e se fosse sem resistência. O que foi o pensamento e por que ele não teve chance de se enraizar?*

2. *Lembre-se de um momento hoje em que um pensamento forte tomou conta de você e fez com que sua mente se sentisse caótica e desordenada. O que fez o pensamento se firmar?*

3. *Quais são as chances de que o fio da Reflexão 2 ocorra novamente no futuro? Você consegue prever como vai reagir na próxima vez? Se consegue, que estratégia você pode tentar para interromper o fluxo de pensamento quando isso ocorrer de novo?*

4. *Você consegue identificar ciclos de pensamento ou momentos em que parece que seu Sol Interior o está ensinando a caminhar sem esforço no Caminho Oculto para a Paz e a Plenitude?*

5. *O que você quer mudar em sua vida e como reforçar a concentração enraizada pode lhe ajudar a criar um novo caminho adiante?*

6. *Liste algumas formas criativas para você interromper a si mesmo quando um fio de pensamento o tomar.*

7. *Liste algumas maneiras criativas em que você pode imaginar fazer a mente utilizar o estranho ou o absurdo para poder interromper seu processo de pensamento e retomar seu centro de concentração.*

8. *Explore as circunstâncias (pessoas, acontecimentos) que com mais frequência disparam uma resposta emocional muito profunda. Com investigação, como você pode permitir uma compreensão do papel que tem para apoiar essa realidade?*

9. *O que vai ser necessário para deixar o fio de pensamento familiar que você sabe que conjura na próxima vez que você vir/encontrar as pessoas descritas na Reflexão 8? De que maneira você pode interromper seus pensamentos habituais?*

10. *Qual a sensação de quando você tem concentração enraizada e como você pode continuar a abraçá-la como seu estado natural o tempo inteiro?*

11. *Escolha três maneiras por meio das quais você vai mudar seu fluxo de pensamento para outra coisa durante um confronto ou conversa futuros com alguém para impedir que seu fio de pensamento se enraíze.*

12. *Dê um exemplo de quando você se sentiu livre de seu próprio fio mental de pensamento. O que você achou disso?*

7

PRÁTICA DA CONSCIENTIZAÇÃO CALCULADA

1. Sun Tzu disse: ao observar a mente, o aluno recebe ordens do Desdobramento Intuitivo[15] sem obstruções.

2. Depois de conseguir uma base enraizada na concentração, o aluno deve misturar e harmonizar os dois Eus (as mentes consciente e intuitiva) antes de poder alcançar o verdadeiro domínio.

3. Depois disso, vem a manutenção da consciência calculada, o que não é difícil, desde que você possa transformar dificuldade em oportunidade, infortúnio em ganho, desencaminho em honestidade.

4. Assim, quando a mente está em um estado de equanimidade, você vê que o Caminho Delicado é uma rota longa e sinuosa e que não há final, nenhum objetivo, mas em vez disso uma evolução constante.

5. Uma mente centrada em equanimidade é vantajosa, pois não tem restrições de limitação; da mesma forma, uma mente turbulenta que tem as rédeas livres é perigosa.

6. Seria tolice manter hábitos e padrões repetitivos contigo na jornada longa e sinuosa — você pode até pensar que tem as

[15] Intuição pura não obstruída por pensamento, sempre presente e se desenrolando.

coisas sob controle e pode lidar com elas quando surgir uma batalha mental, mas esses padrões profundamente arraigados só vão te sobrecarregar, deixando-o em dificuldade.

7. Assim, se você ordenar que seus padrões/hábitos profundamente arraigados se vão, ou os forçar a parar, na esperança de obter a vantagem e restaurar seu centro, você vai fracassar.

8-10. Nessa situação, os hábitos/emoções mais fortes vão estar na parte da frente de sua mente, seguidos por sensação de esmagamento e cansaço, enquanto sua concentração vai ser cortada ao meio, e eles vão manter você longe de seu objetivo de uma mente unificada e plena.

11. Entende-se que uma mente sem concentração está perdida; além do mais, se você está mentalmente cansado, sua energia vital vai continuar a se esvair.

12. Nós não podemos atingir a Plenitude — a unidade da Consciência Superior e Inferior — até estarmos em harmonia com todos os nossos pensamentos.

13. Na verdade, não estamos aptos a ser Mestres de nossas mentes a menos que estejamos familiarizados com nossa natureza mais verdadeira e os altos, baixos, armadilhas, obstáculos, durezas e deambulações.

14. Nós não somos capazes de levar nossa mente para seu estado natural a menos que usemos nossa conscientização calculada, que age como um guia em nossa vida consciente.

15. No conflito mental, pratique a arte da enganação, por meio da qual seus pensamentos são reconhecidos como impressões falsas, e você vai ter sucesso. Tome uma atitude apenas se houver uma vantagem real a ser obtida.

16-17. As circunstâncias decidem se devemos usar nossa concentração ou dividir nossos pensamentos (tormentosos) como forma de recuperar o equilíbrio mental. Seja veloz como o vento para que possa impedir ou limitar o crescimento de uma tangente mental.

18. Ao aplicar sua vontade para recuperar o controle mental, seja como um incêndio furioso e, ao mesmo tempo, tão inamovível quanto montanhas.

19. Que seus planos sejam tão certeiros, diretos e impenetráveis como o breu da noite, e, quando seus pensamentos/consciência se movimentarem, afirme sua vontade por meio da concentração como um raio.

20. Quando você desconstruir ou "destruir" seus pensamentos por meio da afirmação da vontade, separe pensamentos esvoaçantes e permita que eles se dispersem; se novos pensamentos surgirem, dedique a mesma atenção a espalhá-los em benefício de sua mente plena.

21. Reflita e delibere antes de sua consciência acionar (ou seguir) outro pensamento.

22. Vai conquistar a mente o aluno que aprendeu os truques dos pensamentos para se desviar do centro da Consciência Concentrada.[16]

23-24. O *Livro do Modo Gentil* diz: para estabelecer o governo sobre a mente, cânticos não vão ser tão eficazes quanto gongos ou tambores; da mesma forma, se concentrar em um objeto do dia a dia não vai ser tão eficaz quanto usar uma imagem ou estandarte sagrados.[17] Nos dois casos, os olhos e ouvidos do aluno podem estar focados em um ponto em particular (imagem/som).

25. Assim, os dois Eus (a mente consciente e a mente intuitiva) podem formar uma consciência unida que vai impedir até mesmo a formação dos pensamentos mais fortes, e também dos mais fracos; essa é a arte de administrar muitos pensamentos.

---

[16] A Consciência concentrada sugere um nível de concentração que vai além de ignorar distrações e remove totalmente a atenção do corpo, dos sentidos e do entorno para alcançar o domínio sobre eles, anunciando um estado de consciência ampliado, por meio do qual você se sintoniza com a orientação de sua fonte intuitiva e sabedoria.

[17] Sun Tzu aconselha o uso de imagens e estandartes sagrados, porque eles estão imbuídos de qualidades vibracionais, mas elevadas com as quais o aluno pode se sintonizar para obter apoio durante a prática.

26-27. Então, à noite, durante a prática, utilize um som ou foque a chama de uma vela e, durante o dia, coloque imagens ou estandartes sagrados em seu entorno para influenciar seus olhos e ouvidos a manterem o foco, porque toda a mente do aluno pode ser roubada de equanimidade.

28. O espírito de um aluno está mais aguçado de manhã; ao meio-dia, a mente começa a se cansar, e, à noite, ela está propensa a dormir.

29. Um aluno inteligente, portanto, vai ter uma mente mais calma pela manhã, evitando qualquer preocupação dos pensamentos, quando o espírito está aguçado. Eles vão atacar — ou estabelecer concentração — quando a mente está lenta e inclinada a estar preguiçosa ou com pressa para dormir. Esta é a arte de estudar os estados de ânimo da mente.

30. Disciplina e calma para esperar a aparição de desordem e distração da mente: essa é a arte de preservar o autocontrole.

31. Estar perto do objetivo enquanto a mente está calma e em paz; permanecer em seu centro, esperando com tranquilidade que os pensamentos ajam/lutem; permanecer em concentração profunda para não alimentar seus pensamentos — essa é a arte de conservar sua força e energia vital.

32. Evite interagir com seus pensamentos quando você estiver calmo, harmonizado, em paz e confiante — essa é a arte de contemplar suas circunstâncias.

33-34. Da mesma forma que um exército não avança contra um inimigo no alto de um morro nem o enfrenta quando ele está descendo um morro, não busque seus pensamentos, não ceda à tentação de ficar com raiva se eles surgirem.

35. Não deixe a mente te seduzir ou tentar; não interfira quando sua concentração voltar para casa (para seu centro).

36. Quando você cercar um pensamento, deixe para ele uma saída por onde escapar livremente. Não force demais.

37. Essa é a arte da guerra mental.

INTERPRETANDO A SABEDORIA VIVA DE SUN TZU

Sun Tzu explica que nossa mente vai criar guerras para nos impedir de ouvir as mensagens puras de nossa sabedoria interior. Possa você sentir isso ou não, nossa intuição, nossa "voz" interior, está nos conduzindo, como um General dando ordens para um exército. Quanto mais quieta estiver nossa mente, mais podemos nos sintonizar com nossa verdade interior e sermos conduzidos sem esforço por ela. Elas andam de mãos dadas através da prática da conscientização calculada. Ao mudarmos nossa percepção de uma com base na dualidade para outra a favor da unidade, começamos a experimentar nossa vida com equanimidade.

Como damos as boas-vindas para esse estado da mente?

Por meio do reconhecimento da mente inquieta que perpetua o ciclo de distração e desordem que vai parecer difícil de ser colocado sob ordem. Assim como um exército que sai em formação, ataca e acaba se desordenando, seus pensamentos se espalham, fazendo com que pareça ser impossível colocá-los sob controle. Com nossa concentração estilhaçada, vamos nos sentir fracos e indignos, querendo forçar mudanças (fazer com que a mente pare com sua falação incessante, por exemplo), mas, em vez disso, só vamos criar mais obstáculos.

O conselho de Sun Tzu é empregar estratégias que fortifiquem nossa conscientização, o que por sua vez torna nossa vontade mais forte, criando um muro impenetrável de concentração e atenção. Por meio delas, nossa intuição se desenrola; ela tem permissão de reinar e comandar sua próxima escolha, tornando-se sua autoridade e poder naturais. É um processo de troca para o aluno-guerreiro. Ao reconhecermos a forma por meio da qual pensamentos nos impedem de estarmos centrados em concentração calma, somos mais capazes de colocá-los (delicadamente) sob controle e começar a confiar no processo.

Quando você sente ou "ouve" sua intuição — a ação que orienta, sem base no medo e na indecisão — mesmo apenas uma vez e reconhece isso, vai querer escutá-la outra vez. Ela chega através (conscientemente ou não) de um som, voz, conhecimento ou sensação profunda nítidos que vão fazer com que você aja com certeza, especialmente quando a mente está livre de pensamentos circulantes ou restritos. Você pode perceber momentos em que disse ou vai observar "Eu sabia que tinha que ter feito isso". Essa é a Grande Mudança, a alteração gradual que ocorre quando nos permitimos caminhar com delicadeza, pensar com delicadeza, agir com delicadeza.

Ao alcançar maiores profundidades de quietude e paz por meio da Consciência Concentrada, você vai obter um ponto de apoio, uma pequena alavanca, que oferece uma visão do que *pode ser*, e vai querer mais dessa liberdade pessoal que isso traz. Quando sua intuição se aguça pela primeira vez, você começa a perceber que há alívio da mente inquieta — há alívio de preocupação, dúvida, falação, desordem e medo, e *você pode* colocar ativamente sua mente sob controle por meio da vontade e se beneficiar muito.

Isso é vitória.

PRIMEIRA LIÇÃO (1-7): MUDANDO SEUS HÁBITOS

Como comandos surgem naturalmente por meio da intuição, quanto mais enraizamos nossa vida consciente na concentração, através da atenção, mais vamos ser capazes de obter o tesouro do conhecimento puro. Quanto mais consciente formos, mais vamos envolver circunstâncias da *maneira certa*[18] de pensar — nós vamos ver difi-

[18] "Maneira certa", como usada aqui, ecoa o título do tratado de Sun Tzu, algumas vezes chamado de *A maneira certa da guerra*. A "maneira certa" é percebida quando o Caminho Oculto para a Paz e a Plenitude aparece sem alterações; a pessoa reconhece que todas as ações são puras, e seu propósito é dar sem cessar em uma troca permanente que está em harmonia com todas as coisas, uma sensação que frequentemente é considerada "certa" em oposição à escravidão mental da competição e da resistência.

culdade como oportunidade, e a oportunidade como outro momento de aparecermos com o coração e a mente claros.

Nós, no fim, trocamos o que consideramos ser uma crença negativa por uma sensação neutra de estarmos abertos para todos os momentos que vêm de forma igual. E, com a mente sob um novo governo, nós reconhecemos nossa habilidade de *sempre* escolher, usando o livre-arbítrio, como experimentamos o momento seguinte, nos entregando à nova liberdade de um caminho sem resistência.

Depois que experimentamos um estado mental de equanimidade, o Caminho Delicado se abre e se torna mais aparente. Nós reconhecemos que ele sempre esteve conosco; nós nos tornamos conscientes do que estava escondido: todas as experiências são um desenrolar ou evolução longos, sem começo nem fim. Nós nos tornamos ilimitados, capazes de conceber qualquer sonho ou possibilidade, sem estarmos mais restritos por pensamentos/sensações/emoções.

Mas esteja alerta.

Sun Tzu está nos oferecendo o caminho da experiência, sugerindo que podemos não perceber os hábitos profundamente arraigados que limitam nosso avanço. Se você se tornar consciente dos padrões e repetições, eles vão mostrar o que você precisa aprender (para crescer/evoluir) e permitir que você aja apropriadamente.

Uma maneira fácil de entender isso é: estamos sempre com nosso professor interior, o Desenrolar Intuitivo. Às vezes, ele chama nossa atenção muito depressa, como quando não estamos atentos enquanto estamos dirigindo e, de repente, um pássaro voa perto do para-brisa, arrancando-nos de nosso devaneio bem a tempo de pisar no freio e evitar um acidente.

Em outros momentos, podemos ouvi-lo, mas simplesmente não escutamos. Nós permitimos que nossas ideias limitantes (habituais) entrem no caminho. Nós fazemos coisas o tempo todo que sabemos que não são boas para nós e dizemos: "Eu sabia que não devia ter feito isso!" Olhando para trás, podemos ver como nossa intuição estava presente nos oferecendo um caminho para contornar aquele obstáculo.

Com o tempo, ao regularmos nossa mente, levando conscientização para a concentração profunda, nós ouvimos nosso professor interior e sua verdade mais livremente e com mais frequência. Nós então reduzimos a quantidade de tempo entre uma obstrução e a seguinte. No fim, não deliberamos mais durante o pensamento, mas apenas existimos em um estado de conhecer quando e onde agir.

Aos poucos, não experimentamos mais desafios; nós vemos uma longa fila de momentos infinitos se desenrolando, e estamos fluindo com ela.[19]

Mas, para começarmos, nós basicamente separamos trabalho, família, diversão, assuntos espirituais e assim por diante em áreas diferentes, e também separamos os desafios das oportunidades. Porque somos ótimos em compartimentalizar as áreas de nossa vida e não vamos ver imediatamente que o chefe difícil, o quase acidente, os relacionamentos frustrantes ou uma experiência ruim no caixa do mercado em geral têm impactos semelhantes sobre nós, criando um padrão ou lição com o qual aprender (ocorrendo em um ciclo).

Ao mesmo tempo, *o que aprendemos* têm menos a ver com questões externas que com a mudança *interna* de um hábito ou forma limitada de pensar que altera nossas percepções (o que, por sua vez, pode criar liberdade e unidade sem limites).

Se nos tornarmos atentos às lições e aos ciclos repetidos e fizermos melhorias/mudanças, nossa percepção (da realidade) vai se reorganizar e também se modificar. Aos poucos, vamos naturalmente gastar menos tempo concentrados externamente, dedicando

---

[19] Um exemplo disso pode ser encontrado no zoroastrismo. Verethragna é a representação tanto da dificuldade quanto da vitória, sugerindo que, por meio de nossa habilidade de atravessar a percepção de obstáculos, obtemos sucesso. Em outras palavras, todos os momentos são perfeitos e em harmonia, e nos erguemos para estar à altura deles com nosso melhor amor, cuidado e empatia.

mais tempo para reflexão interior, com foco no Sol Interior, o trono supremo da governança. (Com o tempo, não experimentamos mais uma separação de um mundo interior/exterior, mas um mundo que é completo.)

Sun Tzu está nos pedindo para *termos consci*ência dos padrões mentais, as coisas sobre as quais você reclama repetidas vezes e que estão limitando você. Sun Tzu diz: "Seria tolice levá-los com você", significando que você não pode atingir um estado mental de harmonia se está constantemente em um estado de aborrecimento limitado por conta das mesmas coisas que desviam seu foco. E, quando você acha que superou um traço limitante (como desmerecimento, mesquinhez, ciúme etc.), vai haver outro... você pode até ser levado a pensar que fez uma grande mudança em sua vida, mas ainda há mais escondido nos recessos da mente (ou campo da percepção) para você descobrir. Cada vez que você supera um traço, vai obter mais um ponto de apoio e continuar sua jornada.

Tenha sabedoria, reconheça seus padrões e repetições e mude-os.

SEGUNDA LIÇÃO (8-13): PRATICANDO TER UMA MENTE CALMA

Sun Tzu demonstra como os pensamentos mais poderosos podem constantemente nos remover de nossa posição de concentração. Cada vez que somos arrastados para um fio de pensamento, ficamos cansados mentalmente e reduzimos nossa energia vital, limitando nossas chances de unificar a mente. Lembre-se, a Plenitude não é o resultado de uma série de passos que você vai percorrer, mas um estado de conscientização constante que existe *agora mesmo* — é o poder dos pensamentos inquietos que vai impedir que a mente perceba com uma conscientização nítida que esse estado da mente está ocorrendo simultaneamente com a distração.

Acontece a mesma coisa quando percebemos dificuldade. Se você está tendo um dia muito bom, mas então algo "ruim" acontece, a única coisa que mudou de uma experiência para a outra foi a alteração de sua percepção — a mente que rotulou a experiência como "ruim". Por meio do domínio da mente, começamos a ver que estamos no controle de como vemos uma experiência. Boa/ruim, dificuldade/oportunidade, elas coexistem. Nós frequentemente vemos uma acima da outra — aquela que nos favorece, aquela que está habitualmente enraizada devido a nossas reações e respostas.

É possível penetrar, observar, isolar e cercar falsas ideias — essa é a essência dos ensinamentos de Sun Tzu. Quanto mais prestamos atenção (Consciência Concentrada), mais vemos nossas repetições, e torna-se mais provável, ou possível, podermos fazer uma grande mudança e "pensar" (assim como "estar") de um jeito diferente.

Aos poucos, ao reduzirmos os obstáculos de pensamentos inquietos ou habituados, somos capazes de reconhecer como aceitamos um estado de consciência limitado; tanto que a dualidade bom/ruim se dissipa — nós vemos que são nossas escolhas que estão nos fazendo sofrer e, em vez disso, optamos pela liberdade. Com o tempo, vemos toda existência (ou experiências) como simplesmente acontecendo. Então, quando dois eventos acontecem, como você acordar com uma alergia na pele em seu aniversário, ou ter laringite no mesmo dia em que tinha de fazer uma palestra importante, você encara isso com assombro e leveza, unidade e curiosidade, sabendo que a própria experiência é um tesouro.

Entretanto, para começar, precisamos nos tornar muito mais conscientes de como nossos pensamentos são poderosos em determinar como pensamos e vivemos, ou em criar nossa versão da realidade, uma versão frequentemente baseada em respostas emocionais. Podemos recuperar o controle, atribuir uma nova governança, como Sun Tzu está aconselhando, do que está fazendo com que percamos nossa ambição e nossa vontade.

Em outras palavras, *o pensamento que mais domina sua mente está em uma guerra contra sua concentração.*

Por sorte, Sun Tzu nos mostra que harmonia é possível em cada momento, quando reconhecemos nossa mais verdadeira natureza. Aos poucos, nós nos damos conta de que a atenção errante que experimentamos, sem descanso mental, está em nosso controle. Nós podemos decidir não ficar mais com raiva; podemos escolher não ter mais medo em favor de reconhecer que o medo só existe em nossa mente, em mais nenhum outro lugar.

Por exemplo, você pode estar em casa com outra pessoa, e os dois ouvirem um barulho; um fica com medo; o outro, não. Se foi você quem ficou com medo, pode questionar ativamente o medo e chegar ao outro lado dele para ver que é algo irreal — só sua crença nele é. Da mesma forma, se você não é a pessoa que está experimentando medo, por meio da empatia, você pode entender a outra pessoa que o *está* experimentando.

A percepção das circunstâncias vai ditar nossas reações, e essencialmente calcular o curso de nosso próximo desdobramento. Através de concentração e atenção, vamos ser capazes de escolher um curso e uma ação mais diretos, alinhados com nossa harmonia interna. Quanto antes pudermos reconhecer que estamos deixando nosso equilíbrio, mais rápido vamos conseguir nos livrar, permitir e retomar isso, em vez de deixar que a mente vague e se enraíze mais profundamente em confusão.

TERCEIRA LIÇÃO (14-23): SE SINTONIZANDO COM SUA INTUIÇÃO

Nossa intuição é nosso ponto mais forte porque não sofre impacto de nossas emoções nem de nossos sentidos. Quando conhecemos nosso Desenrolar Intuitivo, é a pura verdade. Ao descobrir seu professor interior, você vai aproveitar sua companhia, sua criatividade, seu amor/alegria que te estimulam a cultivar uma nova conscientização na direção de uma vida que é inabalável.

Quando você age a partir de seu Sol Interior, nunca vai ter dúvida, porque tem um conhecimento interno que não é verbal. Você capta vislumbres desse estado natural e pode fazer sua experiência evoluir até um ponto em que ela vai ser constante, e você nunca vai deixá-la. Quando isso acontece, os conflitos mentais desaparecem; você não vai mais estar em estado de guerra consigo mesmo. Você reconhece sua intuição, seu Sol Interior, como o único comandante e guia, e portanto vai ver seus pensamentos conscientes habituais como impressões falsas tentando abalar sua sabedoria/verdade.

Como o Desenrolar Intuitivo é a verdade verdadeira, você vai ver pensamentos mais como fantasmas, falsamente assombrando seu campo da percepção, e não dar nenhum poder a eles, permitindo que desapareçam. E, conforme suas circunstâncias mudam, Sun Tzu pede a você que continue a "dividir" os pensamentos quando eles surgirem, de modo que não possam ficar fortes e abalá-lo — eles são e vão ser enganadores; se é fácil voltar a padrões antigos ao encontrar lugares, amigos e situações antigos, então esteja consciente e preparado para essas circunstâncias que vão surgir e testar você.

Simplesmente afirme sua vontade e acalme os pensamentos desgovernados, como uma montanha inamovível. Lembre-se: através de concentração e de atenção sintonizadas com seu Desenrolar Intuitivo, você pode encarar qualquer situação e não ser acionado ou arrancado de sua fonte interior.[20] É por isso que não existe um horário regular de prática na obra de Sun Tzu, já que o campo de batalha existe em toda circunstância e em todo momento — no supermercado, na estrada, no trabalho, nas férias, pouco antes de dormir, no chuveiro —, e todas as experiências são a mesma experiência. Você nunca está em uma posição na qual não consegue regular sua mente na Consciência Concentrada.

[20] Essa ideia está presente no Salmo 23, "Ainda que eu caminhe pelo vale da sombra da morte, eu não temerei nenhum mal", que sugere uma mente com domínio e sem ser atrapalhada por forças externas que tentam atrapalhar o foco concentrado da unificação com Deus.

A ideia, situação ou circunstância que se apresentam, mantendo você distraído, são seu "campo de batalha". A única guerra sendo travada é a que você gera e percebe. Afirme sua vontade "interior" acima de sua vontade "exterior", ou estabeleça uma unidade consciente, e você vai recuperar sua posição de concentração e foco, obtendo a vitória, mesmo que temporária — assim, sua concentração vai ser como um raio.

Quando começa um novo ciclo de pensamento, faça a mesma coisa e espalhe e disperse os pensamentos. Não dê atenção a eles, e todo o seu Eu vai se beneficiar. Você na verdade pode refletir e deliberar sobre que pensamentos surgem. Ao se livrar deles, outros virão, incluindo ideias sobre as quais você vai pensar. Até pode perguntar de onde eles vieram, mas eles estão ali! É como quando você acorda com uma música na cabeça e não se lembra de onde mesmo a ouviu.

Conforme a mente é atravessada por pensamentos, por meio de observação, você pode calcular o momento seguinte e utilizar a concentração para agir em conjunto com sua intuição para atingir um silêncio dos barulhos externos ou do envolvimento dos sentidos que podem abalar sua atenção. Aos poucos, a harmonia interior prevalece, conforme você recupera um estado de equanimidade calmo e natural. É como finalmente ter o controle do volume na frequência de rádio de seus pensamentos conscientes.

QUARTA LIÇÃO (24-37): PERMITINDO O VAI E VEM DE PENSAMENTOS

Ao honrarmos o Caminho Delicado, podemos utilizar a prática de colocar rotineiramente nossos olhos e ouvidos (todos os nossos sentidos) em ponto de foco para que eles não perturbem a mente. A solidão e o silêncio são métodos superiores de apoiar a harmonia mental. Mas, para começar, ou quando você navega pelas atividades do seu dia a dia — ou mesmo como uma prática de meditação —, você pode manter os sentidos focados em alguma coisa, o que vai ajudar a liberar um canal livre de comunicação para minimizar os pensamentos.

Se você caminha e escuta música, o som vai manter seus ouvidos ocupados, enquanto caminhar vai manter sua mente consciente ocupada. Os dois, juntos, permitem que a liberdade da intuição se desvele, ganhe força e seja ouvida. Se você é um corredor ou pratica qualquer tipo de esporte, jardinagem, artes marciais, tricô ou quebra-cabeças, a ação distrai a mente consciente, permitindo que sua conscientização fique imóvel e ganhe clareza e paz. Da mesma forma, quando damos aos olhos algo para olhar, nosso foco vai para lá, em vez de seguir um pensamento que vai "roubar" a calma delicada da mente.

Sun Tzu apresenta o conceito de trabalhar com a mente em momentos diferentes do dia, permitindo que façamos modificações em nossas atividades diárias. Se conhecemos os "estados de ânimo da mente" antes que aconteçam — digamos, por exemplo, que somos mais alertas e focados de manhã, e à noite podemos nos ver mais lentos —, seremos capazes de nos concentrar mais em momentos de fraqueza para manter nossa calma mental. Enfim, se conseguirmos manter nossa consciência reconhecendo que as situações que surgem estão desafiando nossa resolução de permanecer disciplinados e calmos, não vamos ceder com facilidade o reino de nossa mente para a distração e a desordem.

Nós podemos evoluir para um estado de paz e Plenitude — sempre presente e disponível, mas frequentemente oculto — tendo consciência, quando surge o pensamento seguinte, e permitindo que ele passe com facilidade. Nós podemos avaliar sua importância, mas não deixar que ele abale nossa concentração e roube nossa energia vital ou foco. É assim que a paz e a harmonia se tornam nosso estado natural. Nós antecipamos momentos em que poderíamos tropeçar — como quando sentimos a raiva brotar — e agimos da maneira apropriada para evitar perder o centro.

Pensamentos vêm e vão sem esforço, então não há necessidade de forçar a barra ou ficar frustrado se você não consegue "desanuviá-los". A maior ação é permitir sem esforço, o que basicamente não dá atenção para nossos pensamentos errantes, portanto eliminando sua força. Permitir que pensamentos circulem livremente é um passo na direção de sua própria vitória mental.

PRATICANDO A CONSCIENTIZAÇÃO CALCULADA

Se você já pediu um conselho a alguém, sabe como é a insegurança. Parece comum que busquemos a ajuda de outras pessoas para encontrar nosso caminho à frente, mas e se você pudesse saber com certeza o que fazer *o tempo inteiro* — basicamente, nunca viver com dúvida, medo ou preocupação —, sem jamais questionar uma decisão ou se perguntar se devia ter feito algo diferente? Imagine como seria ter todos os momentos se desenrolando em harmonia, sem resistência ou luta.

Sun Tzu nos mostra que podemos calcular o movimento de nossos pensamentos para colocá-los sob o comando da concentração e da atenção, o que por sua vez cria um clima de conscientização centrada. Todo mundo experimentou momentos intuitivos alguma vez, talvez um pressentimento de fazer uma coisa e não outra. Sugerir cultivar intuição quase parece fácil demais, mas é exatamente isso o que Sun Tzu nos pede para fazermos. Quando calculamos com consciência nosso próximo pensamento, começamos a abrir espaço para que nossa intuição se desenrole e apoie nossas escolhas e decisões de forma mais natural. Embora nossa intuição sempre esteja disponível, você pode não estar em sintonia com ela, em vez disso sendo governado pela mente errante e inquieta, ainda navegando com incerteza.

Sun Tzu está sugerindo que, se disciplinar sua mente usando a concentração, você pode desligar distrações por tempo o bastante para ouvir e conhecer sua orientação interior. Isso é um conhecimento que não é pensado com a mente, mas se revelou como uma sensação percebida, possível através da conscientização.[21] A autoconscientização é muito clara, como um anjo invisível estimulando você com certeza a agir, sem dúvida ou confusão; é como ter uma sensação instintiva e confiar plenamente nela.

Ao regular sua mente, seu foco fica menos fixo nas tangentes de pensamento, tanto que você vai, às vezes, perceber que não está nem pensando. É um jeito diferente de navegar pelo mundo — por exemplo, não ouvir o falatório quando você entra e sai de uma loja; ou quando está na estrada e não precisa de rádio; nem tem sua rádio mental aos berros, porque você está livre de pensamento.[22]

O conselho de Sun Tzu é estar atento a que pensamento pode surgir para quebrar esse campo de concentração e calma. Durante esses momentos, você não está livre de pensamentos, mas em vez disso está permitindo que o campo da intuição se desvele sem restringi-lo. Esse Desenrolar Intuitivo é como um sistema de GPS interno que leva você para o futuro certo — ele se torna certo, já que você está em um estado de assombro, curiosidade e indiferença, porque todas as situações que surgem podem ser enfrentadas com uma facilidade e um cuidado delicados, com amor e harmonia, com unidade e cooperação (em oposição a um futuro incerto ditado por medo, preocupação, dúvida e competição).

Nós podemos testar com facilidade nossa intuição e observar que ela está agindo em nosso benefício, então criar um relacionamento mais profundo. Não há um momento em que ela não esteja

---

[21] Isso mais uma vez usa as palavras de Sócrates: "Só sei que nada sei." Platão está dando voz à presença do Conhecimento Intuitivo, ou da consciência intuitiva de uma pessoa, que não pode ser pensada, mas é Plena e experimentada como uma conscientização presente, guiada apenas pela intuição.

[22] O estado de sono pode proporcionar um alívio de pensamentos e apresentar o aluno ao seu primeiro *insight* sobre o canal livre que há no interior. Mas o sono também pode ser regido por sonhos que são repletos de aventuras e desventuras semelhantes a filmes que geram ainda mais uma ausência de paz e harmonia, que então é levada para (a percepção do) o despertar.

presente, então podemos interagir com ela ouvindo, em vez de reagir. Vai levar tempo para você conhecer a diferença entre seu Conhecimento Intuitivo e apenas desejos ou palpites. Uma alternativa é tentar apenas pedir que lhe mostrem o caminho à frente. Se nada surgir, aceite que você está exatamente onde precisava estar, ou que a resposta vai surgir quando necessária. Permita em vez de afirmar qualquer pensamento que vá apenas provocar palavras intermináveis e tangentes de pensamento. A consciência interna é muito mais quieta e delicada. Ela age sem força, e você vai fazer o mesmo.

O tempo não é o mesmo quando permitimos que nossa intuição dê forma ao Caminho Delicado de nossa vida consciente. Ele fica suspenso e deixa de existir. Se algo acontece ou não acontece, isso, no fim, não tem importância, pois você vai experimentar uma sensação de estar no momento, reconhecendo seu desenrolar infinito, junto com sua intuição.

Da mesma forma, você pode ver ciclos — pode reconhecer que muitas coisas estão sendo movidas para criar situações e resultados, e elas são todas benéficas para você. Essa é a sensação de unidade quando a intuição se torna sua aliada, essencialmente se tornando sua companheira e professora, sua guia, aquela que é você e também o orienta.

A vida se torna circular quando as guerras mentais que atraíram seu foco antes já não têm mais o poder de distrair você. Pessoas, lugares, situações e dificuldades se transformam em oportunidades de dar presentes a si mesmo, especialmente amor.

A Conscientização Calculada abrange todos os passos que Sun Tzu nos apresentou até agora. Quando você praticar e dominar cada passo, vai evoluir com naturalidade e se tornar intuitivamente mais forte. Você pode observar e calcular a mente em cada momento que se desenrola, na jornada circular do Caminho Delicado, para desvelar autoconsciência. Desenvolver sua concentração e sua atenção vai ser como a "energia de uma pedra redonda rolando do alto de uma encosta de trezentos metros", ou seja, ela ganha força.

Comece agora a reconhecer seus próprios ciclos e padrões para ver momentos e lacunas em seu pensamento em que você está sendo guiado pela intuição. Aprofunde sua atenção e seu foco, de modo a não abrir mais mão de sua liberdade para pensamentos turbulentos, mas permita que sua sabedoria interior se revele. Preste atenção ao momento em que sua energia vital se esgota, quais situações mais a roubam, e investigue por quê. Suas emoções e sentidos vão continuamente criar guerras para você lutar, mas, por meio da concentração, é possível recuperar o apoio do silêncio interior.

Com um pouco de prática, se você puder abrir mão da frustração, vai ver o quanto pode se tornar quieto e gentil. Tanto que você não vai querer deixar nem um traço de sua energia mental/pensamento inquietos em nenhum lugar aonde vá. Como o aviso de "Não deixe nenhum vestígio" visto em parques ou florestas, defendendo deixar apenas pegadas (em oposição a lixo), você vai ficar tão focado que não vai querer deixar nem um pensamento (energia) para trás para ser sentido por outra pessoa.

Você pode regular sua mente para garantir que não vai deixar seu "lixo" mental ou vibração em nenhum lugar em que vá, enquanto eleva ativamente outras pessoas (conscientemente ou não) através de seu estado natural de alegria e amor.

É aí que nossa responsabilidade social de servir outras pessoas assume um significado e uma experiência mais valorizados; nós reconhecemos que temos muito a oferecer para o mundo. Cada passo é mais um momento para compartilhar e servir no Caminho Delicado.

Quando seu estado natural é devolvido ao equilíbrio, você vai emitir uma nova vibração; outros vão (conscientemente ou não) sentir isso e ficar mais leves. Basta sua presença para interromper uma guerra verbal ou desavença, o que é apenas o começo de sua influência!

Você vai sentir naturalmente uma alegria interior emanar para todas as áreas de sua vida até reconhecê-la como Plena e unificada.

Se surgir uma batalha mental, você vai aplicar a estratégia que escolheu e retomar o reino.

Seja gentil com si mesmo, e você vai ser vitorioso.

O SÉTIMO PASSO NO CAMINHO OCULTO PARA A PAZ E A PLENITUDE

1. *Aplique o Caminho Oculto para a Paz e a Plenitude da melhor maneira que ele se revelar a você para estabelecer Conscientização Calculada agora mesmo.*

2. *Reconheça oportunidades, momento a momento, para manter a presença de Conscientização Calculada, permitindo que pensamentos inquietos esmaeçam e desapareçam, liberando sua intuição para "falar" ou "ser ouvida" claramente.*

3. *Perceba momentos intuitivos ao longo do dia. Por exemplo, se você está esperando a chegada de uma pessoa amada em casa, veja se consegue intuir o momento certo; se você estiver esperando notícias, intua quando as notícias vão chegar e até mesmo como. Sintonize-se com ela, filtrando a falação consciente negativa/habituada que normalmente estorva você.*

***A prática da Conscientização Calculada** é o sétimo passo no Caminho Oculto para a Paz e a Plenitude. Nunca desista nem se canse em seu esforço para estabelecer uma conscientização mais profunda em tudo que você faz. Quanto mais você direcionar, calcular e levar sua mente na direção de um estado de consciência, mais sua intuição vai brilhar, tornando sua vida mais certa e harmoniosa.*

Reflexões: Prática da Conscientização Calculada

"Uma mente sem concentração está perdida."

— Capítulo 7

1. *Conte um episódio em que você estava consciente de sua intuição. Quais são algumas das maneiras pelas quais você sabe estar "ouvindo" ou "sentindo" sua intuição, e não ouvindo apenas sua mente consciente?*

2. *Conte uma vez em que você experimentou concentração e atenção profundas em um projeto em especial. Quais são algumas das características que você experimentou estando muito profundamente focado ou consciente?*

3. *O Desenrolar Intuitivo sugere que nossa intuição está sempre presente, se desvelando a cada momento. Olhando para o último dia ou semana, você pode ver um fio particular de experiências que foram basicamente guiadas por sua intuição?*

4. *Pegue uma situação em que você ouviu sua intuição, mas não a seguiu. Quais fatores estavam mais fortes nessa situação, enganando você?*

5. *No Caminho Oculto para a Paz e a Plenitude, quais são algumas estratégias que você pode criar para ajudar você a se livrar da guerra "que tudo controla" em sua mente e apenas permitir que seus pensamentos passem?*

6. *Pegue uma situação ruim que aconteceu ontem, na última semana ou no último mês e reescreva-a de um jeito que transforme a dificuldade ou infortúnio em ganho; desonestidade, em honestidade.*

7. *Cite três hábitos de pensamento profundamente arraigados que podem estar enganando você a criar padrões cíclicos. Como você pode mantê-los sob controle e determinar uma nova rota?*

8. *Conte uma vez em que você tinha um hábito/emoção muito forte em primazia em sua mente que não largava você. Por quanto tempo o fio de pensamento durou? Você ficou cansado e ansioso? Como isso acabou se resolvendo? (Se não se resolveu, o que você pode aplicar dos ensinamentos de Sun Tzu para recuperar uma concentração mais profunda?)*

9. *Conte uma vez em que você refletiu e deliberou ativamente sobre os pensamentos vindo/indo em seu campo de consciência e conseguiu não ser posto em movimento por eles nem os seguir. (Tente fazer isso agora, se necessário.)*

---

10. *Escolha uma coisa sobre a qual você pense com frequência (ou na qual está fixado) e investigue isso. Passe tempo percebendo quando você pensar nesse assunto outra vez, então tome a decisão de regulá-lo. Por exemplo, se você fica com raiva com facilidade, decida mentalmente não permitir que isso abale sua concentração. Apenas retorne a seu centro de calma e tente outra vez.*

---

11. *Em que hora do dia você acha ter menos foco e habilidade de se concentrar? Que estratégias você pode incorporar diariamente para manter seu centro delicado (gentil)?*

---

12. *Escreva sobre uma vez em que sua mente o enfrentou ou deixou você tentado a abrir mão de sua calma. O que você pode fazer da próxima vez para evitar a tentação?*

8

VARIAÇÕES NO MÉTODO

1. Sun Tzu disse: ao observar a mente, o aluno recebe suas ordens do Desenrolar Intuitivo que administra os sentidos e concentra a vontade.

2. Quando é difícil acalmar a mente, não deixe que sua atenção permaneça. Quando a mente está em território hostil, obtenha a ajuda da calma. Não deixe que a mente permaneça em ideias/pensamentos que vão mantê-lo perigosamente distante de seu centro concentrado. Em casos graves, você deve recorrer a um estratagema. Em situações desesperadas, você precisa lutar para liberar sua mente do emaranhado.

3. Há pensamentos fortes que não devem ser seguidos; emoções que não devem ser desafiadas; sensações que não podem ter a permissão de nos sobrecarregar; situações que não devem ser confrontadas; comandos da mente inquieta que não devem ser obedecidos. Essas são as Cinco Vantagens.

4. O aluno-guerreiro que entende bem as vantagens que acompanham as variações de método — ou conhecimento das Cinco Vantagens — sabe como lidar com uma mente inquieta.

5. O aluno que não as entende pode conhecer bem a natureza (ou disposição) da mente — e a forma como habitualmente pensa. Entretanto, ele não vai ser capaz de usar esse conhecimento para qualquer proveito.

6. Então, o aluno que observa (a mente), mas não é versado na arte de variar seu método, embora esteja familiarizado com as Cinco Vantagens, não vai conseguir fazer o melhor uso de seu autocontrole.

7. Esteja em um estado mental vantajoso ou desvantajoso, o aluno-guerreiro sábio vai almejar um estado de consciência harmonioso.

8. Se nosso desejo de harmonia for reforçado dessa maneira, podemos estabelecer o componente vital de nosso método planejado (escolhido).

9. Se, por outro lado, em meio às dificuldades mentais, estivermos sempre prontos para recuperar nossa vontade (compostura) para ganhar a vantagem e restaurar a harmonia, podemos aliviar qualquer outra adversidade.

10. Reduza os fios de pensamento hostis interrompendo-os de propósito e mantenha-os fluindo deliberadamente, para não deixar que eles se entoquem e se multipliquem. Reconheça que o que pode parecer ser verdadeiro na verdade é enganador e falso, levando-o a acreditar que os pensamentos são todo-poderosos quando, na verdade, você pode separá-los e dispersá-los.

11. A arte delicada de observar a mente nos ensina a não confiar na probabilidade de que os pensamentos *não* venham, mas em nossa própria prontidão em recebê-los; e não na chance de que eles ataquem, e sim no fato de que primeiro tornamos nossa consciência impenetrável.

12. Há Cinco Limitações Potenciais que podem afetar a equanimidade do discente:

    a. Impetuosidade, que leva a uma concentração estilhaçada.

    b. Covardia, que leva a ser dominado por limitações habituadas.

    c. Um temperamento nervoso, que pode ser provocado facilmente por crítica.

    d. Uma natureza sensível, que leva facilmente a sentir vergonha ou humilhação.

e. Um estado emocional demasiadamente ansioso, que o expõe a preocupação e dificuldade.

13. Essas são as cinco limitações persistentes do aluno que são horríveis para a disciplina da observação.

14. Quando o Desenrolar Intuitivo não é ouvido, e a concentração do aluno é roubada, a causa certamente vai ser encontrada entre essas Cinco Limitações Potenciais. Que elas sejam um assunto de reflexão.

INTERPRETANDO A SABEDORIA VIVA DE SUN TZU

Sun Tzu explica como a mente vai trabalhar estrategicamente contra você para destruir seus esforços e oferece ao aluno-guerreiro a estratégia das *variações no método* para continuar a ganhar pontos de apoio na direção da vitória (sobre a rendição) de uma mente equilibrada e harmoniosa.

Se você vem praticando os passos anteriores do Caminho Oculto para a Paz e a Plenitude, pode já estar observando melhoras. Quanto mais você limpar seu campo da percepção (ou seja, permitindo que pensamentos passem sem restrição, superando limitações percebidas etc.), mais antigos padrões, ideias, crenças e assim por diante vão ser liberados, mas também podem aparecer outra vez para roubar seu foco. Vai parecer que, quando você elimina um obstáculo, surgem mais três, e outros três depois desses.

À medida que o campo da percepção passa por ciclos e elimina distrações, ele não se entrega com facilidade, e vai continuar a atirar mais sobre você, sabendo o que vai derrotá-lo com facilidade. E não é apenas sua mente, mas também seu corpo e seu entorno que agem como adversários com grande força de vontade.

Para ajudar, Sun Tzu nos oferece as Cinco Vantagens para observar a mente:

1. Pensamentos fortes não devem ser seguidos.
2. Emoções fortes não devem ser desafiadas.
3. Sensações fortes não devem ter a permissão de nos esmagar.
4. Situações persistentes não devem ser confrontadas.
5. As exigências da mente inquieta não devem ser obedecidas.

O objetivo é conhecer cada vantagem tão bem que você possa reconhecer que elas estão acontecendo e tomar uma atitude.

Depois de desenvolvermos nossa concentração através da atenção, podemos ganhar um ponto de apoio entendendo que nossos pensamentos não são permanentes e podem ir e vir sem nossa interferência. Ao empregar a estratégia das Cinco Vantagens, seremos capazes de observar cada pensamento e reconhecer como ele pode levar a uma emoção, ou acionar nossos sentidos; conseguiremos antecipar como nossa mente consciente pode ser facilmente levada a agir, acreditando ter encontrado o melhor caminho. Mas frequentemente esse é um caminho emaranhado, um caminho falso, não necessariamente derivado do silêncio interior, o que dá liberdade para nossa intuição. Quanto mais cortamos o fluxo de pensamento e energia para nossas emoções/sentidos, mais profunda é a concentração, mais podemos calcular o melhor caminho. Indo em frente, nossas decisões e escolhas, nosso futuro, vão se tornar mais focados e de acordo com nosso propósito mais elevado.

PRIMEIRA LIÇÃO (1-10): MANEIRAS DE RESISTIR A PENSAMENTOS

Além de utilizar as Cinco Vantagens para observar a mente, Sun Tzu está fornecendo mais reconhecimento para lidar com o "inimigo" da mente. Quando experimentamos momentos que abalam a mente, ela se ramifica com pensamentos abastecidos por emoções, então podemos usar nossa arma da calma para mudar de propósito o foco de nossa atenção e não permanecer nos pensamentos que estão tentando nos governar.

Em casos graves, podemos ter de utilizar uma estratégia para obter vantagem, como minimizar a situação, redirecionar nossa atenção ou interromper a nós mesmos no meio de um pensamento. É aí que Sun Tzu nos lembra de que isso é uma batalha — ou, pelo menos, que pode parecer uma — e que nós temos de "lutar", o que nesse caso pode ser feito por meio de nosso conhecimento das Cinco Vantagens.

Ao aquietarmos a mente através de concentração e atenção mais profundas, devemos variar nossa técnica — isso porque a mente vai, mesmo perto da harmonia, se rachar em outro padrão. Como a mente inquieta pode nos afastar do equilíbrio e da harmonia, somos alertados que apenas conhecer as estratégias não basta; nós ainda podemos perder a vantagem.

Da mesma forma que você não arrancaria na direção do gol e faria os mesmos movimentos contra seu adversário no hóquei ou no futebol porque seu oponente poderia antecipar suas ações, o corpo e a mente também podem antecipar o que você vai fazer. Se conseguir poder por meio de observação direta, interrompendo o fluxo de pensamentos, e alterar seu método habitual redirecionando seu foco, você pode simplesmente obter vantagem e recuperar seu assento de concentração.

Sempre almeje harmonizar seus pensamentos, ações etc. e reafirme sua vontade — isso é muito importante. Nós podemos reestabelecer nossa volição e exigir um novo caminho/resultado para o que quer que estejamos enfrentando. Podemos escolher não ficar com raiva; podemos escolher permanecer em harmonia. Podemos optar por ver nossos pensamentos como enganosos e falsos, e nos libertar das limitações e crenças que eles possam impor. É assim que criamos um novo estado de equanimidade como um modo de vida. Eliminamos a adversidade apenas por afirmar nossa Consciência Concentrada sobre nossas emoções e sentidos. Aplique concentração e atenção se centrando na conscientização e recupere seu reino interior de silêncio.

Pelo menos, quando você se vê em uma fortaleza "hostil" de pensamentos, interrompa-os, disperse e reconheça que eles o estão falsamente afastando do caminho de encerrar a escaramuça.

SEGUNDA LIÇÃO (11-14): ENCARANDO LIMITAÇÕES

Sun Tzu pede que você encare a si mesmo, como faria com um exército invasor no campo de batalha, e também reconheça as Cinco Limitações Potenciais para obter vantagem. Esse tipo de trabalho pessoal era ensinado nas escolas do Sol Interior nos tempos de Sun Tzu, dando a cada aluno a sabedoria para ver as limitações de sua mente e oferecendo um jeito delicado de evoluir para restaurar a paz.

Como é provável que o exército de pensamentos continue a invadir, precisamos variar nosso método, quando surgir o pensamento seguinte, para limpar o campo de batalha (por assim dizer). Aí podemos entrar em sintonia com a Plenitude de toda a vida e, em vez de nos sentirmos separados (ou singulares), experimentamos expansão como sendo parte de um todo, e nossa consciência ganha uma visão desimpedida de nossa verdadeira natureza.

Nossa prontidão nos permite estar em um estado de consciência para agir de forma que nossa concentração não seja penetrada. Como Sun Tzu explica, as cinco limitações que vão surgir são impetuosidade, covardia, um temperamento nervoso, uma natureza sensível e um estado emocional muito ansioso. Podemos ter uma forte predisposição na direção de uma, ou talvez estejamos experimentando todas elas ao mesmo tempo. Ou talvez saltemos de uma limitação para a seguinte. Todas elas fazem a mesma coisa: silenciam a intuição, nossa fonte, nossa sabedoria clara e sem tendências, o que é essencial para viver uma vida plena.

No Caminho Oculto de Sun Tzu para a Paz e a Plenitude, é importante conhecer as Cinco Limitações Potenciais e identificar quando e como elas funcionam. Quanto mais nós as investigamos e somos honestos quando agimos a partir de uma limitação, mais podemos antecipar o que vamos fazer na situação ou circunstância seguinte e aplicar uma variação no método ou uma estratégia nova para obter um ponto de apoio.

VARIANDO ESTRATÉGIAS PARA UMA MENTE HARMONIOSA

Nossa mente pode ser muito enganadora, ou pelo menos é o que acreditamos, quando começamos a observá-la. A boa notícia é que mesmo nossos menores esforços podem criar estradas fortes para a concentração mais profunda e a harmonia como modo de vida. Na verdade, assim que começamos a empregar as estratégias e a sabedoria de Sun Tzu, percebemos que é como um jogo que jogamos com nós mesmos.

Quando ganhamos, por assim dizer — quando não deixamos que nossa mente pense descuidadamente ou reaja habitualmente a uma situação —, nós vamos gostar do resultado e querer mais dele. Então, quando vemos mais ganhos — digamos, sua intuição de repente fica aguçada e você percebe que todos os dias você está obtendo *insights* e pistas sobre o futuro através de premonições —, você vai perceber que é porque esteve atento e concentrado a permanecer em sua Paz e Plenitude ocultas.

Da mesma forma, pode ocorrer o contrário.

Você pode estar praticando e sentir como se estivesse fazendo um esforço com as estratégias e *BUM!*, você cai em uma experiência agravante (percebida) atrás da outra. Então isso pode parecer um fracasso. Mas lembre-se das palavras de Sun Tzu: se você fizer o trabalho com dedicação, nunca vai recomeçar; e o que parece uma derrota, na verdade, está ajudando você a romper com sua resistência à mudança.

A dificuldade é a oportunidade de tentar novamente.

Nós podemos encontrar pessoas, eventos, situações ou detalhes diferentes, mas somos muito como o mesmo ator experiente num palco dizendo suas falas e fazendo seus movimentos ensaiados, criando mais uma performance impressionante. Então, seja gentil com você mesmo e veja todas as situações como mais prática para observar suas respostas e agir de uma maneira diferente.

Nós, em suma, estamos sendo convocados a parar de agir como sempre agimos — parar de pensar como sempre pensamos. É muito fácil nos ouvirmos repetir e reagir. O cachorro do vizinho está latindo novamente — e na hora você faz uma observação sobre sua irritação. Parece inofensivo, mas o que aconteceria se você variasse o método de resposta, de modo que não fosse governado por essa experiência que tenta afastá-lo de sua calma/equilíbrio, agitando suas emoções?

Se você tem um membro da família que sabe exatamente o que fazer para você ficar com raiva, em vez de responder ou antecipar as ações *dele*, você pode *antecipar as suas* utilizando o Caminho para a Paz e a Plenitude. E se você não agisse como sempre age? (O ato de reconhecer o próprio papel em todas as circunstâncias é sua responsabilidade.) Normalmente, botamos ênfase e culpamos outras pessoas, como um pai, patrão, estranho ou outra pessoa difícil. Nós costumamos culpar os outros, porém raramente examinamos nossa própria mente e sua participação e crenças que podem solidificar a forma de pensar, impedindo mudança.

Mesmo que a coisa "terrível" feita contra nós por outra pessoa seja real e conhecida, podemos trancar a outra pessoa em uma prisão (mental) que não permita que ela seja mais ninguém. Como somos normalmente limitados por hábitos, é raro que observemos nosso próprio papel, nossas ações e nosso método de resposta, não importa o conflito. Se os dois lados permanecerem intransigentes e não mudarem, então nunca haverá uma trégua, apenas e sempre uma batalha. Segundo Sun Tzu, podemos variar nossa natureza previsível e nos libertarmos. Conseguimos interromper, nossas crenças, e nos livrarmos delas.

Quando aparecemos para ver o colega de trabalho/chefe ou pai nocivos e variamos como agimos/pensamos, eles também vão ter de interromper a forma como estão pensando sobre nós. Na verdade, se você variar seus pensamentos/ações, isso dá aos outros a chance de mudar também. E, mesmo que eles não mudem, não há problema, porque você está mudando. Sua energia altera a situação, e o domínio que ela tem sobre sua mente se torna harmonia. Mas você tem de assumir responsabilidade por seus pensamentos e crenças que são profundamente arraigados. E pode se livrar deles a qualquer momento. Esse é o ato de permitir sem esforço e não carregar mais o problema.

O que não conseguimos ver (antes de nos livrarmos disso) é como nossos pensamentos dão forma a *todos* os nossos relacionamentos e acontecimentos/circunstâncias, e que, ao variar nossos pensamentos para outros novos, ou nenhum, nós mudamos o curso do futuro, e às vezes até do passado (ver o exercício Variando Seu Método), e podemos estabelecer uma concentração e uma harmonia mais profundas.

Se, por exemplo, você e seu cônjuge discutem por algo específico, você pode esperar que isso aconteça, apenas para se fechar e perder sua harmonia. Mas, se você não interagir, deixando de fornecer sua resposta típica, ele não vai ter recurso nem um parceiro de atuação e vai ser forçado a pensar em uma nova fala. Como seus pensamentos não podem se multiplicar, a situação pode virar uma nova, e você pode reescrever um futuro no qual você nunca vai ter de passar por essa situação.

No processo, você pode começar a lidar com todas as áreas de sua vida com uma nova arma — a habilidade de variar suas ações e respostas em relação a tudo e em qualquer lugar —, e isso é, na verdade, muito divertido! Você pode até planejar todo um dia para fazer e pensar de maneiras contrárias ou extraordinárias. O dia vai ser cheio de surpresas, especialmente das pessoas que se sentem confortáveis fazendo com que as coisas permaneçam as mesmas. Elas esperam o mesmo de você, que pensa e costuma dizer a mesma coisa repetidas vezes, mas em vez disso vão se deparar com uma nova versão de si mesmo.

Conforme você varia suas respostas, observe o quanto fica propenso a uma das cinco limitações (impetuosidade, covardia, um temperamento nervoso, uma natureza sensível e um estado emocional muito ansioso). Você pode começar com uma delas e, durante todo o dia, pense e aja de maneira diferente.

Outra maneira de variar seu método é oferecer cura e amor para as coisas que surgirem. Seja gentil consigo mesmo e com os outros, de modo que, se um conflito surgir, você não vai julgá-lo, não vai se livrar dele nem ser levado por ele.

Quando você percebe um pensamento que está exacerbando ou distraindo seus sentidos/emoções, você pode interrompê-lo e investigá-lo, descobrindo por que você tem isso, por que isso retornou, e ver a verdade, em vez de sucumbir à impressão que se enraizou como uma fotografia em sua memória e pode ou não ser verdade, ou mesmo não ter mais poder sobre você.

EXERCÍCIO: VARIE SEU MÉTODO PARA CURAR O PASSADO

Experimente o exercício a seguir para te ajudar a variar o método e curar o passado.

Primeiro, pense em um relacionamento passado ou presente no qual a outra pessoa causou dificuldade, dano ou até mal para você. Ao começar, sua mente vai levá-lo através das imagens na memória, como um exército viajando pelos vales e rios de acontecimentos apoiados pelas emoções que você experimentou. Depois que você viu a experiência ou evento de seu lado, inverta-a e veja-a pelo lado dela.

Enquanto você visita sua versão da história, considere quem a outra pessoa era e como ela pode ter ido parar naquele lugar ao mesmo tempo que você. Incorpore compaixão e empatia não apenas por você mesmo, mas pela outra pessoa, para assim ver as qualidades diferentes que ela tem que você pode não ter levado em conta, ou são contrárias à forma com que você sempre se sentiu e acreditou sobre ela.

Reflita sobre como seus próprios pensamentos moldaram, deram forma e firmaram a pessoa e o acontecimento, de modo que ele não mude e seja permanente, apesar do quanto você e a outra pessoa evoluíram desde então. Anote essas mudanças.

Sem nenhuma ação física, você pode criar uma história e uma memória novas que são uma variação do passado fixo para incorporar essas mudanças recém-descobertas, que vão, basicamente, curar o passado (ou o presente) que você memorizou, oferecendo a si mesmo um novo caminho à frente por meio do amor e do perdão. Ao fazer isso, é possível libertar a si mesmo e à outra pessoa (e qualquer outra pessoa envolvida) dessa emoção e desse pensamento que estavam congelados no tempo.

Como exemplo, você pode dizer mentalmente: *Eu aceito responsabilidade pela forma como percebo e penso sobre esse acontecimento e/ou pessoa. Eu aceito amor; eu recebo amor. Eu aceito perdão; eu recebo perdão.* Não vou mais viver preso a emoções sentidas, em vez disso eu as lavo com paz e compaixão. Da mesma forma, você pode afirmar mentalmente, *Eu ofereço/dou amor para esse acontecimento/pessoa; eu ofereço/dou perdão, que nós dois possamos ser curados das emoções e pensamentos sentidos. Que este momento seja inundado com paz, compaixão e amor. Eu os perdoo; que eles me perdoem. Eu ofereço amor; que eles também me vejam com amor.*

Quanto mais você variar seu jeito de pensar sobre determinado momento, mais vai poder ver que suas emoções — seu poder de governar seus pensamentos ou memória — estão congeladas e incongruentes. Nós basicamente criamos monumentos a eventos que nos feriram e podemos basicamente derrubá-los e libertar a outra pessoa no processo. Quando fazemos isso, libertamos nossa própria energia, nossa própria fragilidade e inocência e as trocamos por amor.

Esse é o poder da observação: ver e não fazer, nem pensar a mesma coisa repetidas vezes. Nós podemos invocar a imagem de uma pessoa por um momento e fazer um julgamento, verdadeiro ou falso. Em nossa mente, estamos atrelando isso a emoção, que por sua vez confere a isso a forma de uma presença concreta imutável, como um fantasma que então dita nossa vida através desse sentimento ou crença. A conscientização pode nos proporcionar um espaço para remover uma camada de percepção, para enxergar o mundo como mutável e em fluxo e determinar um novo curso.

Com o tempo, conforme surgirem pensamentos, repita a receita de liberação (de ser disparado o gatilho para reestabelecer o acontecimento novamente como uma forma), levando em conta o lugar físico em que ele aconteceu, transeuntes, testemunhas etc., que podem ter ficado impactados, enviando amor e perdão para todos e depois também os recebendo. Quanto mais você mudar seus pensamentos, mais liberdade virá, até que o fio de pensamento se desintegre em seu campo da percepção.

Inesperadamente, você talvez descubra meses depois que os indivíduos envolvidos podem aparecer em sua realidade outra vez, levemente mudados e novos devido à alteração de energia. Como os campos não são isolados, quando você faz uma ação para se livrar do sofrimento, das emoções etc. em um lugar, também se livra deles em todos os lugares. É dessa forma que a Plenitude é alcançada.

Nós precisamos estar dispostos a realmente observar o que estamos pensando e como lembramos e cultivamos nossos pensamentos a ponto de eles parecerem feitos de concreto. Quando você muda, também permite que outras pessoas façam o mesmo. Quando vemos apenas sofrimento, experimentamos apenas sofrimento; quando oferecemos amor, amor é devolvido em seu campo da percepção.

Varie a forma com que você costuma pensar/agir e vai ser vitorioso na remodelação do passado, assim como do presente, e criar ativamente um novo futuro. Com o tempo, você vai experimentar apenas o momento que se desenrola sem esforço, guiado pela intuição, que nunca vai conduzi-lo pelo caminho errado.

O OITAVO PASSO NO CAMINHO OCULTO PARA A PAZ E A PLENITUDE

1. *Aplique o Caminho Oculto para a Paz e a Plenitude da melhor maneira que ele se revelar a você para estabelecer várias estratégias agora mesmo.*

2. *Reconheça oportunidades, momento a momento, para variar o jeito com que você age rotineiramente — seja imprevisível; faça alguma coisa diferente; liberte-se de velhos padrões, memórias, dores, vergonhas e experiências que estão travando sua harmonia interior. Observe sua mente e conheça-a.*

3. *Perceba momentos ao longo do dia em que você está agindo por hábito ou com base em julgamentos passados. Escolha uma pessoa ou situação que leva dificuldade e observe seus pensamentos. (Coloque-os em um diário se isso ajudar). Investigue e liberte a si mesmo. Esteja disposto a curar suas respostas passadas e presentes. Esteja muito atento para suas próprias limitações para superá-las.*

Variações no método *são o oitavo passo no Caminho Oculto para a Paz e a Plenitude. Quanto mais você puder conhecer as Cinco Vantagens e as Cinco Limitações, mais vai ficar propenso a começar a criar pensamentos e resultados novos para sua vida.*

Observe e lide com seus padrões de pensamento mentais.

Esteja disposto a liberar e aplicar o Caminho Delicado da observação, para não ser esmagado por suas emoções e sentidos.

Deixe que a harmonia interior seja sua bússola em todas as questões.

Reflexões: Variações no método

"O aluno que entende extensamente as vantagens que acompanham as variações no método sabe como lidar com a mente inquieta."

— Capítulo 8

1. *Detalhe uma situação em que seus pensamentos te arrastaram para a emoção e você não conseguiu controlar sua mente. Com isso em mente, que método você podia ter empregado para recuperar o controle?*

2. *Conte uma vez em que você permitiu que uma emoção forte saísse de controle e como você pode, agora ou no futuro, manter sua harmonia interior.*

3. *Conte uma vez em que você permitiu que seus sentidos ficassem incontidos e como você pode, agora ou no futuro, manter sua harmonia interior.*

4. *Conte uma situação que saiu de controle — ou onde você sabia que não devia ter agido, mas agiu mesmo assim. Quais foram os resultados de suas ações? Como você pode, agora ou no futuro, permanecer centrado?*

---

5. *Liste alguns momentos recentes em que você ouviu as exigências de sua mente inquieta e não gostou do resultado. O que você pode fazer agora, ou no futuro, para recuperar o território Com isso em mente e afirmar sua vontade, de modo a evitar o mesmo resultado?*

---

6. *Dentre as cinco limitações, a qual delas você é mais propenso e por quê?*

---

7. *Que estratégias você pode empregar se tem uma disposição na direção de uma das cinco limitações?*

---

8. *Das cinco limitações, qual delas você sente que dá a você menos preocupação e por quê?*

---

9. *Com base em sua resposta para o número 4, há alguma estratégia que você conheça que deixa você menos propenso a essa limitação? Como você a superou ou não permitiu que ela governasse você?*

---

10. *O quanto a intuição é importante ao encarar as Cinco Limitações ou as Cinco Vantagens?*

11. *De que maneira você pode variar seu método de resposta para alcançar um novo resultado? Por exemplo, se você tem a mesma discussão com alguém, como você pode assumir responsabilidade por sua parte nela e criar um novo resultado?*

12. *Entre em sintonia com sua intuição em relação a um problema que está ocorrendo em sua mente hoje e anote o que você acredita ser o caminho intuitivo adiante. Gaste algum tempo fazendo perguntas e entrando em sintonia com as respostas, então avalie os resultados. Esteja atento a sua mente consciente que tenta enganá-lo.*

9

EXPANSÃO DA CONSCIÊNCIA CONTEMPLATIVA

1. Sun Tzu disse: nós agora chegamos à questão de expandir a Consciência Contemplativa e observar sinais de perturbações mentais. Passe rapidamente por problemas realçados e permaneça nas vizinhanças da consciência em expansão que vai continuar a nutrir você.

2. Sintonize sua consciência nas regiões mais elevadas (conscientes) na direção de seu Sol Interior (o olho do sol).[23, 24] Essa é a tarefa de *sintonizar a conscientização.*

3. Depois de atravessar o umbral do rio[25] dos sentidos, você não deve permitir que sua concentração retroceda.

4. Quando um pensamento invasor (ou outra sensação) atravessar o umbral dos sentidos, não deixe que sua atenção "avance" para se encontrar com ele ou que você perca seu foco centrado.

---

[23] O Sol Interior, ou "o olho do sol", tem muitos nomes em diferentes culturas, como o Sulis celta, o olho de Horus dos egípcios ou o Ciclope dos gregos antigos etc. Aqui no tratado de Sun Tzu, o Sol Interior chama sua atenção para a luz brilhante e a alegria interior "vistas" na conscientização expansiva.

[24] *Nota:* Esta iluminação pode ocorrer com os olhos abertos ou fechados. A atenção de uma pessoa sempre pode ser centrada aqui, no olho do sol, como ponto de observação durante de qualquer atividade.

[25] A palavra "rio" é usada por Sun Tzu para se referir ao som indicativo da corrente de um rio que frequentemente é escutado quando o Observador (figurativamente) atravessa a consciência comum. Ao longo do tempo e em diversas culturas, rios sagrados foram usados para retratar simbolicamente essa "travessia" do umbral (interior) da consciência (por exemplo, o Ganges, o Huang Ho, o Nilo etc.).

Vai ser melhor alocar uma parte da Consciência Contemplativa para se expandir e então administrar o distúrbio.

5. Se você está ansioso para manter sua consciência, não deve ir na direção (ou seguir) do pensamento invasor (ou outra sensação) perto do umbral dos sentidos onde ele vai se erguer, de modo que você possa permanecer na Consciência Contemplativa.

6. Ancore sua consciência "mais alto" que o umbral dos sentidos e entre em sintonia com seu Sol Interior. Não "reverta" sua conscientização de volta na direção do mundo dos sentidos. Esse é o trabalho de *ancorar a consciência*.

7. Se uma confluência de percepções difíceis[26] é gerada, sua única preocupação deve ser superá-la rapidamente, sem atraso.

8. Se você é forçado a se envolver com percepções difíceis (por exemplo, se sua consciência viaja), você deve relaxar delicadamente para um estado de permitir sem esforço enraizado em gerar alegria. Esse é o trabalho da *consciência relaxada*.

9. Quando a mente está enraizada em Consciência Contemplativa, é como um território seco e plano, no qual as folhas do pensamento secaram. Assuma uma posição calculada em terreno ascendente (um nível mais elevado de consciência) dando a você a vantagem de uma visão sem obstruções (clara) de qualquer pensamento que surja, criando assim um refúgio. Esse é o trabalho da *conscientização sem restrições*.

10. Esses são os quatro insights benéficos da observação no Caminho Delicado, que empoderam a Consciência Contemplativa para derrotar as Quatro Animações Distintas (imperadores).[27]

---

[26] A palavra "percepções" é usada aqui como um termo amplo para "fenômenos" que vão aparecer no campo mais profundo da Consciência Contemplativa.

[27] As Quatro Animações Distintas são o que faz com que o corpo e o mundo material pareçam fixos, sólidos e duradouros. Elas compreendem: *aquela que é capaz de resistir* (solidez); *aquela que é capaz de unir* (coesão); *aquela que faz se mover* (movimento); *e aquela que é resultado de mudança* (transmutação). Através da arte da observação, o Observador toma consciência dos compostos diferentes que criam com interdependência o mundo material (da forma), assim liberando a percepção para reconhecer que o que era considerado sólido muda e está em movimento.

11. A Consciência Contemplativa favorece os domínios mais elevados da consciência, centrados no Sol Interior em permanente expansão, em detrimento de "retornar" à escuridão (confusão) do mundo material.

12. Se você tomar cuidado com suas percepções e ancorar sua atenção com firmeza, a consciência vai ficar livre do sofrimento ilusório experimentado pelo corpo, e isso vai significar vitória.

13. Quando você se depara com uma obstrução, da mesma maneira com que um exército se depara com uma colina ou um bloqueio, ponha sua atenção no Som Interior, liberando quaisquer reações subjetivas às quais a mente é propensa. Assim, você vai agir imediatamente em benefício de seus sentidos e utilizar as vantagens naturais da mente.

14. Quando a Consciência Contemplativa em permanente expansão se depara com obstruções que impedem seu avanço (livre do corpo/mundo material) para a próxima expansão da consciência, você deve esperar até que a obstrução passe (por meio de permitir sem esforço).

15. A Consciência Contemplativa em permanente expansão vai experimentar as Cinco Interrupções que surgem para manter você preso ao corpo/mundo material. Elas são:

    a. Interrupções do corpo físico, que são como atravessar *penhascos íngremes com torrentes correndo entre eles.*

    b. Interrupção das sensações/sentimentos que surgem, que roubam atenção como *nuvens profundas e naturais que passam.*

    c. Interrupções de pensamentos e ideias, que agem para mantê-lo *preso em lugares confinados.*

    d. Interrupções de percepções mutáveis, que agem como *espinheiros emaranhados para aprisionar você.*

e. Interrupções da atenção consciente das Cinco Interrupções,[28] como sucumbir mentalmente a *situações difíceis e fissuras*.

O Observador deve remover a atenção com rapidez e não se envolver com tais circunstâncias quando elas surgirem.

16. Enquanto nos mantemos afastados dessas interrupções emocionais, podemos regular nossos sentidos "encarando-os" — permitindo que eles surjam, depois desapareçam. Isso vai "proteger" nossa consciência em expansão de ter de retroceder.

17. Se estiver protegendo sua consciência em permanente expansão, tenha em mente desenraizar as influências que vão agir como espiões astutos para roubar seu foco concentrado e vão tentar "emboscar" você para impedi-lo de atingir a alegria delicada do Sol Interior.

18. Interrupções emocionais podem parecer contidas ou quietas, mas estão frequentemente bem próximas, sendo geradas naturalmente nos campos da consciência. Elas podem facilmente ganhar força e então a propriedade da consciência estabelecida de uma pessoa.

19. Quando as interrupções parecem desinteressadas (ou distantes) e tentam provocar resistência, é porque elas antecipam que a Concentração Contemplativa vai amadurecer e se expandir totalmente (deixando para trás o mundo causal).

20. Se as interrupções emocionais obtêm acesso ou consideração na mente, isso está tentando atrair o Observador.

21. O Observador deve desconfiar (suspeitar) quando a sensação nebulosa dos objetos dos sentidos surgirem nos limites externos da consciência, se preparando para atrapalhar seu foco.

---

[28] As Cinco Interrupções são "aquelas que mantém o Observador enraizado na existência material". Por meio de observação, podemos reconhecer que somos feitos de átomos/matéria que mudam, e assim quebram o "ego" ou o poder de nossa percepção para expandir nossa Consciência Contemplativa na direção do Sol Interior ou da Plenitude e da alegria infinita.

22. Da mesma forma que um batedor reconheceria os pássaros em revoada como sinal de uma emboscada, da mesma forma o Observador vai saber que um "ataque" repentino está chegando, e a Consciência Contemplativa pode ser rompida com facilidade.

23. Quando a mente está obstruída, ela vai continuar a ter fé (a se agarrar) no mundo material, fazendo com que surjam mais obstruções, cada uma maior que a anterior. Como um exército que avança primeiro com carruagens de guerra,[29] depois com a infantaria, as interrupções emocionais logo conseguem uma base, contendo a conscientização em permanente expansão.

24. Quando uma interrupção emocional é tentadora, saiba que ela está pronta para avançar e interromper sua concentração. Da mesma forma, se a interrupção estiver desesperada por sua atenção, em pouco tempo vai retroceder, se você não acreditou em sua habilidade de distraí-lo.

25. Quando sua Consciência Contemplativa perde a conexão com o Sol Interior, é porque as influências mentais chegaram como carros de guerra e tomaram uma posição nas bordas da consciência, instando você a se envolver.

26. Para que a calma prevaleça, ela deve estar acomodada, se não, pode ser usurpada pelas Cinco Interrupções.

27. Quando sua atenção vaga sem rumo, ela é como soldados que saem de formação, e vai chegar o momento crítico para perturbar seu foco.

28. Tome o cuidado de centrar sua atenção: obstáculos que parecem ir e vir podem ser uma isca para ganhar sua atenção.

---

[29] Sun Tzu está comparando a mente — e seus pensamentos e sentidos movediços — com uma carruagem, que pode "arrastar" para longe sua consciência bem estabelecida e sua presença, velozmente e com força. Heráclito ofereceu o mesmo simbolismo em *O Logos*, enquanto Parmênides entra em uma carruagem puxada a cavalos "no interior da casa do ser", ou consciência interior, e é mencionado aqui para corroborar um entendimento no leitor de que o tratado de Sun Tzu era um corpo de conhecimento amplamente abraçado ao longo de muitos séculos, culturas e tradições.

29. *Embotamento* — ou falta de interesse — pode se desenvolver e ativar os sentidos do corpo.

30. *Agitação* — a incapacidade de controlar sem controlar — pode causar perturbação e disparar uma resposta dos sentidos do corpo.

31. Se as percepções perturbadoras têm uma vantagem para afastar você do inexaurível[30] — é porque você permitiu que elas esgotassem sua energia vital e os esforços de seu propósito.

32. O vazio surge quando interrupções estão ausentes; medo, iniciado pelos sentidos, vai destroçar esse estado.

33. Se há interrupção na expansão da Consciência Contemplativa, a autoridade do Observador — seu comando — está fraca. Se o objeto de atenção (centrar no Sol Interior) mudou, o corpo/sentido vai se revoltar. Se você fica aborrecido com os resultados, é porque sua volição está exausta.

34. Quando as Cinco Interrupções estão mais fortes, elas vão figurativamente lutar até a morte para destroçar sua Consciência Contemplativa em expansão.

35. Se você der ouvido às reclamações do corpo/sentidos, você perdeu sua disciplina, seu equilíbrio e sua ordem.

36. Quanto mais você equilibrar a mente com harmonia, mais disrupções vão se acalmar; restrinja-as ou tente controlá-las, e elas só vão se enraizar mais.

37. Usar disciplina agressiva e força para "retomar" seu equilíbrio mostra falta de inteligência.

38. Quando as interrupções externas têm permissão de voltar a sua imobilidade natural (a resistência é removida), o equilíbrio é restaurado, da mesma maneira que dois lados opostos alcançam uma trégua recíproca.

[30] O *Inexaurível* sugere o Tudo sem limites e eterno. Não há fim para a Plenitude encontrada através do Sol Interior.

39. Se as interrupções voltarem com toda a força — aquilo que é sentido bem à sua frente —, isso exige grande vigilância e atenção.

40. Se sua consciência é vibrante e à altura dos objetos que surgem, ela não pode ser superada (interrompida). O que você pode fazer é simplesmente concentrar toda a sua energia vital (seu foco mental) para observar as interrupções que surgem e fortificar sua vontade.

41. Se o Observador não exercer pensamento prévio, subestimando o poder das Cinco Interrupções), sua atenção vai ser rompida, vencida.

42. Se você reprimir/restringir sua consciência, não vai ser eficaz (para sua consciência) se submeter. Se não restabelecer disciplina sobre os sentidos, eles vão ser inúteis para recuperar a concentração.

43. Portanto, sua habilidade de contemplar e expandir a consciência deve ser tratada com uma disciplina delicada para obter a vitória certa.

44. Se ao treinar sua consciência você habitualmente reforça disciplinas delicadas, você tem mais chances de sucesso em seus esforços; do contrário, vai experimentar o fracasso.

45. Se o Observador mostrar confiança em envolver a Consciência Contemplativa e insistir na disciplina delicada, acalmando as interrupções, o ganho vai ser recíproco.

INTERPRETANDO A SABEDORIA VIVA DE SUN TZU

Até agora, Sun Tzu estava treinando o aluno para trabalhar em reforçar sua Consciência Contemplativa pela experiência direta da observação da mente, momento a momento. Nós não precisamos ir a nenhum lugar especial para fazer isso, mas podemos estar atentos a como nos envolvemos com nossa vida diária, *agora mesmo*: o que pensamos; como agimos; o que repetimos ou tornamos habitual como respostas e reações; o que tememos e com que nos preocupamos; como a alegria é cultivada; como são nossos relacionamentos com outras pessoas, e assim por diante. Quanto mais contemplamos a consciência e levamos nosso foco e nossa atenção para o equilíbrio e a harmonia, mais forte vai ser a conexão com nosso Sol Interior.

Conforme crescemos, nossa concentração se expande para além do foco estreito do pequeno Eu (nossos pensamentos conscientes diários) e ganha impulso na direção dos estados mais elevados de consciência disponíveis para todos nós, e vamos (figurativamente) remover nossas percepções do mundo material. Quanto mais acalmarmos nossa inquietude, causada por distração/distúrbios, mais fundo podemos contemplar nossa natureza essencial (através da expansão da consciência ou unidade com nosso Sol Interior). Ao mesmo tempo, nós desenvolvemos uma conscientização mais profunda da essência da realidade, que percebemos estar sempre mudando e em movimento (por exemplo, a matéria, os átomos, as partículas), e não fixa, mas fluindo sem esforço.

Quanto mais ficamos conscientes das Quatro Animações Distintas,[31] mais percebemos a mudança natural e fluente da existência, e mais vamos reconhecer nossa interdependência com o "Todo", ou

[31] Em outras tradições, eles também são chamados de os quatro elementos ou orientações (cinco em algumas tradições); ou quatro ventos, o *Tatuye Topa*; ou os quatro quartos da Terra; ou as Quatro Deusas, Vijaya, Sulya, Ajita e Aparajita, que são invencíveis, sempre vitoriosas (*Jayavaha*).

o Inexaurível, ou em vez disso a Plenitude. O que faz com que todos os fenômenos pareçam fixos, sólidos e duradouros pode na verdade ser experimentado através das Quatro Animações Distintas como nossa própria existência animada. Nós vemos a "vida" como combinações que estão basicamente criando de forma interdependente o mundo causal da forma, liberando assim a percepção para reconhecer que o que achávamos sólido na verdade está em movimento, *mudando*.

Nossos relacionamentos e estados mentais se transformam de nos vermos como vivendo no centro da roda para um relacionamento mais inclusivo e recíproco em que percebemos a roda *por inteiro*, sempre em movimento, evoluindo em harmonia perfeita. Nós reconhecemos o que nos faz únicos, enquanto ao mesmo tempo, o que nos faz iguais e o relacionamento com o Todo, e nos assombramos, com atenção concentrada diante da bela maravilha que está se desenrolando, sem esforço, com a qual também estamos nos desenrolando. Mesmo restrições como o tempo (por exemplo, um passado carregado ou um futuro de preocupação) e a distância parecem desaparecer; mesmo nossos pensamentos parecem incontidos e se expandem... e podem continuar avançando, desde que nós não sejamos perturbados por nada.

Assim, o conselho elaborado de Sun Tzu nos mostra exatamente o que esperar quando observamos nossos pensamentos, e também como adaptar estratégias para "sofrer" a menor quantia de perda/fracasso (percebidos) e ter o conhecimento prévio de como pode ser para você quando se vê navegando pela Consciência Expandida. É um guia de turismo detalhado para *o país da mente* (ou o campo da percepção), com destaques para experiências que você pode esperar, lugares a evitar, melhores práticas e, acima de tudo, os custos envolvidos se você acabar fora do caminho muito percorrido.

PRIMEIRA LIÇÃO (1-10): QUATRO TÁTICAS PARA CENTRAR A MENTE

Sun Tzu não perde tempo explicando que, quanto mais você observa e contempla sua própria mente (e existência), mais há para distrair e perturbá-lo. Quando é aconselhado "ir depressa" além de interrupções mentais, é para mostrar a você que essas interrupções que surgem não podem ter poder sobre você se permitir que elas passem sem restrição — não pare para olhar para seus pensamentos!

Para ajudar que você mesmo encontre a verdade, Sun Tzu fornece quatro táticas: *elevar*, *ancorar*, *relaxar* e *não restringir* sua Consciência Contemplativa de estar centrada em seu Sol Interior. Com ou sem os olhos abertos, nós levamos nossa mente maravilhada para um ponto central de maestria no "olho do sol". Quanto mais fazemos isso, mais nossa luz interior vai permear as facetas de nossa percepção.

Esses quatro métodos aguçam nossa observação do mundo, nos empoderando para "ver" ou perceber com mais clareza; nossa consciência fica mais forte, e o Caminho Delicado se abre, nos dando a habilidade de reconhecer as Quatro Animações Distintas que basicamente fazem com que nosso mundo pareça sólido.

Em suma, ao reconhecer sua verdadeira natureza — contemplando-a, observando-a —, você vai ver que seu corpo não é a identidade firme que você percebe, mas uma estrutura em mutação como toda a existência. Isso é importante porque traz um entendimento de que toda a existência é criada pela vontade e pela ação; nossa vontade gera um pensamento que é dirigido e ganha forma. Tendo esse conhecimento, você deixa de ser um corpo limitado, mas torna-se uma vontade ilimitada de criação.

SEGUNDA LIÇÃO (11-30): SUPERANDO OBSTÁCULOS

Nosso Sol Interior na verdade quer liberdade, e vai atrair a mente consciente para mais perto dessa bela luz interior, que não é separada, mas plena e em relação recíproca com todas as coisas. Impedindo que participemos dessa alegria ou harmonia, o tempo inteiro, estão as Quatro Animações Distintas, que, por meio de nossa percepção, ancoram nossa consciência no corpo/mundo material. Ao aprofundarmos nossa consciência, vão surgir obstruções, sinalizando nossa "descida" ou retorno à realidade comum. Por meio de permitir sem esforço (sem restringir nosso foco), podemos permitir continuamente que as obstruções passem, e reassumir o equilíbrio.

Sun Tzu nos alerta que há Cinco Interrupções que vão trabalhar como um exército para impedir que nos libertemos do corpo/mundo material para a próxima expansão de consciência e a suprema liberdade (ou unidade) com todo o mundo interconectado ou Plenitude. Nossa percepção — nossa crença de que o mundo é fixo — é parte do que se apodera de nossa liberdade. Por isso, nossa mente está basicamente "batalhando" para ser libertada dessa conceitualização.[32]

O que vai interromper nosso foco? Nosso corpo. Nossos sentidos e emoções. Nossos pensamentos e ideias. Nossas crenças limitantes. E nossa atenção consciente para o fato de que estamos sendo perturbados. Frequentemente, quando centramos nossa vontade com uma intenção ou resultado, estamos basicamente esperando que alguma coisa aconteça. Ou podemos experimentar uma sensação de avançar, que, por sua vez, cria uma separação em uma percepção de *aqui* e *ali*. E entretanto, através de prática delicada de permitir sem esforço, vemos que basicamente não há nenhum lugar

[32] O *Guru Granth Sahib*, escritura sagrada do sikhismo, elabora a luta das Cinco Interrupções, ecoando o tratado de Sun Tzu, demonstrando o conhecimento difundido de ensinamentos semelhantes: "Quando você é atormentado por grande ansiedade [(2) sentidos], doenças do corpo [(1) corpo]; quando você está envolvido e apegado a coisas mundanas [(3) pensamentos/percepções], às vezes sentindo alegria e, outras vezes, tristeza [(4) percepções em mutação], quando você está percorrendo as quatro orientações e está inquieto [(5) atenção consciente para interrupções] — se você se lembrar do supremo Senhor Deus (o Sol Interior), então seu corpo/mente vai ser acalmado."

para onde ir, nenhum resultado, e podemos nos livrar da resistência e permitir que essas interrupções passem com facilidade. Quando fazemos isso, a unidade é possível.

Se nossos sentidos tentam atrair nossa atenção, estilhaçando nosso foco, podemos regular nossa atenção "encarando-os" (deixando que eles surjam sem tentar detê-los) e depois deixando que eles caiam, o que vai "proteger" ou manter sua consciência em expansão intacta. Mas as Cinco Interrupções são espertas e astutas e o conhecem, então elas podem antecipar seu próximo movimento melhor que você. Assim, Sun Tzu avisa você a ficar alerta e evitar ser "emboscado".

Essas interrupções são geradas naturalmente — de certa forma, nossas ações passadas e crenças criam o próximo momento, então estamos basicamente em um ciclo que começamos a desfazer ao estabelecer consciência. Você pode contemplar: se o campo de pensamento da percepção está sem esforço em equilíbrio (quieto), que tipo de futuro vai evoluir em seguida? Nós não precisamos enfrentar nossas interrupções, mas em vez disso podemos estabelecer uma consciência delas; se não somos seduzidos e não resistimos, ou somos atraídos pelas coisas que podem aparecer no campo da conscientização, então vamos manter o equilíbrio e a harmonia com mais frequência.

Ao se sintonizar com a Consciência Contemplativa, você pode ver coisas que assustem a você ou a seu círculo com crenças limitantes que provocam medos e preocupações. Ou você pode experimentar a aparência de luzes brilhando e cores impressionantes, ou mesmo ver anjos e santos que podem roubar sua atenção — mas se permanecer inamovível, centrado no Sol Interior, e tratar todos os fenômenos que surgem como placas de sinalização que passam em sua jornada para a Plenitude, você vai fortalecer seu foco e estabelecer equanimidade. Se não, vai ser como viajar por uma autoestrada e parar a qualquer pequeno acontecimento — você não vai (figurativamente) chegar a lugar nenhum. O objetivo, se você quiser, é experimentar seu Sol Interior, sem obstruções, a partir de onde a paz e a Plenitude ocultas se desdobram.

Como Sun Tzu nos oferece uma variedade de obstruções previsíveis, podemos tomar notas e planejar com previamente. Nós devemos estar muito atentos a qualquer coisa que esteja querendo atrapalhar nosso foco centrado. Essas disrupções vão se intensificar e trabalhar muito duro para atrair nossa atenção. Como um exército no ataque, elas vão atirar tudo o que têm sobre nós — mas nós não devemos nos mover. *Para que a calma prevaleça, nosso foco deve estar tranquilo; se não, ela pode ser tomada à força pelas Cinco Interrupções.*

TERCEIRA LIÇÃO (31-45): RESTAURANDO HARMONIA

Sun Tzu é muito clara: quanto mais você equilibrar a mente com harmonia, mais as disrupções vão se abrandar. Mas, se você restringir essas disrupções ou tentar controlá-las, elas vão ficar mais enraizadas e ganhar vantagem. Toda preocupação, medo, aborrecimento, impaciência etc. que você experimenta o forçam a consumir a energia do corpo. Eles criam estresse e desarmonia. No fim, eles arrastam você para um estado exaustivo e distraído que pode se tornar um modo de vida, a menos que alguma atitude seja tomada através da afirmação de sua vontade no campo da consciência.

Acredite ou não, o estado natural de nossa mente é quieto, sereno e calmo. Estamos retornando (figurativamente) para nosso estado original de congruência com nosso entorno, nossa realidade. Nossa consciência inerente às vezes é descrita como "vazia", porque não há nada que esteja movendo, lutando ou resistindo. Ela não é apenas experiente em sua mente, mas através das camadas ao seu redor — é como aquela roda interconectada que está sempre em movimento, falando, envolvendo ou sentindo a colmeia externa, então cessa. Está se movendo, mas está imóvel — imóvel no sentido de que está se desenrolando sem nenhum esforço ou som; pois esse atributo às vezes é chamado de "imutável".

O estado de imutabilidade que está mudando e é eterno é um desenrolar delicado que reconhecemos e do qual nos acostumamos a fazer parte. No processo, nossa consciência em relação aos outros, ao Todo, também fica delicada, assim como nossa próxima ação. Nós não íamos querer ser barulhentos ou turbulentos nem projetar uma vibração (movimento) que destruísse a imobilidade expansiva e silenciosa… o mundo ainda está em movimento, mas sua percepção muda, e você o experimenta como ordenado, unido, harmonioso, cooperativo, pacífico e perfeito, e vai naturalmente querer participar nesse nível, centrado na pura alegria.

É preciso uma disciplina delicada para continuar a voltar para sua Consciência Contemplativa na direção do permitir sem esforço. Quanto mais você se detiver, parar, resistir ou sentir derrota, mais difícil vai ser para restaurar a harmonia. Se você acha que abrandou uma distração, e fez isso com força, ela vai voltar em um ciclo com mais força para detê-lo. Continue a ser vigilante. Nunca subestime o quanto você é propenso ao hábito. Mesmo às vezes, quando acha estar exercendo a liberdade, você na verdade pode estar escravizado por seus sentidos.

Nunca desista. A vitória chega quando fazemos o esforço para contemplar profundamente o que está acontecendo sem cessar no "campo de batalha" de nossas mentes. Treine sua consciência com disciplina delicada e logo você vai ganhar confiança e ficar menos impactado, criando pontos de apoio até a vitória.

EXPANDINDO SEU CAMPO DE CONSCIÊNCIA

Sun Tzu nos pede para cultivarmos um relacionamento mais profundo com a forma como experimentamos nossa vida. Nós usamos palavras como contemplação, conscientização, concentração, centrar-se, Sol Interior, interrupção e disrupções, e frequentemente podemos perder a sutileza da experiência humana que estamos vivendo neste exato momento. Nós podemos basicamente começar a aplicar o ensinamento da Consciência Contemplativa para expandir nossa compreensão da percepção.

Mas é preciso delicadeza.

É necessário o cuidado de mãos delicadas, da maneira que você cuidaria do muito ancião ou do muito novo, sabendo que cada gesto, pensamento, palavra e esforço tem um impacto direto em nós e nos outros. Repreender ou chamar a atenção, encontrar defeito em nosso esforço, pode criar uma impressão ou impacto que não são bons, não amam e são improdutivos, entre outras coisas. Esse sulco profundo forma uma obstrução em nosso campo da consciência quando somos prejudiciais aos outros ou a nós mesmos.

A habilidade de ver como fazemos mal a nós mesmos com frequência nos escapa. Nós não costumamos ver como podemos punir, fazer mal, defender hostilidade e infortúnios na maioria das vezes. Somos muito rápidos em prever futuros com os piores resultados, com base na escassez e na falta, e não temos opinião sobre negarmos a nós mesmos nossos sonhos interiores e nossos esforços mais sinceros. De muitas maneiras, somos o último em nossa lista, mesmo que acreditemos estar agindo a favor de nossos melhores interesses.

Quando começamos a olhar para a pessoa que está falando e agindo (o Observador) e vemos como esses pensamentos/ações estão repetidamente criando nosso mundo "exterior", nosso futuro, começamos a ver quem realmente é o vilão. Raramente outra pessoa está fazendo alguma coisa para nós, mas, em vez disso, nossa mente desregulada cria situações que nos levam para uma batalha percebida contra nosso entorno.

Imagine, por um momento, que é meia-noite e você escuta uma batida na porta de sua casa. Isso o desperta de seu sono. No escuro, você se pergunta quem pode ser. A batida é forte e agressiva. Você escuta com mais atenção e consegue ouvir vozes, muitas delas. Você não ousa se mexer, com medo de quem poderia ser — sua mente pode usar sua história, suas experiências, sua sensação de falta e de autodesvalorização, suas desventuras etc. para criar a resposta sobre quem está batendo...

Quem está batendo na porta?

Na verdade, isso só depende de você. Como você percebe o mundo vai determinar sua resposta. Em outras palavras, sua mente vai prever e tentar determinar quem é, criando resistência no caminho com disrupção, medo, preocupação, aborrecimento etc. Por exemplo, se você resgata animais, a batida pode ser alguém que encontrou um animal de estimação perdido. Se você normalmente se sente ameaçado pelas pessoas na sua vizinhança, podem ser elas atrás de alguma coisa.

Mesmo que a pessoa que está batendo vá embora, e você não tenha visto quem era, você pode facilmente se agitar pela experiência pela hora seguinte, revirando em sua mente o que você devia ter feito, ou permanecer em quem poderia ser. Isso pode durar até o dia seguinte, quando você chega no trabalho e conta a história. *Isso me assustou tanto que pulei da cama! Não, eu não fui ver — até onde sei, eles estavam na casa errada e estavam ali fora com tacos de beisebol!*

Em todas essas situações, temos a habilidade de conter delicadamente a mente para que ela não se deixe levar, para não reconhecer a emoção oscilante de medo ou preocupação. A incerteza não é real, mas uma emoção sentida (distúrbio), e nós *podemos* levar nossa atenção novamente para o centro, primeiro empregando a estratégia de concentração. Em seguida, desenvolvendo isso em uma contemplação mais profunda, para ver o que está sendo pensado e então não seguir sem ser varrido por isso. Nós devemos permanecer mentalmente inamovíveis, confiando que vamos nos encontrar com o momento quando ele se desenrolar.

Isso pode não acontecer na primeira vez nem na décima, mas aos poucos, ao usarmos nossas experiências diretas em cada momento, como nossa sala de aula, vamos perceber como estamos reagindo habitualmente. Com o tempo, podemos nos tornar conscientes de nosso próprio tratamento de nós mesmos e usar isso para afirmar um nível mais profundo de cuidado. Nós nos tornamos cuidados e respeitados, nos tornamos aquele que não vai aceitar a desarmonia; nós não vamos permitir que tirem proveito de nós ou que façam com que nos sintamos diminuídos; nós deixamos de ser segundos. E nesses casos, quando somos impactados pelo mundo exterior — ou melhor, pelos pensamentos e ações de outras pessoas —, Sun Tzu explica que se estamos bem postados na Plenitude, temos o poder de resistir a qualquer ataque e não sermos impactados.

Nosso professor interior se torna nosso companheiro constante, conduzindo nossos passos delicados. Não é que nos tornamos egoístas, mas nós incluímos nossas próprias necessidades e cuidados no processo de expansão. Ao fazermos isso, nós damos mais em todos os lugares, porque não estamos mais em desarmonia interna com nossos ambientes (a unidade evolui); nossos pensamentos e ações não são descuidados ou distraídos para causar mal a ninguém, *inclusive* a nós mesmos.

Na verdade, quando nossa Consciência Contemplativa em permanente expansão cresce, as distrações diminuem, e começamos a confiar em nós mesmos. Nesse momento, o professor oculto é "ouvido" e conhecido, criando junto um novo jeito de harmonizar, um caminho de disciplina delicada, com a conscientização aumentada da verdade mais profunda de que cada ação, cada pensamento, importa, e vamos ficar atentos para escolhê-los com sabedoria.

Esse é o caminho que Sun Tzu nos mostra para viajarmos em nosso próprio ritmo, em qualquer lugar em que estejamos, na direção de uma vitória que pode beneficiar não apenas a nós mesmos, mas ao mundo que circula a nossa volta.

O NONO PASSO NO CAMINHO OCULTO PARA A PAZ E A PLENITUDE

1. *Aplique o Caminho Oculto para a Paz e a Plenitude da melhor maneira que ele se revelar a você para expandir sua Consciência contemplativa agora mesmo.*

2. *Reconheça oportunidades, momento a momento, para se aprofundar no reconhecimento dos hábitos que mascaram sua vida. Identifique áreas — em casa, no trabalho, na diversão — onde você consistentemente acaba com resultados que não são fortuitos, mas parecem estar segurando você. Contemple como seus próprios pensamentos sobre sua vida criam o ciclo e assuma responsabilidade.*

3. *Comece com uma área de sua vida para a qual você leva uma consciência e um foco mais profundos. Todo dia, passe algum tempo contemplando como você chegou a esse momento e como você gostaria que seu futuro fosse. Permita que os pensamentos/sentidos que estão obstruindo você, a maneira como seu corpo ou seu entorno bloqueiam você, passem, e faça novas mudanças. Expanda sua consciência através da experiência direta, dê tempo para o Observador se centrar e mantenha uma consciência clara que cresce, levando uma interconexão mais profunda para sua vida.*

A expansão da Consciência Contemplativa *é o nono passo no Caminho Oculto para a Paz e a Plenitude. Quanto mais você conhecer as Cinco Interrupções, investigá-las e entender como elas bloqueiam seu ímpeto e roubam sua quietude, mais provavelmente vai poder fazer escolhas diferentes, reafirmar sua vontade e ganhar a vantagem.*

Logo, seu Sol Interior vai ser um lugar natural para você residir, estejam seus olhos abertos, fechados ou adormecidos (pois todos eles são um).

Deixe que a contemplação profunda seja uma nova disciplina delicada para levar harmonia para sua vida.

Reflexões: Expansão da Consciência Contemplativa

"Se você ancorar sua atenção com firmeza, sua consciência vai ficar livre do sofrimento ilusório experimentado pelo corpo, e isso vai significar vitória."

— Capítulo 9

1. Registre os acontecimentos de seu dia e escolha um em que você sentiu seu foco se desviar. De que maneiras você pode assumir responsabilidade pelo resultado e fazer mudanças para o futuro?

2. Conte uma vez em que você experimentou sua consciência se expandindo e qual foi a sensação. Que métodos você pode empregar no momento seguinte para aumentar novamente sua conscientização e experimentar essa alegria sem esforço e sem limites?

3. Escolha uma das Cinco Interrupções que dê mais problema para você. Investigue-a e, com conhecimento prévio e delicadeza, descubra maneiras pelas quais você pode recuperar o controle de sua consciência.

4. Passe quinze minutos hoje centrado em seu Sol Interior (de olhos abertos ou fechados) e relate suas descobertas.

5. *Quais foram alguns dos pensamentos governantes que atrapalharam sua Consciência Contemplativa e o que você pode aprender pela concentração para ajudá-lo a deixá-los passar livremente?*

6. *Descreva uma vez em que você experimentou uma grande quietude — quando sua mente não estava tagarelando, e sua sensação do mundo parecia muito silenciosa. Se você ainda não experimentou isso, tente expandir sua Consciência Contemplativa agora e escreva sobre isso. Nos dois casos, conte quais foram as características do que você sentiu.*

7. *Conte uma vez recente que você percebeu sua mente divagando devido a uma das Cinco Interrupções e como você conseguiu desfazer o pensamento e voltar ao seu centro de foco.*

8. *Crie uma lista de seus pensamentos dominantes que derivam de crenças limitantes (como escassez, sentimento de falta de valor etc.) e investigue por meio de contemplação como você chegou a isso como sua realidade. Por meio de cuidado delicado, como você pode manter a consciência e gerar novas ideias e um futuro mais inspirados na intuição?*

9. *Qual a aparência do cuidado consigo mesmo e que passo você pode dar para receber isso em sua vida?*

10. *Qual a aparência do cuidado consciente consigo mesmo e que passo você pode dar para receber isso em sua vida?*

11. *Cite três crenças limitantes que você tem que rotineiramente perturbam sua consciência em permanente expansão.*

12. *Conte três coisas que você sempre quis fazer, mas nunca acreditou que fossem possíveis, e que reflexões mentais interromperam seu senso natural de propósito para impedir que você as fizesse? O que você vai fazer em seguida para realizar pelo menos uma delas?*

10

TERRITÓRIO DA MENTE[33]

1. Sun Tzu disse: nós podemos discernir quais são os Seis Desdobramentos[34] do território da mente. Eles são:

    a. Desdobramento dos pensamentos conscientes que surgem como penetráveis, fáceis de passar (*território acessível*).

    b. Desdobramento de pensamentos conscientes que surgem entrelaçados ou de forma enganadora (*território emaranhado*).

    c. Desdobramento de pensamentos percebidos que surgem evasivos, claudicantes, com procrastinação ou indecisos (*território temporizador*).

    d. Desdobramento de pensamentos percebidos que surgem hiperfocados e restritivos, frequentemente com efeitos reativos (*passagens estreitas*).

---

[33] *Território da mente* é mais especificamente descrito como "A natureza em desdobramento da mente".

[34] "Desdobramento" é usado aqui para significar o movimento envolvido na forma como os tipos diferentes de pensamento aparecem em nosso campo da percepção consciente e intuitiva. Da mesma forma, o uso de "pensamento consciente", "pensamentos percebidos" e "fluxo de pensamento" têm o propósito de oferecer para o leitor diferentes maneiras de expressar a mesma ideia, uma ideia que é limitada pela linguagem. Todas são discutidas posteriormente no capítulo.

e. Desdobramento de fluxos de consciência que surgem como barreiras, íngremes e difíceis de serem superadas, frequentemente sem serem antecipadas (*alturas íngremes*).

f. Desdobramento de fluxos de pensamento que emergem nas franjas da consciência, afastados, isolados e detidos (*posições a grande distância*).

2. Um pensamento consciente que pode ser atravessado pela conscientização e se liberar por conta própria se chama (mente) penetrável.

3. Quando pensamentos dessa natureza estão penetrando no campo do pensamento consciente, mantenha sua Consciência Concentrada — sua atenção — centrada no Sol Interior e preserve sua energia vital. Aí você vai ser capaz de "lutar" (ou manter sua posição) com uma vantagem.

4. Um pensamento consciente que pode ser abandonado (ou deixado), mas que dificilmente chega a se aquietar, se chama (mente) emaranhado.

5. Quando pensamentos dessa natureza estão emaranhando (ou interagindo com) o campo do pensamento consciente, você pode usar com delicadeza a Consciência Concentrada para manter o foco, se ele ainda está fraco. Mas, se o pensamento emaranhado inimigo está fortificado (recebendo atenção) e você não consegue impedir que o pensamento se enraíze e basicamente perde concentração, isso vai acabar em desastre.

6. Um pensamento consciente que é incapaz de passar, mas permanece ocupando sua atenção, frequentemente através de sua própria procrastinação, se chama (mente) invasivo.

7. Quando pensamentos dessa natureza fisgam sua atenção, é melhor atrair a natureza do fio de pensamento para permitir que você "veja" com clareza, de modo que possa recobrar a vantagem com Consciência Concentrada.

8-9. Em relação aos pensamentos hiperfocados, se você consegue apaziguá-los ativamente primeiro, você pode evitar uma fortaleza de resistência; você também vai ganhar a vantagem fazendo com que as hipersensações se acalmem, deixando que elas "passem", se dissipem ou se enfraqueçam.

10. Em relação a um pensamento consciente que emerge nas franjas de seu campo da percepção consciente, se você souber (assim que ele aparece) que ele tem o poder de ser prejudicial a sua concentração, não o atraia para perto (pensando nele), tornando-o acessível; em vez disso, preserve o foco em seu Sol Interior e espere para ver se ele vai surgir e passar sozinho.

11. (Em todas as situações discutidas), se o inimigo de pensamento ocupou seu campo da percepção consciente antes de sua Consciência Concentrada, não siga o fluxo de pensamento, mas recue e permita que ele passe.

12. Se, enquanto profundamente focado, um pensamento surgir (no que parece ser) muito longe na planície da consciência, e sua Consciência Concentrada, junto com sua energia vital, é igual em força ao que está surgindo, pode não ser fácil aplicar sua vontade sobre o fluxo de pensamento, e você pode acabar em desvantagem, perdendo seu centro e determinação.

13. Esses seis princípios sobre os desdobramentos dos pensamentos conscientes são conectados com a Terra (ou o corpo/a natureza do Yang/a Consciência Inferior).

14. Agora, a Consciência Concentrada que é exposta aos Seis Contratempos do pensamento consciente, em vez de surgir da própria intuição natural da pessoa, significa que o Observador está desequilibrado. As seis maneiras mais comuns por meio das quais o Observador Concentrado pode acabar com uma mente desequilibrada são:

    a. Escapismo, devaneios, desistência (*fuga*).

    b. Teimosia, obstinação, inabilidade inflexível de mudar (*rigidez*).

c. Esmagamento, perda de autocontrole (*colapso*).

d. Sentimento de fracasso, de falta de valor (*ruína*).

e. Sensação de turbulência mental, pandemônio, disrupção/desordem, sublevação mental, pensamentos desorganizados e frenéticos (*caos*).

f. Derrota mental completa e esmagadora (*derrota*).

15. *Escapismo* (ou se entregar a devaneios) ocorre quando o Observador tenta estabelecer concentração quando o "inimigo" de pensamento é grande em força (até irrequieto); assim como enfrentar um exército que é dez vezes mais numeroso em tamanho, vai ser difícil recuperar o equilíbrio, e a mente vai fugir ou evitar, em vez de enfrentar, a dificuldade percebida.

16. Quando fluxos de pensamento são fortes demais e a vontade concentrada é fraca demais, a habilidade de manter uma conscientização centrada vai encarar uma *incapacidade teimosa de mudar*, e possivelmente vai até acabar esmagada, impedindo um retorno ao equilíbrio.

17. Se o campo da consciência está experimentando um estado de raiva que não vai se acalmar com facilidade, o Observador, enquanto tenta centrar a consciência, vai ficar surpreso com o quanto os fluxos de pensamento podem rapidamente se tornarem rancorosos e turbulentos. Isso remove a vantagem e se rende a uma sensação de *fracasso e falta de valor*.

18. Quando a Consciência Concentrada está fraca e sem autoridade (vontade), quando qualquer tentativa de "comandar" ou centrar a atenção é desanimada ou sem força, quando não há iniciativas nem estratégias em ação, e a mente está descontrolada e frenética, o resultado e o *pandemônio completo*.

19. Quando a Consciência Concentrada é incapaz de prever a força de um fluxo de pensamento, ela permite que hábitos "inferiores" comandem a volição, que geralmente é mais forte. Isso derruba o foco centrado do Observador, porque ele deixou de estabelecer concentração, e o resultado é uma *derrota esmagadora*.

20. Estas são as cinco maneiras de colocar a harmonia em risco, o que deve ser cuidadosamente observado pelo aluno que estabeleceu equanimidade.

21. Sentir a intuição que ocorre naturalmente é um aliado do estudante. Mas o poder de avaliar o inimigo de pensamento e de como desdobrar delicadamente as limitações potenciais que colocam a harmonia em risco; a habilidade de calcular (com conhecimento prévio) as complexidades, desarmonias mentais e intrusões possíveis — isso é o que constitui um mestre.

22. Quem conhece essas coisas e coloca seu conhecimento em prática vai obter vitória (Plenitude). Aqueles que não as conhecem nem as praticam vão permanecer em estado mental de desarmonia.

23. O sábio sabe que a vitória sobre os pensamentos/sentidos é obtida através apenas do comando da vontade. Se você é levado a envolver ou não os pensamentos/sentidos — se a vitória é possível ou não —, a vontade é a única autoridade e deve ser obedecida.

24. O mestre que aumenta a força de sua vontade sem cobiçar ser importante e se afasta da sociedade sem temer ser impopular; cujo único pensamento é proteger (manter) sua paz e harmonia interiores e estar ao bom e delicado serviço dos outros, é a joia do reino (universo).[35]

25. Trate sua vontade como uma criança, e ela vai crescer forte, harmonizar com sua intuição e estar com você mesmo por meio da transição da morte terrena.

26. Se o estudante permitir que seus fluxos de pensamento permaneçam indisciplinados, e a vontade não conseguir assumir o controle (ou a Consciência Concentrada), as emoções vão ficar soltas sem disciplina e criar desordem mental. Nessas situações, a vontade (ou volição) é como uma criança mimada e é inútil para qualquer propósito prático de estabelecer a consciência centrada.

---

[35] O reino ou "universo", o Eterno Todo ou Plenitude.

27. Se exercermos nossa vontade, agindo contrariamente a nosso pensamento/crença limitante, e tentarmos de qualquer jeito, embora *falhemos*, estamos a meio caminho da vitória.

28. Se exercemos nossa vontade, agindo contrariamente a nosso pensamento/crença limitante, mesmo que tenhamos um *sucesso apenas parcial*, estamos a meio caminho da vitória.

29. Se exercemos nossa vontade, agindo contrariamente a nosso pensamento/crença limitante, e acreditamos que somos capazes de ter sucesso, mas conhecemos as condições (por exemplo, físicas, mentais) que podem não tornar o sucesso possível, ainda estamos perto da vitória.

30. Assim o aluno experiente nunca fica assombrado (ou com medo de arriscar o fracasso) quando está em movimento; depois que ele agiu por intuição, ele nunca sai derrotado.

31. Daí vem o ditado: se você conhece o desafio e a si mesmo, sua vitória (sobre uma limitação) não vai ser posta em dúvida; se você conhece o Céu (Yin) e a Terra (Yang), e conhece sua mente com Plenitude, torna sua vitória completa.

INTERPRETANDO A SABEDORIA VIVA DE SUN TZU

Nesse estágio, Sun Tzu nos permite colocar nossas experiências preliminares de trabalhar com a mente em uma prática muito mais profunda. Se estamos fazendo um pouco de cada vez — observando e interrompendo nossos pensamentos, conhecendo nossa mente e como ela funciona a cada momento, indagando e questionando —, podemos achar que estamos fazendo um progresso sutil, mesmo que não pareça. Mas, mesmo que sintamos que superamos alguns aspectos de nós mesmos, um pensamento novo pode facilmente se anunciar, como o soar de um gongo, e reverberar em nosso campo de consciência para possivelmente abalar nossos pensamentos.

Ao mesmo tempo, também precisamos estar plenamente conscientes de que pensamentos não são ruins ou terríveis. Eles *simplesmente são*. Kosho Uchiyama Roshi os chama de *secreções*,[36] e os relaciona com qualquer outra substância corporal: do mesmo jeito que o nariz secreta catarro, ou as orelhas cera, a mente secreta pensamentos. Que liberdade. Olhar para pensamentos de forma neutra, como uma função normal, não algo do que se livrar.

Então, enquanto estamos usando linguagem comum para entabularmos uma conversa sobre como pensamentos aparecem, precisamos lembrar que eles só vão afetar nossa harmonia se nós deixarmos (ou atribuirmos a eles o significado de que é assim). Estamos em um estado de consciência delicada, uma harmonia serena, e então um pensamento/emoção surge... Se nós o percebermos como turbulento ou invasivo, ele pode remover nosso foco e, na verdade, ser turbulento ou invasivo. Mas, na essência, pensamentos apenas vêm e vão, como parte do que é natural, e nós podemos igualmente não invadir, com atenção ou foco, e permitir que eles saiam de nosso campo de foco de forma igualmente natural.

[36] Ver *How to Cook Your Life: From Zen Kitchen to Enlightenment* (Shambala Publications, 2005), págs. 28-9.

Sun Tzu oferece um mapa preciso de onde e como nossos pensamentos estão operando e se desenrolando. (O Capítulo 11 explora isso mais a fundo.) Nós devemos estar encorajados, porque, quanto mais conhecimento temos, mais podemos sentir a expansão de nossa consciência, experimentar sua ausência de limites e estabelecer grandes extensões de harmonia. Calma e paz se tornam a norma — tanto que vamos perceber a invasão de um pensamento ou conceito com muito mais facilidade. E, para nos guiar pelo caminho, está a compreensão de como pensamentos/conceitos/ideias, imagens etc. vão aparecer delicadamente e podem desviar nossa vontade e atenção.

PRIMEIRA LIÇÃO (1-13): OS SEIS TIPOS DE PENSAMENTOS

Sun Tzu nos oferece os Seis Desdobramentos como um método de sentir e ficar mais receptivo à evolução da percepção como um campo mutável através do qual experimentamos a existência. Nós temos pensamentos emergentes que podemos facilmente *penetrar* e permitir que se vão, e também temos tipos de pensamento que sentimos como estando *emaranhados* e que são capazes de nos enganar mesmo que não achemos que eles vão se fixar. Nós temos pensamentos ou percepções que *emergem* no campo do pensamento consciente e são evasivos, paralisantes, procrastinadores ou indecisos, ficando... indo... mas ao mesmo tempo eles podem roubar nossa concentração interior.

Às vezes, vamos experimentar pensamentos que surgem como hiperfocados e restritivos, com uma sensação de serem muito estreitos. Nós frequentemente reagimos a esse tipo de pensamento, querendo alívio do que quer que o tenha causado. Nós também temos pensamentos que emergem como barreiras — você conhece as que são íngremes e difíceis de superar; nós não podemos antecipá-las, então elas são ferozes e perturbam nossa paz mental. Mas também há pensamentos que parecem aparecer nas franjas da consciência, afastados, isolados, como se não fossem atrair nossa atenção a menos que façamos questão de refletir sobre eles, o que acaba por "puxá-los" mais para perto.

Lembre-se, o campo da percepção, como explicado por Sun Tzu, é o território da mente em desdobramento, e da maneira com que pensamentos entram em foco consciente, nós interagimos ou não com eles, que vão embora. Nós basicamente estamos usando palavras para dar forma a esse "campo", quando na verdade ele não tem forma. Dito isso, você pode sentir seus pensamentos "perto" ou "longe". Você pode sentir quando eles parecem estreitos e próximos, consumindo tudo. Da mesma forma, você pode sentir sua consciência livre de obstruções, no fluxo, aberta e serena — nesse caso, no início, você pode questionar por que não está pensando e na verdade de "puxar" pensamentos para você. É como quando você pensa em algo, apenas por um momento, e não parece nada demais, *até ser*! Então lembre-se: o "campo de batalha" e as posições do pensamento (no território da mente) devem ajudar você a ganhar nova conscientização da forma como a mente está naturalmente no fluxo gerando pensamentos, que, se encarados e focalizados, vão romper com a equanimidade da unidade consciente.

Sun Tzu então explica que para lidar com os muitos pensamentos, nós podemos controlar melhor nossa mente e limpar o "campo de batalha" quando reconhecemos os padrões de pensamento, quando eles aparecem em nosso campo da percepção, e ainda mais importante, como eles aparecem nos *mesmos lugares*, com as *mesmas características*. Isso nos dá o conhecimento prévio para entrar em "batalha". Por exemplo, se você sente um pensamento oscilando no limite (do campo da percepção) e está consciente de que ele é "esse tipo" de pensamento, que você sabe que pode desviar seu foco, você *não pode* focar nele. É simples assim.

O caminho mais seguro para uma mente calma e equilibrada é manter a Consciência Concentrada: uma mente centrada no Sol Interior, que por sua vez, projeta um brilho mais amplo de vontade e unidade no campo ilimitado da percepção. Parar de interagir com pensamentos nos ajuda a "desenvolver" nossa luz interior. Sun Tzu nos lembra de que já estamos experimentando uma presença consciente e unificada, mas como tudo está mudando — porque vivemos por tanto tempo com uma mente desregulada —, temos oportunidades de aprofundar nossa conexão e não sermos abalados pela desordem.

Mas, mesmo que sejamos varridos, o Sol Interior está brilhando, sempre pronto e disponível. Alguns dos momentos mais "difíceis" da vida nos oferecem a mesma oportunidade de sentir e receber equilíbrio (e informação/orientação) de nossa intuição; estamos simplesmente tornando mais fácil experimentar a vida (ou nossa percepção dela) sem interferência.

Como Sun Tzu explica, quando não conseguimos "abandonar" um pensamento, fica difícil desemaranhar a percepção. Quando nossos pensamentos estão entrelaçados, podemos acessar uma concentração mais profunda para recobrar o foco, ou isso pode acabar em desastre, se entrelaçando mais. Pensamentos nos tentam, até se tornarem algo que não podemos abalar, levando a um estado de hiperfoco, até que toda a paz parece estilhaçada.

Com o tempo, pode parecer que estamos lutando uma guerra em nossas mentes e que nossos pensamentos têm uma fortaleza que não podemos enfraquecer. Mesmo pensamentos que parecem inofensivos, pois parecem estar *distantes*, podem de repente ficar mais próximos e nos levar a uma escaramuça mental pelo controle. Antes que nos demos conta, de repente estamos distantes da paz e da tranquilidade interiores que tínhamos um minuto antes!

Em todas essas situações, se não seguirmos nem nos fixarmos em nossos pensamentos, eles vão passar. Se um pensamento emerge, podemos acionar a Consciência Concentrada e subjugá-lo antes ou no momento em que ele surge, para não perdermos nosso centro, nossa determinação... de novo, isso está acontecendo em todo instante, não apenas em um momento especial que separamos da "vida".

Enquanto você cuida de seu dia, observe sua mente/pensamentos. Torne-se consciente de como eles aparecem em diferentes áreas da percepção. Conheça-os e antecipe o que vem em seguida. Se você tiver um pensamento surgindo nas bordas e tiver o conhecimento prévio de que ele pode roubar sua concentração, afirme sua vontade. Torne a focar sua consciência para centrar em seu Sol Interior. Quanto mais você fizer isso, mais vai limpar o campo da percepção e fortificar sua vontade, o que pode levá-lo à vitória.

SEGUNDA LIÇÃO (14-20): A VONTADE COMO A AUTORIDADE MAIS ALTA

Sun Tzu nos oferece o conhecimento prévio de reconhecer e discernir as seis maneiras pelas quais colocamos em risco a harmonia interna (fuga, rigidez, colapso, ruína, caos e derrota). Quanto mais ficamos conscientes do que vai impedir a conexão com nossa intuição (Plenitude), mais propensos ficamos a eliminar o ciclo de desequilíbrio outra vez. Nós fazemos isso mantendo o valorizado assento da concentração para regular nosso campo da percepção.

O que estamos procurando? Escapismo, devaneios; teimosia, obstinação ou uma falta de habilidade rígida de mudar; ser esmagado, perder o autocontrole, tristeza; sensação de fracasso, de falta de valor; sensação de tumulto mental, pandemônio, disrupção/desordem, sublevação mental, desorganização ou pensamento frenético. Então, por último, a derrota mental completa e esmagadora.

Tire um momento para refletir sobre como podemos correr o risco de perder a harmonia interior através de cada um dos Seis Contratempos. Identifique onde e como, em sua vida, eles podem continuar a mantê-lo em desvantagem. Nós devemos afirmar nossa vontade. É como quando você quer largar um hábito e pensa: *ah, talvez só mais uma vez, por que não?* A resposta é que o pequeno momento em que você retira um comando do corpo, você enfraquece sua vontade. Você vai basicamente obter mais do mesmo você — os mesmos pensamentos —, em vez de criar um ciclo novo, um novo você livre de obstáculos mentais, uma pessoa centrada e brilhando poderosamente com a força da unidade de seu Sol Interior.

Quando "sabidamente" seguimos com nossos padrões de pensamento, estamos abrindo mão de nossa vontade e volição, entregando o campo de batalha, abalando nossa determinação e correndo o risco de anunciar estados mentais diferentes que podem levar ao pandemônio. Quanto mais forte sua volição, mais você vai derrubar o hábito/pensamento e mais você vai continuar a fazer progresso na direção de ganhar um ponto de apoio para manter a equanimidade na maior parte do tempo (e, no fim, *todo o tempo*).

Mesmo quando parece que um pensamento não é nada demais, precisamos reconhecer os custos de cair em velhos hábitos/padrões de pensamento ou permitir que nossas emoções tomem o poder de nossa vontade. Para isso, temos de tentar outra vez obstinadamente e então agir com determinação.

TERCEIRA LIÇÃO (21-25): O PODER DA INTUIÇÃO

Nosso dom inerente, nosso maior aliado, é nossa intuição, que ocorre naturalmente — algo que nunca devemos subestimar. Ela está funcionando, mesmo quando nos sentimos perdidos e sem esperança. Quanto mais nós pudermos nos sintonizar com ela, ou beber dela, e permitir que ela se desdobre e surja, com mais frequência as intrusões vão achar impossível abalar nossa concentração.

Nós basicamente estabelecemos uma sensação sentida do *que é* e perdemos nossa habilidade de duvidar, porque temos um conhecimento profundo além de palavras ou circunstâncias. É como quando você decide, por alguma razão aparentemente aleatória, não fazer uma coisa, só para descobrir depois que você evitou o perigo. Esse é o poder da intuição, disponível para todos nós o tempo inteiro. Quanto mais pudermos utilizá-la, mais nossas vidas vão fluir; menos nós vamos ser interrompidos. Em teoria, com nossa intuição como a voz de autoridade mais elevada, os pensamentos se reduzem, pois estamos menos propensos a sermos consumidos por dúvida, preocupação, medo etc., que foram substituídos por "Conhecimento Constante".

Mesmo quando surge uma experiência que podemos considerar difícil ou "ruim", somos — guiados pelo Conhecimento Intuitivo — mais propensos a percebê-la com compreensão como parte de nossa Plenitude natural e necessária para nosso crescimento potencial.

Nós podemos falsamente acreditar que a mente inquieta é normal, mas na verdade é a serenidade que é. Ao lutarmos para nos tornarmos conscientes do território da mente, percebemos que um pouco já faz uma boa diferença. Você vai ter dias de quietude mental, quando a menor das coisas vai tentar agitá-la, mas você não vai querer isso e vai se defender contra invasões. Na verdade, você começa a ver as inúmeras maneiras pelas quais a disrupção é possível e para de abrir seu campo da percepção para ela.

Ao manter a fortaleza da concentração para preservar sua serenidade e equilíbrio mentais, você precisa agir de acordo com a decisão da vontade com determinação. Agir com metade do empenho vai levar você apenas a metade da concentração. Então dedique todo o seu coração a isso!

Como Sun Tzu explica, aquele que avança na força de sua vontade sem cobiçar uma importância pessoal e se afasta da sociedade sem temer ser impopular; cujo único pensamento é proteger (manter) sua paz e harmonia interiores e estar a serviço dos outros de maneira boa e gentil,[37] é a joia do reino (universo), o Mestre Sol.

[37] Falando de forma genérica, quando regulamos nossas mentes, nosso campo da percepção, em um estado de equanimidade, nossa paz interior é sentida pelas outras pessoas, e está essencialmente ao "serviço bom e delicado" dos outros, já que não é mais impactada por nossa distração/distúrbio, julgamento, desarmonia etc.

Quanto mais agirmos de acordo com a vontade, menos propensos ficamos a falhar ou duvidar, permitindo que ela guie nossas vidas. Então vamos basicamente cuidar de nossa vontade como faríamos com uma criança, com carinho e de forma protetora.

QUARTA LIÇÃO (26-31): OS CICLOS DE DESAFIOS

Como pensamentos são em fluxo e circulam através do campo da percepção, da mesma forma que uma batedeira cria ondas ao bater massa de bolo, vamos ter momentos em que vamos nos sentir vitoriosos, e momentos em que vamos precisar superar algo que está ganhando nossa atenção. Hábitos, limitações, emoções não resolvidas (por exemplo, o passado, vidas passadas) podem retornar como teias de lembranças, e quando não são contidas, elas podem criar desordem mental.

Por exemplo, se você tem medo de falar em público e empenhou sua vontade para superar isso, você pode com facilidade se ver falando com regularidade diante de multidões com sucesso — talvez até fazendo disso uma carreira. Mas aí, um ano ou mais pode se passar, e como o campo da percepção está sempre mudando e se movendo por meio de ciclos, você pode facilmente encontrar a resposta emocional devolvida e ficar novamente com medo de subir ao palco. Você pode estar no palco, mentalmente *sem medo*, enquanto o corpo responde com palpitações.

Como o campo da percepção continua a desenvolver e a agitar velhas emoções e pensamentos através da memória,[38] *o que foi dominado* pode se apresentar outra vez, mentalmente ou mesmo fisicamente — você pode até sentir a energia presa no corpo, e por intermédio de sua vontade determinada (de não ter medo de falar

[38] A memória, como explicado por Sun Tzu, inclui a marca de energia nas células do corpo, as vidas passadas ou a memória histórica.

em público), pode restaurar seu equilíbrio. Exercícios de energia, como o tai-chi ou o qigong, podem liberar memórias presas do corpo, e a energia associada com isso, para restaurar o equilíbrio.

No fim, são sua vontade e força determinadas que influenciam sua chance de alcançar a vitória. Mesmo se sabemos que vamos fracassar, ainda assim vamos tentar. O sucesso parcial é vencer. Toda vez que afirmamos nossa vontade para superar uma coisa, estamos ganhando terreno. A chave é agir sobre a vontade e não a enfraquecer com tentativas meia-boca. Como nossa intuição está sempre presente e nos guiando, podemos confiar em nossa sabedoria inerente e não ter medo do risco de fracasso.

Com esse objetivo, podemos fracassar diante de desafios, mas ainda assim saber sem dúvida que estamos um passo mais perto de nossa vitória.

CONHECENDO A MENTE EM DESDOBRAMENTO

Sun Tzu está nos oferecendo uma visão de nossa consciência em permanente expansão, *o território da mente em desdobramento.* É mais fácil ver isso como um campo de batalha, ou uma área que pode ser atravessada, em oposição a um conceito intangível e invisível sobre o qual não temos nenhum controle. Mas nós na maioria das vezes *temos* controle! Dito isso, quando exploramos o "território" da mente — ou os Nove Campos (Imparciais) da Percepção (ver Capítulo 11) —, estamos discutindo questões simples sobre onde os pensamentos "aparecem" na percepção consciente de sua mente, como eles vêm em ciclos, não permanecem nem se conectam — como eles podem ou não perturbar seu estado normal de equanimidade.

Então, agora, vamos fazer uma pausa por um momento e nos sintonizar no território que você conhece ou sente como sua mente. Onde está sua mente? Onde seus pensamentos estão acontecendo? (Não em sua cabeça, mas em um lugar aberto e espaçoso — talvez ao seu redor.) Ao sentir sua mente/pensamentos, você pode experimentar silêncio. Agora espere que surja um pensamento. Você o encontrou? Aponte para ele. Onde você está sentindo esse pensamento em particular surgir — na frente, atrás, logo ali?

Essa "área" ou "território" onde o pensamento está se materializando é o que nós vamos explorar e dominar. É um método realmente maravilhoso de reconhecer que os pensamentos não são limitados nem estão localizados em sua cabeça ou seu corpo, mas estão se formando sem limites (figurativamente) ao seu redor — às vezes no que se chama de campo quântico —, ou no espaço, ou no Céu. Santa Teresa comparava isso ao templo de Salomão, "durante o qual nenhum ruído podia ser ouvido", quando ela experimentava o silêncio mais profundo e ascendia da realidade comum.[39]

Isso é importante porque não precisamos ser sofisticados ao falar sobre a *coisa* que estamos comunicando; nossos pensamentos não estão trancados em nossa cabeça, e, quando você começa a discutir com outra pessoa onde eles estão, você vai ver que seu pensamento está bem ao lado dos de outra pessoa! A percepção delas está alinhada com a nossa porque não há limites. Quando você consegue sentir pensamento fora de si mesmo, começa a interpretar esse campo com mais presteza e a antecipar o modo como o pensamento se move, como um exército, entrando em seu campo de consciência. É por isso que podemos sentir a consciência dos outros, ou às vezes saber o que os outros estão pensando antes mesmo que eles digam isso. Essa habilidade só fica mais forte.

Como nós desenvolvemos essa compreensão? Nós simplesmente vivemos nossas vidas diárias conscientes dos Seis Contratempos. Tire um tempo para olhar para a lista e entender como cada um deles teve participação em seu processo de pensamento. *Conheça a si mesmo*. Saiba antes da hora como você "escapa" ou "sonha acorda-

[39] Sétima mansão, Capítulo 2, *O castelo interior*.

do" para evitar lidar com dificuldades, por exemplo, e então esteja atento ativa e voluntariamente quando você fizer isso de novo. Faça mudanças. Afirme sua vontade mesmo quando você sabe que isso não vai dar certo. Então na próxima vez vai ser mais fácil. Continue a tentar e nunca desista. Quando você dominar um dos Seis Contratempos, vá para o seguinte e continue a vencer batalhas, afirmando sua vontade e sua concentração.

O objetivo é reconhecer que pensamentos não são tão poderosos quanto somos levados a acreditar. Uma coisa que sempre aborreceu você pode ser varrida para longe com amor e serenidade. Nós, com o tempo, sustentamos um campo mental de calma, que é harmoniosa e em equilíbrio, e as "secreções" — os pensamentos naturais — diminuem; ou, quando elas aparecem, não têm a força para afastá-lo de sua calma. Você na verdade sabe o que é melhor.

O DÉCIMO PASSO NO CAMINHO OCULTO PARA A PAZ E A PLENITUDE

1. *Aplique o Caminho Oculto para a Paz e a Plenitude da melhor maneira que ele se revelar a você para entrar em sintonia com o território da mente agora mesmo.*

2. *Reconheça oportunidades, momento a momento, para sintonizar sua intuição e sondar o caminho à frente, através dos Seis Desdobramentos, para eliminar a dualidade de pensamento e preocupação. Mesmo em dificuldade, tente sentir sua consciência calma logo por trás das emoções e dos sentidos. Perceba como e "onde" o pensamento está aparecendo, para saber com antecedência o "tipo" de pensamento e como ele vai agir e evoluir. Isso vai dar a você a confiança para permanecer concentrado.*

3. *Perceba momentos ao longo do dia em que você pode se reconhecer acalentando um dos Seis Contratempos. Tente afirmar sua vontade e torne a centrar sua concentração. Permita que pensamentos venham e vão, sem dar a eles razão para desenvolver um ponto de apoio mais forte. Tenha consciência de sua própria habi-*

lidade para dizer "não" a pensamentos e hábitos costumeiros para superar suas próprias limitações. Faça da harmonia e da calma o foco central, mesmo quando parece que você pode fracassar.

***O território da mente** é o décimo passo no Caminho Oculto para a Paz e a Plenitude. Quanto mais você puder conhecer os Seis Desdobramentos e os Seis Contratempos, mais propenso você vai ficar a criar novas ideias e resultados para sua vida. Observe e lide com seus padrões mentais de pensamento quando eles surgirem no campo da percepção. Sinta onde eles ocorrem e esteja disposto a "permitir" e a "regular" aplicando o Caminho Delicado de observação. Aja contrariamente a seu pensamento/crença limitante e faça de proteger (manter) sua paz interior a maior prioridade, no serviço bom e delicado das outras pessoas.*

Reflexões: O território da mente

"O aluno que estabeleceu equanimidade deve tomar nota das seis maneiras de colocar a harmonia em risco."

— Capítulo 10

1. *Escolha um dos Seis Desdobramentos do território da mente e cite um exemplo de onde você experimentou o tipo de pensamento explicado (por exemplo, acessível, entrelaçado etc.) e como ele arrastou você.*

2. *Escolha outro dos Seis Desdobramentos do território da mente e conte um exemplo de quando você experimentou o tipo de pensamento explicado (por exemplo, acessível, entrelaçado etc.) e como ele arrastou você.*

3. *Quando um pensamento surge nas franjas de sua percepção, ele pode parecer distante, mas não é menos capaz de ser levado a um foco mais próximo para ganhar sua atenção. Pense em um fluxo de pensamento que na verdade não estava em seu radar, que você puxou para si, e então nos resultados — se você conseguiu vê-lo passar fluindo ou se ele o distraiu.*

4. *Concentre sua atenção e observe seus pensamentos, então desenhe um mapa de seu campo da percepção para demonstrar onde alguns dos pensamentos recorrentes podem ter aparecido. O que você pode aprender com isso?*

5. *Escolha um dos Seis Contratempos e conte sua experiência de como sua harmonia foi abalada. Revisando a situação, havia um jeito de evitar isso?*

6. *Escolha um dos Seis Contratempos e conte sua experiência de como sua harmonia NÃO foi abalada. Revisando a situação, o que você fez para manter a equanimidade?*

7. *Dos Seis Contratempos, qual deles apresentou para você a maior dificuldade para manter a harmonia? E o que apresentou menos?*

8. *Cite um exemplo de quando você conseguiu perceber sua intuição ocorrendo naturalmente e como ela trabalhou com você para criar uma mente harmoniosa/calma ou encontrar a solução para uma situação.*

9. *Cite uma vez em que você sabia que ia fracassar mas tentou mesmo assim e teve benefícios com isso. Cite uma vez em que você exerceu sua vontade contrariamente à sua crença/hábito limitante e teve benefícios com isso.*

10. *Conte uma vez em que você resolveu fazer uma coisa — por exemplo, atingir um objetivo — e, a meio caminho de completá-la, não achou que poderia ter sucesso, mas tentou mesmo assim. Que lição você pode tirar disso e aplicar ao avançar?*

11. *Conte uma vez em que sua intuição foi útil a você para superar uma dificuldade.*

12. *Reflita sobre a passagem a seguir e escreva um parágrafo curto sobre o que ela significa para você. "Se você conhece o desafio e a si mesmo, não há dúvida sobre sua vitória (sobre uma limitação); se você conhece o Céu (Yin) e conhece a Terra (Yang) para conhecer sua mente com Plenitude, você pode tornar sua vitória completa."*

11

OS NOVE CAMPOS (IMPARCIAIS) DA PERCEPÇÃO

1. Sun Tzu disse: a arte de dominar a união consciente e a equanimidade reconhece Nove Campos de Percepção, que não são bons nem maus, mas imparciais: (a) espalhado; (b) não resistente; (c) os poucos deslocam os muitos; (d) vasto, sem necessidade de retroceder; (e) formado por linhas que se entrecruzam; (f) demorado; (g) importuno; (h) circundante; (i) esvaziado.

2. Quando pensamentos (imagens/conceitos/ideias) aparecem no campo da percepção espalhados e divididos, você vai senti-los no campo imediato da consciência *espalhados* para ganhar ou escapar de sua atenção.

3. Quando pensamentos surgem no campo da percepção como não resistentes e permeáveis, você vai senti-los em seu campo local de consciência a *curta distância*, indo e vindo desafiadoramente em ciclos como as ondas do oceano, para vencer ou roubar a vantagem.

4. Quando pensamentos aparecem no campo da percepção como poucos em número, eles podem deslocar com facilidade (os muitos) sua concentração forte. Você vai senti-los em seu campo localizado de consciência como neutros ou como não preocupantes, retardando as coisas para roubar seu foco; então não se deixe enganar — os dois lados podem conquistar a vantagem.

5. Quando pensamentos (imagens/conceitos/ideias) aparecem no campo da percepção como se fossem um campo vasto, sem necessidade de retroceder, se comunicando com facilidade e se conectando livremente com outras imagens/conceitos/ideias, você vai senti-los emergir em um raio de consciência local e distante, criando redes mentais que são neutras — até não serem mais.

6. Quando pensamentos aparecem no campo da percepção convergindo e se cruzando, você vai senti-los emergir em seu raio de consciência local e distante, criando um emaranhado (que é essencialmente neutro até receber atenção) — quem quer que obtenha a vantagem primeiro (concentração ou desordem mental) conquista todo o império.

7. Quando pensamentos aparecem no campo da percepção sem retrocederem nem avançarem, mas não menos críticos, alarmantes, preocupantes ou pesarosos, você vai senti-los emergir em seu raio de consciência local *e* distante, como demorado — ou estendido —, ou até mesmo hostil, se a concentração é perdida.

8. Quando pensamentos aparecem no campo da percepção como invasivos (combativos), sobrecarregando a concentração e dividindo-a, você vai senti-los emergir em seu raio de consciência local *e* distante como aparentemente montanhosos, difíceis de chegar ao topo — o que é neutro até que a consciência centrada se torna desequilibrada.

9. Quando pensamentos aparecem no campo da percepção como envolventes e restritivos, você vai senti-los "circundando" seu raio de consciência imediato, que é neutro, até não ser mais.

10. Quando surgem pensamentos no campo da percepção como se seu foco, mais ainda sua concentração, fosse vazio ou não permissível, você vai senti-los como um "vale estreito, profundo e vazio" em seu raio de consciência imediato, que pode facilmente emergir como uma dominação ou uma sensação de atingir o fundo se o foco/concentração é perdido.

11. Portanto, ao perceber pensamentos como "espalhados" ou "divididos", não interaja com eles. Se você percebe pensamentos como não resistentes, indo e vindo, não pare para dar a eles nenhuma atenção; ao perceber pensamentos que parecem ser apenas uns poucos (que *podem* tomar seu foco), também não se envolva com eles.

12. Ao perceber pensamentos no campo vasto e aberto da consciência, não tente bloquear sua evolução. Se parece que em seu campo da percepção seus pensamentos estão se entrecruzando, junte alegria e amor sem esforço a sua concentração.

13. Ao perceber pensamentos que emergem como prolongados e estendidos, reúna toda a sua volição para superá-los e reestabelecer a concentração. Se experimentar pensamentos que são invasivos, mantenha a concentração em movimento constante.

14. Quando sua percepção está hiperfocada, com pensamentos que são sentidos como circundando seu campo de consciência, recorra a um estratagema (ver Capítulo 3); quando os pensamentos (imparciais) que você percebe têm seu campo de consciência envolvido com um foco estreito e profundamente marcado, lute para recuperar a concentração.

15. Aqueles (antigos) que eram chamados de Observadores habilidosos do campo imparcial da percepção sabiam como plantar uma cunha entre o fluxo de pensamento que avança e o uso sem esforço da Consciência Concentrada para criar cooperação entre (as diferenças percebidas entre) desordem/concentração e (as diferenças percebidas entre) conscientização baixa/elevada; e como impedir que pensamentos imparciais obstruam a presença da paz/harmonia para se juntar ao trono da equanimidade (Sol Interior).

16. Quando fluxos de pensamentos estão espalhados, eles impedem que o Observador se concentre; mesmo quando a consciência está unida, eles conseguem manter o campo da percepção em desordem.

17. Quando fluxos de pensamento têm a vantagem, eles continuam a avançar, se multiplicando, quando do contrário eles estariam imóveis — ou unidos com toda a consciência.

18. Se perguntarem a você como lidar com uma grande hoste de pensamentos ordenados no limite de criar desequilíbrio da harmonia interior, aproveite a vantagem impondo sua vontade sobre a verdadeira natureza do pensamento.

19. Rapidez é a essência da guerra mental: tire proveito da oportunidade quando seus pensamentos ainda estiverem fracos e você puder permitir que eles passem sem esforço.

20. Os seguintes são os princípios a serem observados em relação a um fluxo de pensamento invasor: quanto mais sua concentração (ou atenção calculada) penetrar nos Nove Campos (Imparciais) da Percepção, maior vai ser sua volição, e assim os pensamentos invasores não vão ter sucesso em abalar sua equanimidade.

21. Tire um tempo para "reabastecer" através de Consciência Contemplativa para manter sua vitalidade, seu Sol Interior.

22. Examine com cuidado (contemple) seu foco, sua vontade e sua concentração centrada e não os sobrecarregue. Concentre sua energia vital e guarde suas forças. Mantenha a mente em estado de prontidão (contra a frouxidão) e desenvolva "planos" incomensuráveis (ver Capítulo 1) para manter seu trono de poder (equanimidade).

23. Ponha sua volição no campo do pensamento, sabendo que não há como voltar a velhos hábitos e padrões, e esteja disposto a expressar uma estratégia de "não retorno" para superar qualquer limitação. Se você conseguir, não há nada que você não vai ser capaz de fazer (ou superar), e seu corpo/mente/espírito vai ser pleno, fortificado e revigorado (uma grande cura vai acontecer).

24. Hábitos/ciclos repetitivos de pensamentos vão ficar desesperados/obstinados para permanecerem enraizados no campo da percepção. Se não há refúgio, eles vão ficar mais difíceis e sem medo de "atacar" sua concentração.

25. Assim, sem esperar para ser controlada, a Consciência Concentrada vai estar alerta, atenta/presente, mantendo uma presença e uma obediência fiéis para preservar a ordem e o equilíbrio nas regiões da mente.

26. Proíba a ilusão de presságios e dúvidas supersticiosas que fazem com que seu ego (o Eu comum) se perca. Dessa forma, quando o campo da percepção estiver limpo, um grande aborrecimento não vai ser temido.

27-30. Se nossos "soldados" da consciência não são sobrecarregados pelas crenças de ganhos e perdas, mas podem superar sua percepção da realidade com coragem, eles vão reconhecer a força para cortar o pensamento pela raiz, assim que ele surgir, antes que possa se espalhar (permear), ou despertar a consciência. É por meio do Caminho Delicado da imparcialidade — *ver todas as experiências como um todo e a consciência e a percepção não como inimigas na guerra* — que uma pessoa vai experimentar uma presença constante de Plenitude, como a realidade percebida definitiva.

31. Por isso, não é suficiente depositar a confiança na reunião dos sentidos e no alojamento de emoções no campo mutável da percepção.

32. Coragem para impor uma vontade forte (volição) sobre os sentidos e emoções é o princípio mais elevado da conscientização.

33. Relevar as entradas e saídas no campo da percepção, através de investigação e observação, é a melhor maneira de identificar seus pontos fracos/fortes (suas oportunidades de dominar suas deficiências percebidas).

34-37. Assim, um Observador habilidoso vai impor a Consciência Concentrada sem esforço, como uma sentinela silenciosa e digna em harmonia, para manter a ordem mental (equanimidade). O Observador deve ser capaz de confundir os pensamentos/ideias que surgem (até esmo o corpo) empregando uma falsa imparcialidade, um não envolvimento despreocupado. Ele deve manter os pensamentos que surgem na ignorância, mudando de estratégias com indiferença, de modo que o inimigo de pensamento não vai ser capaz de antecipar o verdadeiro propósito: manter a calma e o equilíbrio.

38-40. No momento crucial em que o Observador exerce uma vontade (volição) clara através do campo da consciência, e interrompe os fluxos de pensamento, é como chutar a escada depois que alguém subiu em uma árvore, tornando a retirada impossível. A essa altura, a volição tem toda a vantagem para romper limitações enraizadas; o negócio do Observador é garantir que não haja "combustível" ou "suprimentos" para que a limitação torne a voltar.[40]

41. As medidas diferentes adequadas aos nove campos da consciência — a conveniência de concentração estratégica e reconhecimento de limitações básicas experimentadas como resultado da natureza humana — devem ser prontamente estudadas.

42-51. Quanto mais fundo sua consciência (ou os raios do Sol Interior) puder ir para penetrar (com volição) os Nove Campos (Imparciais) da Percepção, uma maior coesão vai amadurecer. *Todos os fenômenos que surgem são imparciais, até o momento em que são vistos como intrusões.* Portanto, mantenha a unidade contemplativa; acelere o estado de alerta e consciência para impedir que os pensamentos se enraízem e precisem de atenção; esteja vigilante; garanta que os pensamentos não tenham permissão de se conectar e se multiplicar — consolide-os; mantenha sua energia vital abastecida; imponha sua vontade sem esforço, mesmo quando parece que a resistência é a melhor maneira de recuperar a concentração, especialmente quando ela parece estar cercada.

[40] Para oferecer uma ilustração contemporânea, pode parecer muito como se todo um fantasma ou espectro não convidado (como representados visivelmente nos filmes de terror) que estava assombrando você, ligado a seu espírito, agora foi embora e deixou o lugar vago; isso vai anunciar uma experiência de puro silêncio, conforme a consciência se expande no vazio, tomada de alegria, sem ter mais o fluxo de pensamento ou limitação em que pensar ou que prestar atenção ou ao qual dedicar energia. Você pode até se perguntar o que mudou ou aonde isso foi, mas não dê importância, abraçando a liberdade e a vitória.

52. Nós não podemos entrar em aliança com a harmonia até estarmos familiarizados com todo o nosso campo da percepção (e tudo o que ele contém). Não somos adequados para liderar nossa Consciência Concentrada "na marcha" para encarar nossas percepções da realidade até podermos reconhecer como elas são sentidas/interpretadas (altas/amplas, de perto, de forma estreita, de forma distante, ziguezagueando, se dividindo etc.) além do que vemos como realidade comum — se não "vemos" o processo de pensamentos, não vamos ser capazes de criar uma vantagem natural permitindo sem esforço e usando a concentração centrada.

53-57. Ser ignorante dos seguintes princípios vai impedir que a harmonia amadureça: impedir que pensamentos concentrem sua força contra a vontade; impedir que eles se multipliquem; manter uma consciência indiferente de modo que a limitação não antecipe sua remoção, tornando fácil desenraizá-la. Aumente sua vontade através da alegria e da paz, e sua Consciência Concentrada vai se estender até as regiões mais distantes da percepção; vai confrontar ideias que surgem espontaneamente com volição, mesmo que você não ache que possa alcançar um sucesso pleno.

58. A Consciência Concentrada, com uma volição forte, pode ir a qualquer lugar no campo da percepção e vai continuar a se expandir e nunca vai ser desalojada.

59. Frequentemente, quando as limitações parecem estar em seu ponto mais forte, podemos afirmar nossas vontades com apenas um pouco mais e sairmos vitoriosos.

60. O sucesso na guerra mental é alcançado investigando cuidadosamente a natureza de nossos pensamentos e percepções: *De onde eles vêm? Como eles foram gerados? Por que presto atenção a eles? Como eu os sinto? Por que as mesmas ideias se repetem e se multiplicam?*

61. Ao refletir persistentemente sobre a natureza da percepção (e como pensamentos aparecem e operam), vamos ter, no longo prazo, sucesso em ocuparmos nosso assento de poder no Sol Interior.

62. Isso se chama de habilidade de alcançar a vitória através de cálculos e astúcia (razão).

63. No dia em que você ocupar seu trono no centro do campo da percepção (Sol Interior), bloqueie seus sentidos, se desconecte das emoções, assuma o poder sobre o corpo para não abalar a concentração.

64. Tenha rigidez com sua habilidade de dirigir a energia vital para obter favor e controle sobre os sentidos, emoções e órgãos.

65. Se um pensamento deixa uma porta aberta (surge), você precisa correr para fechá-la.

66. Antecipe seus pensamentos desviando a atenção consciente; planeje para impedir que o fluxo de pensamento se multiplique.

67. Ande pelo caminho definido pela disciplina e estabeleça uma volição inquestionável para romper de forma decisiva com o poder de qualquer limitação.

68. No início, então, demonstre reservas, de modo que o pensamento não antecipe sua vontade e crie automaticamente uma resposta habituada. Então elimine imediatamente qualquer chance de que ele exerça influência sobre você utilizando sua vontade concentrada, e sua vontade vai permanecer sem oposição.

INTERPRETANDO A SABEDORIA VIVA DE SUN TZU

Sun Tzu nos oferece um método para dominar a unidade consciente e a equanimidade através da identificação dos Nove Campos (Imparciais) da Percepção, que são neutros. Isso significa que, quando um pensamento ou imagem aparece, ele não é intrinsecamente bom ou mau, apenas você pensar que ele é uma das duas coisas o torna isso. Nós podemos utilizar os nove campos para ver isso com ainda mais clareza.

Se você tem um pensamento incômodo sobre o trabalho, por exemplo, ele com mais frequência vai reaparecer na mesma "área" e exibir a mesma emoção. Sabendo disso, nós começamos a ver ciclos e repetições menos como uma coisa *acontecendo* conosco, mas como gerados automaticamente e, portanto, algo que somos capazes de monitorar e regular. Lembre-se: Sun Tzu presume que já estamos em um estado de perfeição, que os raios do Sol Interior estão permeando nosso campo de percepção, desvelando Plenitude. O tipo de encontro gerado por meio de pensamento/imagem/ideia vai ou diminuir ou fortalecer o alcance do Sol Interior.

Sun Tzu sugere que esses obstáculos (frequentemente) percebidos são simplesmente reflexões que surgem, nem boas nem más. Se interagir com elas (ou pensar sobre o que nos vem à mente), você vai ficar parcialmente nublado; se for sugado, nuvens de tempestade vão aparecer; se deixar que elas passem e não ganhem seu foco, vai ficar ensolarado. Estar em plena vista do Sol Interior é experimentar Plenitude (ou equanimidade). Estar parcialmente nublado significa que sua concentração e atenção estão desequilibradas, e assim por diante.

Além disso, não temos nada a obter, nada do que livrar nossa mente. Podemos observar nossa mente, ver como/quando nossos pensamentos surgem e sua textura — ou como eles aparecem para nós e onde nós os sentimos. Ao fazê-lo, isso torna-se útil para a próxima vez, até você reconhecer onde (figurativamente) no campo da percepção o pensamento surge, e como ele é sentido, para conhecer seu poder e como impor a vantagem através de concentração mais profunda.

Aos poucos, quanto mais você obtém conhecimento de como sua própria mente, e os pensamentos que ela gera, funciona, mais você pode prever suas reações; você também vai vê-los como padrões e ciclos e vai ser menos levado por eles.

PRIMEIRA LIÇÃO (1-19): SENTINDO E NOS SINTONIZANDO COM PENSAMENTOS

Este capítulo começa a articular a estratégia que podemos começar a aplicar para perceber pensamentos/ideias em nossa consciência sem limites. Recapitulando, eles não são nem bons nem maus, mas imparciais, e incluem (a) espalhados; (b) não resistentes; (c) os poucos abalam os muitos; (d) vastos, sem necessidade de retroceder; (e) que se cruzam; (f) prolongados; (g) intrusivos; (h) circundantes; (i) esvaziados.

Como estamos observando nossos pensamentos, não vamos ficar muito surpresos com essa informação. Em vez disso, podemos sentir uma afinidade próxima com nosso campo da percepção e da verdade de sermos capazes de sentir nossos pensamentos em um nível maior. Mesmo que pareça novo para nós levarmos em conta que nossos pensamentos vêm e vão como ondas de rádio através de um campo invisível, podemos aplicar o ensinamento.

Algumas pistas apresentadas por Sun Tzu incluem perceber pensamentos que "parecem" ou podem ser intuídos no campo:

- *Espalhados* para conquistar ou escapar de sua atenção.
- A *pequena distância*, indo e vindo desafiadoramente em ciclos, como ondas do oceano, para ganhar ou roubar a vantagem.

- Alguns poucos que podem abalar com facilidade sua concentração forte (*dos muitos*).
- *Um campo vasto*, se comunicando com facilidade e se conectando com outras ideias/conceitos livremente.
- *Convergindo e se entrecruzando*, até mesmo emaranhados.
- *Prolongados* — ou *esticados* —, até mesmo *hostis*, se a concentração é perdida.
- *Montanhosos*, difíceis de chegar ao topo.
- *Cercando e restringindo*, até mesmo circundando.
- *Um vale estreito, profundo e vazio.*

Quando sentimos e nos sintonizamos com nossos pensamentos de forma mais precisa, podemos encará-los de diversas maneiras, de modo a manter nosso equilíbrio — eu comparo isso com um exemplo contemporâneo, como andar pela calçada em uma cidade movimentada: eu estou apto a encontrar todos os tipos de pessoas, atividades, passeadores de cachorros itinerantes, barulhos etc., e não pensaria em gritar nem ficar com raiva como um meio de navegar, mas eu iria espontaneamente girar e entrar e sair fluindo da comoção ou dos distúrbios, sem perder a batida.

Sun Tzu nos dá conselhos sobre como fazer a mesma coisa com vários tipos de pensamento:

- Com pensamentos espalhados ou divididos — não se envolva com eles.
- Quando os pensamentos não são resistentes e estão indo e vindo — não pare para lhes dar nenhuma atenção.
- Quando há poucos pensamentos (que podem dominar seu foco) — também não se envolva com eles.

- Quando pensamentos parecem estar se entrecruzando — empregue a concentração sem esforço.
- Quando pensamentos parecem se prolongar e se esticar como um elástico — utilize sua vontade para reestabelecer a concentração.
- Quando os pensamentos são invasivos — mantenha a concentração avançando com constância.
- Quando seus pensamentos estão hiperfocados — recorra a um estratagema (ver Capítulo 3).
- Quando seus pensamentos parecem estreitos e profundamente arraigados — lute para recuperar a concentração.

Para empreender essas ações, explica Sun Tzu, nós precisamos nos tornar Observadores habilidosos do campo imparcial da percepção. Em outras palavras, quanto mais examinamos nossos pensamentos, mais vemos os estados mentais que estamos levando adiante em cada momento. Então, se seu fluxo de pensamento parece um circo, o mesmo vai acontecer com sua vida; se seus fluxos de pensamento parecem arame farpado se entrecruzando, sua vida vai ser igual; da mesma forma, se você tem algumas reflexões surgindo e um fluxo constante de calma, sua vida vai assumir a mesma presença ou clima.

A outra chave é que nada no campo é permanente. Pensamentos são viajantes. Somos nós que os impedimos de seguir em frente — alguns de nós estão proporcionando a eles hospedagens de hotéis cinco estrelas! Lembre-se: o que parece evidente e importante *pode não ser*, com mais investigação. Da mesma forma, todo pensamento é imparcial, então comece a usar essa sabedoria e reconheça a natureza de seus pensamentos.

O estresse está na rapidez — na ideia de que estamos trabalhando depressa antes que nossos pensamentos se deixem levar. Quanto mais não reagirmos, mas anteciparmos, nosso hábito do fluxo de pensamento/pensamento habitual, mais é provável que possamos dominar nossos esforços e levar nossa consciência a um novo lugar onde os pensamentos não têm restrições e têm permissão para chegar e ir embora.

SEGUNDA LIÇÃO (20-32): AFIRMANDO E MANTENDO A VOLIÇÃO

Quando começamos a sentir/nos sintonizar com os Nove Campos (Imparciais) da Percepção, podemos começar a estabelecer ainda mais nossa concentração e atenção. É um processo gradual em que sentimos estar avançando um pouco, então damos também um passo para trás. Isso pode ser comparado a andar de escada rolante para o próximo andar; você tem uma perna em um degrau, e a outra seguindo atrás; e você está subindo entre degraus, às vezes alto ou baixo, mas no fim você chega ao topo, com os dois pés chegando juntos. Uma das ferramentas que vamos usar para manter nosso equilíbrio e estado natural de equanimidade, quando os pensamentos surgem, é afirmar nossa vontade — nossa volição profunda e nossa determinação de agir —, de modo que não vamos nos desestabilizar.

Como mantemos nossa força, nossa grande vontade, para superar as maiores dificuldades? Bem, é claro, com a ajuda de nosso Sol Interior, que está sempre brilhando por dentro. Nós nos sintonizamos a qualquer momento e usamos nossa intuição para reconhecer nosso estado já perfeito e reclamar nossa conscientização dele. Nós "ouvimos" e "sentimos" o caminho a seguir (figurativamente) usando a nossa intuição, que vem sem esforço, mesmo quando nossas mentes estão em caos ou hiperfocadas. Ela é apenas mais difícil de ouvir. Se em momentos de calma mental nós conseguimos "saber" como soa/se parece nossa intuição, então quando nossa mente está disruptiva, nós estamos mais capazes de sentir o empurrãozinho e acabar mais rápido com a disrupção.

É por isso que Sun Tzu aconselha a manter a mente flexível e em um estado de prontidão. Nós podemos fazer planos ativamente e estar preparados para adotar uma estratégia. Somos constantemente capazes de avaliar os "custos da guerra (mental)" se ficamos negligentes ou preguiçosos (ou qualquer das outras interrupções que emerjam). Momento a momento, podemos negociar e discernir os pontos fracos e fortes dos pensamentos que estão aparecendo; nós criamos uma estratégia. Passamos a conhecer nossas mentes melhor do que conhecemos o caminho até a mercearia local! Aí podemos incorporar os outros ensinamentos, como calcular nossa natureza; variar nosso método por meio de interrupção e desviar nossos pensamentos — enquanto isso estando embasados na concentração. E nós ficamos muito bons nisso.

A Consciência Concentrada (ou contemplação), com volição, torna-se seu novo superpoder, quando você lida com os pensamentos que surgem e os sente nos Nove Campos (Imparciais) da Percepção. Como diz Sun Tzu: para exibir volição, começamos a expressar uma *estratégia "sem retorno" para superar qualquer limitação. Aí não há nada que você não possa fazer ou superar.* É como quando você diz "não", e isso realmente significa *NÃO*. É como quando você se vê dizendo, fazendo e pensando os mesmos padrões, e acaba com eles prometendo "não ter retorno". É isso. Está feito. Basta. Você não vai deixar que o pensamento ou padrão retroceda, apenas para voltar novamente para outro emaranhamento. Você simplesmente terminou.

Mais ferramentas a levar em conta ao impormos nossa vontade incontrolável incluem continuar a ver pensamentos com imparcialidade. Acabe com seu poder de estarem "certos/errados", ou qualquer outro pensamento dualista. Ao despertarmos nossa conscientização, não vamos mais ver "inimigos em guerra", mas uma presença contínua e constante, como a suprema realidade perceptível. (Empolgante, certo?) Portanto, nós não precisamos mais seguir nossos sentidos ou emoções — não precisamos reagir da mesma forma que fazíamos, mas podemos liberar ou aplicar nossa vontade corajosa e criar um novo futuro adiante.

TERCEIRA LIÇÃO (33-68): CRIANDO E OBTENDO VANTAGENS

Nossa habilidade de avaliar nossos pensamentos por meio de investigação e observação é o melhor meio de identificar nossos pontos fortes/fracos. Nós ficamos como a sentinela silenciosa, indiferente e observando sem esforço, para antecipar o que vai acontecer em seguida em nossa mente; nós mudamos de estratégia, se necessário, e mantemos a calma.

Quando chega o momento crucial de sucumbir ao pensamento ou superá-lo, podemos impor a vontade com clareza para cortar o pensamento — como chutar a escada depois que uma pessoa subiu na árvore —, tornando impossível a retirada, enquanto ganhamos vantagem. Nós trabalhamos depressa, recuperando o equilíbrio. Mas nós pegamos leve com nós mesmos se não conseguimos fazer isso. As recompensas mantêm o Sol Interior brilhando, nossa intuição fluindo, e nossas ações externas mais alinhadas com a calma e o equilíbrio para não criar mais desordem.

Seja prudente ao resistir a pensamentos: pode parecer que queremos detê-los e que ficamos com raiva ao fazer isso, mas deixá-los ir é o caminho delicado para obter a vantagem.

Por último, quando nossos pensamentos parecem marchar adiante, e nós os sentimos e interpretamos (altos/amplos, próximos, estreitos, distantes, se entrecruzando, se dividindo etc.), podemos começar a criar vantagens naturais por meio de permitir sem esforço e concentração centrada. Embora inicialmente não percebamos um pensamento quando ele surge, quando fazemos isso, podemos confrontá-lo espontaneamente com volição, mesmo que achemos que não temos como alcançar o sucesso absoluto. Nós podemos ir a qualquer lugar com consciência expansiva e nunca nos abalarmos. Nós devemos ter medo, mas atenção plena à forma como podemos ser abalados ou interrompidos. A chave é lembrar que quando a limitação parece mais forte, nós podemos *empregar* nossa vontade só um pouco mais e sair vitoriosos.

Para encerrar, Sun Tzu nos fornece mais sabedoria interior sobre os triunfos e tesouros de refletir consistente e continuamente sobre a natureza da percepção, de modo a saber honestamente como ela opera e cria nossa realidade, nossas vidas. Nós vamos ficar tão bons em conhecer nossa mente que assim que um pensamento entrar nela, nós vamos enfrentá-lo. "Se um pensamento deixa uma porta aberta (surge), você deve correr para fechá-la." É nossa escolha acabar com o poder da limitação.

PERCEPÇÕES E PENSAMENTOS NA VIDA DIÁRIA

Onde estão seus pensamentos? Vá em frente e aponte para eles. Eles não estão na sua cabeça, mas crescendo e se agitando no campo infinito e sem limites da percepção. O que é o campo da percepção? Tudo o que você está experimentando. Este capítulo oferece a você o próximo upgrade, digamos assim, para entender como pensamentos se formam e "aparecem" na mente.

Nós não precisamos usar linguagem sofisticada nem pensar por que estamos falando sobre temas científicos que não conseguimos entender ou são demasiadamente imponentes. Não, somos todos humanos e experimentamos mudanças de pensamento. Se pudermos examiná-las com mais compreensão do que temos agora, adivinhe uma coisa? Nós podemos começar a ver como estamos criando muitos de nossos problemas.

Você já foi pegar uma coisa na geladeira e ela caiu no chão? E isso aconteceu exatamente no momento em que você tinha de sair de casa com pressa e a última coisa de que você precisava era uma sujeirada para limpar. Se você vê isso como uma experiência negativa e impaciente, é isso o que ela é. Se você olhar para a situação com mais atenção, você deixou uma coisa cair. Está bem. Se foi uma criança que deixou a coisa cair — ah, está bem, isso pode ser perdoado, mas se foi um amigo bêbado que fez isso, talvez você devesse ter previsto isso.

Nós podemos ser muito severos em situações como essa porque queremos que a vida seja organizada. Ainda assim, esse é um momento importante — uma coisa caiu. A emoção está sendo *adicionada* para dar mais importância a ele e depende da forma como você percebe os detalhes (por exemplo, criança *vs.* amigo bêbado). Quanto mais pudermos nos envolver com como estamos fazendo essas determinações de aborrecimento, dificuldade, incômodo, bagunça, descuido... e como elas fazem contraste com fácil, feliz, leve, solto e assim por diante, mais podemos agir com tranquilidade e ver as experiências como neutras... e é aí que simplesmente fluímos.

Aos poucos, ao reconhecer e *conhecer a mente*, você se movimenta e pensa em harmonia, sem parar para obstruir todas as coisinhas com uma penalidade ou elogio.

A essência dos Nove Campos (Imparciais) da Percepção cobre a habilidade de ver onde o pensamento está surgindo, e quando você "sabe" isso, começar a reconhecer que o mesmo tipo de pensamento aparece no mesmo lugar, oferecendo a você o conhecimento prévio para agir imediatamente para criar mudanças em sua percepção.

Por exemplo, se você sentir um pensamento na região periférica (do campo da percepção) ou em uma passagem estreita, Sun Tzu diz a você *exatamente* o tipo de pensamento que vai aparecer aí, e exatamente como você vai agir como resultado, de modo que você possa planejar adequadamente. Quanto mais você faz isso, mais oportunidade tem de realmente criar mudanças benéficas e substituir o desequilíbrio por um modo de vida harmonioso e livre de guerra. Você antecipa seu próximo pensamento.

Se, por exemplo, você ouviu a notícia de que há um ladrão escondido na área montanhosa de sua cidade, sua reação pode ser não se preocupar. Se o ladrão ataca outra vez do outro lado do rio, você ainda pode não se sentir muito incomodado, mas pode pelo menos garantir que as portas de sua casa e de seu carro estejam trancadas. Se o ladrão ataca em sua vizinhança, você pode começar a verificar as portas e janelas de sua casa/carro com mais frequência. Quando o ladrão chega a sua rua, sua preocupação vai aumentar e se transformar em vigilância. Se o ladrão aparecer na varanda de sua casa, você vai lidar com isso imediatamente. Claro, o ladrão simboliza o pensamento e como ele aparece no campo da percepção: saber onde o pensamento aparece vai permitir que você sinta e perceba seu surgimento, então tome o tipo certo de atitude para "lidar" com ele.

Ao começarmos a ver a realidade menos como sendo criada de um pensamento para o seguinte — ou muitos ladrões se infiltrando em nossa concentração centrada —, ela naturalmente vai diminuir. Em troca, nosso futuro muda porque nosso corpo e nosso ambiente mudam — os pensamentos habitualmente desordenados não estão no controle, nossa intuição equânime está.

Sun Tzu explica que, quanto mais você afirma a Consciência Concentrada através do campo da percepção, mais você permanece em um estado de prontidão. Então, quando surgir um novo fluxo de pensamento (como um ladrão), você vai "conhecer" sua natureza com mais facilidade e "derrotá-lo", ou não dar a ele combustível/energia de pensamento.

Enquanto Sun Tzu usa paisagens comuns para nos fazer pensar sobre o "campo" da percepção, ou um campo de batalha, podemos usar imagens mais contemporâneas, como a maneira com que navegamos por nossas casas, trabalhos ou vizinhanças. Veja os exemplos seguintes para ilustrar os Nove Campos (Imparciais) da Percepção. (Esses são apenas exemplos e não são indicações de como pensamentos aparecem para você; eles são apenas oferecidos como um meio de ilustrar os princípios.)

(a) *Espalhado*: Quando você está sentado à mesa trabalhando em alguma coisa, todo pensamento/ideia está bem ali, pertinho, em seu campo de pensamento imediato, Quando você está lavando louça, em que você está pensando? Ao levar o lixo para fora, em que você está pensando? No chuveiro, em que você está pensando? Então no que mais você *também* está pensando? Nesse campo, pensamentos são localizados e espalhados, conforme a mente voa de uma ideia para a próxima.

(b) *Não resistente*: Quando há uma batida na porta, você não tem medo nem curiosidade, nem mesmo aborrecimento, você simplesmente tem interesse para ver quem é. Mas isso é o suficiente para interromper o que você estava fazendo. Para algumas pessoas, celulares/tecnologia são a "batida" na porta contemporânea, o dia inteiro.

(c) *Os poucos deslocam os muitos*: Se alguém passa pela sua janela, ou há uma obra na rua, ou crianças brincando, você pode ou não perceber. Mas você registra os distúrbios que chegam e se vão desafiadoramente em ciclos (como as ondas do oceano), para ganhar ou roubar a vantagem.

(d) *Vasto, sem necessidade de retroceder*: Barulhos de ruas distantes ou de aviões no céu também não têm a habilidade de roubar sua atenção, a menos que você os puxe para perto. Não importa o que aconteça, você tem livre-arbítrio para discernir, para encarar o problema e aceitar ou não a distração.

(e) *Formado por linhas que se entrecruzam*: Esse campo vai parecer como se você tivesse um varal de roupa estendido em sua casa, enquanto sua mente vai de um lado para outro entre ideias/conceitos. Por exemplo, a máquina de lavar está desequilibrada e fazendo barulho, enquanto o entregador precisa de uma assinatura; você trabalha de casa e tem de atender uma ligação ou está em uma reunião; uma motocicleta barulhenta passa perturbando; você tem uma discussão com um membro da família; a conta de água está vencida; você está com fome e tem de fazer xixi; um alerta de notícia avisa que o tempo está prestes a mudar e que uma bomba acabou de explodir em uma capital movimentada, matando muitos...

(f) *Demorado*: Pensamentos neste campo vão parecer com você carregando uma mangueira pela casa... por todo o caminho até seu carro... e seu lugar de trabalho... Você está pensando: *Eu desliguei a panela que estava no fogo antes de sair de casa? Acho que desliguei. Talvez eu tenha feito isso. Por que mesmo eu estava preparando aquele prato?, ninguém gosta dele. Eu me lembro de quando minha avó preparava isso para mim... aqueles eram bons tempos... Ela sempre fazia com que nos sentíssemos especiais. Qual era seu ingrediente secreto? Tenho certeza de que desliguei o fogão — eu não seria tão burro... embora, naquela vez... Eu tenho que voltar e verificar... Mas aí vou me atrasar. Eu odeio me atrasar...* Não, eu... *eu não sei...*

(g) *Importuno*: Este campo é como ter uma janela aberta no sótão durante uma tempestade de gelo e estar precisando ir até lá para fechá-la, mas os cinco lances de escada até lá estão bloqueados por pianos! Esses pensamentos são aparentemente insuperáveis e difíceis de atingir, sentidos geralmente acima de nós, balançando e se impondo em nosso campo de concentração.

(h) *Circundante*: Este campo é como ter o cachorro perseguindo o gato que está perseguindo um passarinho em torno de sua casa. Pensamentos circundam e cercam a mente, e se ganham poder, dão a você uma sensação de estar aprisionado; ou incapaz de deter o ciclo. Abuso mental, tortura e similares caem nessa categoria.

(i) *Esvaziado*: Este campo é como ter uma árvore nascendo no chão de sua casa. O fluxo de pensamento vai aumentar, um pouco, direto em seu campo da percepção para ganhar sua *atenção imediata*. Dessa forma, pode parecer que você atingiu o fundo do poço e não tem esperança de se libertar do pensamento. Acidentes, situações muito exigentes e acontecimentos traumáticos frequentemente aparecem dessa forma.

Você também pode comparar os Nove Campos (Imparciais) da Percepção com tipos diferentes de cachorro, de pequenos a grandes, que estão carregando ou "buscando" nossos pensamentos e os trazendo para nós; ou, se não conseguimos acionar nossa vontade, podemos pedir que os cachorros os levem embora.

A chave é ter criatividade e usar seu entorno no dia a dia como um meio de reconhecer que os pensamentos estão em movimento, mudando, se alterando e se entrecruzando em torno de você — o campo não tem limites. Quanto mais reconhecemos quando um pensamento "varal" está se formando, mais rápido podemos sem esforço e com facilidade permitir que ele não tenha impacto sobre nosso equilíbrio. Se o pensamento parece "esvaziado", e nós reconhecemos isso, vamos saber que ele precisa de atenção urgente, e podemos desmascará-lo, removendo seu poder sobre nossa concentração.

Lembre-se: todo pensamento aparece no campo como neutro. Como reagimos determina em que ele vai se transformar.

Nós regulamos nossa própria realidade, de modo que podemos potencialmente criar novas possibilidades, em vez de permanecer em um estado habitual de ameaça. Na verdade, quanto mais vemos como nossos pensamentos são previsíveis — ou habituais e comuns, e, *ah, lá vem ele de novo, outro pensamento sobre X* —, mais conseguimos sorrir e ver que estamos em uma repetição e superá-la, de modo que não tenhamos de permanecer pensando sobre as mesmas ideias.

Nós podemos tomar consciência dos ciclos. Pensamentos sobre assuntos pelos quais não nos sentimos afetados vão surgir novamente, só para descobrirmos que foram disparados e estamos fixados neles outra vez. Mas nós podemos deixar que eles passem de forma muito suave e seguir em frente. Nós podemos simplesmente não tomar parte das ruminações, especialmente quando estão se repetindo. Às vezes, quando pensamentos estão na região periférica, você pode até dizer, *Hm, eu não pensava nisso há séculos* — e, dito de forma simples, *isso é bom*! Não faça isso. Se você continuar a pensando nessas coisas, é como chamar o ladrão na montanha e convidá-lo a sua porta.

É fácil (e reconhecível) fazer isso com pessoas: uma pessoa em que não pensamos nem vemos há anos vai aparecer nas franjas de nossa percepção como uma sombra, e podemos arrastá-la para o vazio próximo, e torná-la sempre presente — ao ponto de até mesmo trazê-los pessoalmente para nossa realidade e receber um telefonema, ou ter um encontro "acidental". *Vejam com quem eu esbarrei.*

Ao observar a mente, você vai reconhecer que o que aconteceu não foi coincidência — ao contrário, você deu a isso toda a sua atenção, e como estamos todos conectados ao campo da percepção, podemos ver quando isso marca presença ou aparece, acontecendo simplesmente porque você pensou nisso! Isso vale para todas as coisas que você deixou de lado e então começou a pensar sobre elas outra vez. Não há nenhuma necessidade de puxar ou se agarrar a nada em seu raio de percepção. Se você fizer isso, vai estar essencialmente criando um futuro com velhos distúrbios.

Mantenha os pensamentos fluindo e mantenha em vez disso sua concentração e atenção.

Quanto mais você estiver disposto a cuidar do campo da percepção da mesma maneira que varreríamos o chão — com movimentos delicados —, mantendo as coisas limpas, mais podemos manter nossa força, e com mais facilidade vamos mudar percepções, de modo que nosso Sol Interior brilhe forte outra vez sobre todo o território da mente.

O DÉCIMO PRIMEIRO PASSO NO CAMINHO OCULTO PARA A PAZ E PLENITUDE

1. *Aplique o Caminho Oculto para a Paz e a Plenitude da melhor maneira que ele se revelar a você para estabelecer os Nove Campos (Imparciais) da Percepção agora mesmo.*

2. *Reconheça oportunidades, momento a momento, para misturar a maneira como você percebe pensamentos a sua volta. Ao sentir um pensamento acima ou ao lado, ou bem perto, ou distante, perceba a força que ele tem ou como ele vai disputar sua atenção ou consciência centrada.*

3. *Perceba momentos ao longo do dia em que você é capaz de antecipar seus pensamentos, e então suas emoções, com base em onde eles apareceram em seu campo de percepção. Esteja disposto a ir devagar, se você está repetindo e habitualmente refletindo/sendo distraído pelas mesmas coisas; da mesma forma, fique igualmente relaxado quando você não estiver.*

***Os Nove Campos (Imparciais) da Percepção** são o décimo primeiro passo no Caminho Oculto para a Paz e a Plenitude. Quanto mais você puder identificar as maneiras pelas quais os pensamentos aparecem — e utilizá-las com o conhecimento do Capítulo 10 —, mais provavelmente você vai começar a ver a "verdadeira" natureza das coisas. Você vai ser menos enganado por seu pensamento, liberando sua consciência para repousar em seu estado natural de harmonia.*

Reflexões: Os Nove Campos (Imparciais) da Percepção

"Coragem para impor uma vontade forte sobre os sentidos e as emoções é o princípio mais elevado da conscientização."

— Capítulo 11

---

1. Explique (ou desenhe) onde você sentiu os seguintes tipos de pensamento surgirem: *(a)* espalhados, *(b)* não resistentes, *(c)* os poucos *abalam os muitos. Quais se apresentam como fáceis de sentir e quais podem ser mais difíceis?*

---

2. Explique (ou desenhe) onde você sentiu os seguintes tipos de pensamento surgirem: (d) *vastos, sem necessidade de recuar,* (e) *que se entrecruzam,* (f) prolongados. *Quais se apresentam como fáceis de sentir e quais podem ser mais difíceis?*

---

3. Explique (ou desenhe) onde você sentiu os seguintes tipos de pensamento surgirem: (g) intrusivos, (h) circundantes, (i) *esvaziados.* Quais *se apresentam como fáceis de sentir e quais podem ser mais difíceis?*

---

4. Escreva os pensamentos/ideias/imagens predominantes que você *está experimentando hoje e tente descrever onde você acha que eles aparecem no campo da percepção.*

5. *Pense em um momento em que um fluxo de pensamento pareceu te cercar e não havia como contorná-lo nem o atravessar. Sobre o que foi e como você superou isso?*

6. *Pense em uma vez em que você experimentou um pensamento que era muito estreito, realmente apertado e próximo (no campo da percepção). Não havia como olhar além dele, mas você tinha de lidar com ele. Sobre o que era e como você teve sucesso?*

7. *Conte uma vez em que você experimentou sua mente se entrecruzando em seu campo da percepção. Sobre o que era, e o que você fez para obter a vitória sobre ela?*

8. *Conte uma vez em que sua mente estava espalhada por todo o seu campo da percepção. Sobre o que era e o que você fez para superar isso?*

9. *Você percebe seus pensamentos como, na maior parte, importunos ou neutros? O quanto é fácil/difícil para você retornar sua concentração para a atenção centrada?*

---

10. *Você acredita que é possível ter uma mente silenciosa: o tempo inteiro, em parte do tempo ou raramente? Explique por quê.*

---

11. *Você percebeu que pensamentos aparecem em ciclos? Se percebeu, dê um exemplo. Se não, veja se consegue identificar um fluxo de pensamento que ocorre repetidas vezes durante horas, meses, dias/semanas ou mesmo anos.*

---

12. *Quando um pensamento recorrente continua reaparecendo em seu campo da percepção para se apoderar de sua concentração, o quanto é provável que você acredite que pode nunca mais ter esse pensamento outra vez? Que medidas você pode tomar para se livrar dele?*

12

A VONTADE SINCERA

1. Sun Tzu disse: há cinco maneiras de alcançar sua Vontade Sincera[41] nos Nove Campos (Imparciais) da Percepção para que a equanimidade se desenrole:

   a. "Eliminar" um pensamento acampado assim que ele aparece, exatamente no ponto de entrada em um dos Nove Campos (Imparciais) da Percepção.

   b. "Eliminar" as provisões do pensamento (atenção), para que ele não possa se enraizar mais.

   c. "Eliminar" os veículos do pensamento (sentidos) antes que eles tenham a chance de se multiplicar e se emaranhar através do campo da percepção.

   d. "Eliminar" as armas do pensamento (emoções), de modo que elas não possam reabastecer o campo da percepção com mais distração.

   e. "Eliminar" a companhia do pensamento de modo que ela não possa percorrer o espaço e o tempo (a eternidade eterna) e criar ciclos de hábitos infinitos para abalar a concentração.

2-4. Para que a Vontade Sincera estabeleça equanimidade, ela deve ser forte e ter tornado rotina afirmar a si mesmo sobre limita-

[41] A Vontade Sincera pode ser interpretada como volição unida com verdadeira devoção.

ções por meio de "testes" que basicamente eliminam os padrões e influências, dessa forma fortificando a vontade para incorporar a coragem para ter sucesso. Mesmo que fosse necessário enfrentar grande dificuldade para mudar um padrão há muito estabelecido (companhia do pensamento), ele saltaria, em um esforço para tentar, e ao fazer isso, estabeleceria uma rotina de sucesso que tornaria a intuição naturalmente mais forte.

5. Quando o Observador afirma sua Vontade Sincera, há cinco desenvolvimentos possíveis para os quais você deve estar preparado:

6. (a) Pensamentos que "irrompem" no campo de atenção, por isso lide com eles imediatamente.

7. (b) Pensamentos que aparecem mas permanecem neutros, então permaneça vigilante, mas não se envolva com eles.

8. (c) A vontade supera a limitação inicial, por isso, se possível, mantenha sua presença.

9. (d) Você vê uma forma de aplicar sua vontade primeiro, em vez de esperar que a desordem enfraqueça nossa resolução.

10. (e) Você aplica sua vontade, e as limitações retrocedem, mas esteja preparado para que elas voltem e "lutem desesperadamente" para recuperar uma base e impedir seu sucesso.

11. Uma Vontade Sincera pode superar uma limitação de uma vez por todas, mas uma vontade meia-boca não pode esperar conquistar um hábito rotineiro sem que ele torne a ocorrer.

12. Ao estabelecer uma presença de equanimidade desdobrada, você deve conhecer os cinco incrementos da vontade através dos ciclos de superação das limitações, que vão tornar a ocorrer se não forem tratados com forte volição.

13-14. Aqueles que usam a Vontade Sincera como um auxílio para desvelar equanimidade aplicam inteligência. A vontade deve ser forte e inamovível em sua habilidade para abalar limitações e padrões habituais antigos, ou ela pode ter suas crenças roubadas e cair na dúvida.

15. Infeliz é o destino daqueles que tentam estabelecer ordem/harmonia sem cultivar o espírito de iniciativa. Sem ele, é perda de tempo, porque seu esforço vai estagnar.

16. Por isso o ditado: *O Observador iluminado faz seus planos antecipadamente, enquanto a concentração estabelecida cultiva conscientização.*

17. Não se movimente a menos que você veja alguma vantagem; não use sua vontade a menos que haja algo a ser ganho; não se envolva a menos que a posição seja crítica.

18. Nenhum Observador deve usar sua vontade para se exibir ou por orgulho/arrogância.

19. Se é para seu proveito impor sua vontade, então faça isso; se não, mantenha seu foco contemplativo.

20-21. Com o tempo, mesmo quando a raiva e a irritação surgirem, você vai reconhecer um estado interno de calma e felicidade geradas com naturalidade (equanimidade) e vai saber que superou um aspecto de seu Eu que não vai voltar.

22. Por isso, o Observador iluminado é cauteloso para não permitir que os sentidos/pensamentos restrinjam a vontade, permitindo que a equanimidade se desenrole como seu estado natural, portanto, sempre criando um estado de consciência harmonioso e pacífico.

INTERPRETANDO A SABEDORIA VIVA DE SUN TZU

Sun Tzu fornece uma ferramenta útil para navegarmos por nosso campo de batalha mental — nossos campos da percepção — e, em vez de usar agressividade ou resistência, temos a nossa disposição a Vontade Sincera. Nós podemos olhar para a Vontade Sincera como nossa devoção impossível de deter, um "fogo" que significa nossa habilidade de queimar pensamentos e obstruções percebidos pela mente que parecem impedir que nosso Sol Interior brilhe no fluxo e no equilíbrio (Plenitude).

Quando empregamos nossa Vontade Sincera, nós "queimamos" as coisas que normalmente perceberíamos como obstruindo nosso campo de visão para ver a natureza do mundo com clareza (como a fênix se reerguendo das chamas). Em palavras simples, o campo da percepção é livre de pensamentos/conceitos, e uma liberdade de silêncio/quietude permanece como a realidade suprema.

PRIMEIRA LIÇÃO (1-10): "ELIMINANDO" DISTRAÇÕES E MUDANDO SEU PENSAMENTO

Ao viajar pelo Caminho Oculto para a Paz e a Plenitude, Sun Tzu está nos dando a oportunidade de nos libertarmos — de reorganizarmos o modo como lutamos a guerra no campo de batalha da mente, nossa vida inteira, em favor de descobrir métodos novos, que vão livrar nosso campo de julgamento, preocupação, medo, competição, dúvida, ódio — ou mesmo estados mentais elevados de alegria que podem cair em depressão. Há um caminho à frente que incorpora serenidade, alegria e equilíbrio como uma escada para a Plenitude.

Ao usarmos os Nove Campos (Imparciais) da Percepção, podemos empregar as cinco maneiras pelas quais nossa Vontade Sincera pode produzir (ou dar as boas-vindas à) equanimidade como um estado de realidade natural e de ocorrência normal.

Para fazer isso, podemos reconhecer a maneira de usar nossa vontade para "eliminar" um pensamento acampado assim que ele aparece; nós podemos usar o poder de nossa vontade para "eliminar" as provisões do pensamento (distrações), para que eles não possam se enraizar; também podemos usar nossa vontade poderosa para "eliminar" os sentidos e emoções antes que eles tenham a chance de se multiplicar e emaranhar nosso campo da percepção.

Por último, nós podemos reconhecer a forma como nossa vontade pode ser afirmada para "eliminar" o que parece ser todo um exército de pensamentos que se aprofunda e limita nossa expansão consciente através do espaço e do tempo, criando ciclos de hábitos intermináveis para abalar a concentração.

Ao aplicarmos todo o nosso coração — nossa devoção — em vez sermos duros e resistirmos, podemos anunciar a beleza em nosso centro, que é e sempre vai ser alegre e paciente. Nós podemos experimentar ciclos que parecem "testes", que nos ajudam a "eliminar os padrões e influências", e então, se formos atentos e não cedermos a nossos hábitos de sempre, podemos ver mudança e ter mais coragem para seguir em frente.

É um processo: nossa intuição está sempre presente, mas, conforme regulamos nosso campo da percepção, confiamos mais nela, o que, por sua vez, desvela nossa coragem e determinação para crescer e perseverar. Nós não tomamos mais nossos pensamentos como simplesmente verdadeiros, nós os questionamos, e então nós fazemos a eles e a seu poder em pedaços. Assim o sucesso é mais possível.

Além disso, Sun Tzu nos diz o que planejar para quando começarmos a romper com o poder do pensamento *costumeiro* e mudar para um novo pensamento. Com certeza e devoção, podemos criar uma estratégia para obter a vantagem sobre os cinco possíveis incrementos: pensamentos que irrompem rapidamente e devem ser tratados imediatamente; pensamentos que aparecem mas parecem inofensivos — nós precisamos ficar vigilantes, exercendo nossa vontade, de modo que eles não ganhem terreno e atrapalhem nossa concentração. Nós também temos de manter nossa vontade forte depois que neutralizamos uma limitação, porque ela vai aparecer outra vez para nos testar ou apenas disputar nossa atenção.

Nós nunca devemos esperar que nossos pensamentos enfraqueçam e se dissolvam, mas aprender a aplicar a atenção concentrada para superá-los. É preciso ouvir de verdade, e escutar, o que repetimos, pois frequentemente fazemos isso automaticamente ou reagimos através de hábitos profundamente enraizados em nosso subconsciente. Se pudermos perceber e aplicar nossa Vontade Sincera, que é abastecida por nossa devoção, o pensamento ou limitação vai recuar — ou, como diz Sun Tzu, eles "se quebram". Nós precisamos permanecer vigilantes, pois podemos acreditar que os superamos, só para ver o padrão de pensamento voltar e abalar nosso foco. Em suma, não deixe que nada — nenhum pensamento, crença, ação, pessoa, tradição, opinião pública etc. — impeça que você supere suas limitações.

SEGUNDA LIÇÃO (11-22): COMEÇANDO A VER MUDANÇAS

Nossa Vontade Sincera pode superar qualquer coisa. Somos (atualmente) levados a perceber dualidade, e quando regulamos essas ideias e as questionamos, ou não as seguimos, damos a nós mesmos espaço para ver de maneira diferente. Nós podemos começar pequeno, verificando a forma como pensamos e como nossos pensamentos nos limitam. Qualquer visão limitante ou pensamento que temos, nós podemos superar. O mundo material é moldado por nossos pensamentos, e precisamos não acreditar no que sempre acreditamos sem questionar. Quanto mais aplicarmos nossa vontade, mesmo que com indiferença, mais vamos começar a ver mudanças.

No fim, em nosso Caminho para a Paz e a Plenitude, é preciso sintonizar com nossa vontade corajosa, com devoção, integralmente, para realmente conquistar esses hábitos que nos enganaram por toda a vida e impedir que eles tornem a ocorrer. Se fizermos isso, Sun Tzu nos mostra que nossa consciência vai se expandir, quando ela se torna unida com o Todo. Quanto mais usarmos os cinco implementos da Vontade Sincera, mais os conhecermos e os trabalharmos através de nossos próprios ciclos, mais vamos desenvolver uma fortaleza inabalável para manter a serenidade.

Depois de vermos mesmo uma pequena mudança, vamos ficar estimulados a fazer mais, e não vamos nos deter quando (percebermos) fracasso ou experimentarmos contratempos. Nós temos trabalhado para romper com esses hábitos, ganhando mais liberdade para nós mesmos. Nós usamos a inteligência para "conhecermos" a nós mesmos, para sermos firmes e inamovíveis como um exército na guerra, para abalar aqueles pensamentos e padrões habituais antigos, para podermos roubá-los de sua crença.

Além disso, Sun Tzu nos mostra que, por meio da iniciativa, podemos superar a sensação de peso que pode nos levar a pensar que "trabalhamos duro" ou "duro o bastante". Em vez disso, nós seguimos em frente, sem permitir que a estagnação obscureça nosso esforço. Em vez disso, começamos a ver que podemos fazer mais e mais, sem esforço, com nossa energia ilimitada; nossa forte devoção faz com que possamos fazer ainda mais do que achávamos ser comum, e mais rápido.

Ao ficarmos concentrados e ilimitados, vemos um amor inato pelo que podemos fazer, o que permeia nossas ações, de modo que não vemos mais a vida como uma tarefa; ou o trabalho como um fardo; ou separamos uma vida de trabalho de uma vida de diversão; ou uma vida espiritual em oposição a uma vida não espiritual; ou um passado traumático e um presente feliz. Em vez disso, reconhecemos a vida como um todo coeso, ecoando com serenidade em todas as ações e direções. O trabalho mundano se torna outra chance de aparecer como seu Eu dinâmico e sem limites.

É por isso que Sun Tzu diz: "O Observador iluminado faz seus planos com antecedência, enquanto a concentração estabelecida cultiva consciência." Nossa vontade faz o futuro que sempre sonhamos (ou sempre sentimos) ser possível; embora tenhamos passados anos vivendo nossa vida de um jeito, podemos, no próximo momento, estabelecer uma nova determinação, apoiada por nossa devoção e nossa vontade e vivê-la como nova. Nós fazemos isso superando as crenças estabelecidas que nos atrasam.

Na verdade, impomos nossa Vontade Sincera um passo de cada vez, e aos poucos confiamos em nossa intuição (Sol Interior), que podemos ouvir e com a qual estamos conectados. Nós não temos mais de ouvir as reclamações e as limitações do pensamento binário interno, de modo que cada dia produz um estado de paz, harmonia e conscientização, sempre.

O MODO SINCERO DE VIVER

Quando começamos a empregar nossa vontade e devoção estrategicamente e com sinceridade, podemos começar a "ganhar" batalhas contra nossa mente habituada que está antecipando com regularidade nosso próximo movimento antes que realmente façamos isso. Por exemplo, quando você entra em seu carro, você vai fazer isso sem pensar, porque o corpo prevê o que geralmente vem em seguida e faz isso. Seria a mesma coisa se uma pessoa que tenha parado de tomar café fosse a um café — nas mesmas circunstâncias e ambiente, seu corpo ia sentir e operar como sempre fez, e muito provavelmente ia pedir um café, mesmo que fizesse algum tempo desde que a pessoa bebeu um.

Para superar a programação, é preciso muita vontade. É preciso volição para reconhecer seus hábitos, o que o está limitando, e superar isso. É preciso vigilância e exame constantes. O "truque" dos hábitos e das percepções dos pensamentos existem há muito tempo — inclusive desde respostas da infância, do passado (ou de vidas passadas), então nós frequentemente respondemos e reagimos como sempre fizemos — e *continuamos* a fazer. Nós aceitamos a emoção ou sensação como habituais e normais. Por exemplo, se você acorda com o som de um trovão e sente medo porque você sempre sentiu, então você vai aceitar isso repetidas vezes. É preciso investigar a sensação de medo e porque ele está presente para eliminá-lo. Se somos crianças ou adultos, nossos medos ou fobias começaram em algum lugar. Nós parecemos programados a continuar tendo as mesmas reações, mas isso não é necessariamente verdade; segundo Sun Tzu, nós podemos mudar como pensamos e reagimos.

Quente e frio são outras duas formas de dualidade que podem ser perdidas ou aceitas como rotineiras e normais. Ou pegue faminto e saciado — estados alegres e felizes podem ser vistos como "melhores que" um estado que parece um fracasso ou uma dificuldade. Se nunca questionamos o que gostamos e o que não gostamos, então quando nos encontramos com eles, eles se tornam reações ou respostas repetitivas. Mas nós podemos parar de resistir e sermos curiosos em relação à por que começamos a nos sentir desse jeito, em primeiro lugar. Talvez haja uma experiência conectada a isso que podemos superar com delicadeza, ou revisar e reinterpretar para produzir um novo resultado para nós mesmos, em vez de um resultado essencialmente automatizado.

Quando observamos o vai e vem de nossa mente ditando uma sensação de ou um ou outro, podemos ver que não somos o Mestre Sol, mas o prisioneiro que muda de calor para frio, mais quente e frio outra vez: os dois podem ser levados a um equilíbrio mental delicado para não ser controlado por isso. Quando parece muito difícil se libertar mentalmente de um fluxo de pensamento, nós empregamos as estratégias de Sun Tzu, incluindo a investigação e o cálculo e, pelo menos, reconhecemos estarmos vivos para experimentar a "dificuldade" para restaurar algum equilíbrio, através de apreciação da experiência de uma pessoa, como um meio de impedir que a ideia se arraigue mais.

Nossa Vontade Sincera é o meio de recuperarmos nossa mente, nosso corpo e nosso espírito, e trazê-los para o controle da intuição, para deixar o desequilíbrio da mente dual e estar de acordo com nosso entorno. Nós podemos iniciar com o que quer que esteja nos estorvando agora. Para começar, Sun Tzu diz que mesmo agir com indiferença é melhor que deixar que nossa consciência seja varrida.

Ao regularmos nosso campo de percepção, sentindo pensamentos e superando interrupções, vamos experimentar níveis de felicidade, ou verdadeira devoção, como um estado comum. O que pode acontecer aqui é que depois que chegarmos "lá" (que experimentamos alegria ou uma sensação de superfelicidade), corremos o risco de cair desse estado; nós podemos verificar para ver o que fizemos de errado, ou como deixamos nossa alegria escapar. A equanimidade é um estado de calma constante, então até a alegria extrema traz uma falsa sensação de uma experiência que é considerada "melhor" e, pior, ela pode até se tornar viciante. Isso não deve ser confundido com a harmonia ou a serenidade. Quando experimentar seu Som Interior, você vai reconhecer a diferença.

A chave é ver que há um estado emocional balançando de um lado para outro entre estados emocionais, o que é apenas uma percepção. Pior ainda é pensar que se você experimentar raiva, ou decepção etc., você fracassou ou decaiu. Esse, também, é apenas mais um estado emocional. Ao experimentar qualquer emoção, tente também se sintonizar com sua intuição, que opera durante dificuldades percebidas, e notar que o que você considera um fracasso não passa de suas próprias percepções mudando e regendo a experiência, em oposição à sabedoria do Sol Interior da Conscientização Constante e da harmonia.

Nossa Vontade Sincera nos dá a coragem para pegar estradas diferentes na direção do equilíbrio. Nós podemos usá-la para "queimar" os pensamentos — e, mais especialmente, os fluxos de pensamento, essas longas espirais de conceitos aos quais nos aferramos por toda a vida ou mais! Ao investigarmos e mantermos nossa vontade, podemos superar mesmo os mais enraizados. Podemos identificar os ciclos, e quando algo (figurativamente) ergue a cabeça outra vez para ganhar nossa atenção, nós não cedemos.

Esses são momentos em que podemos dizer "não de novo" ou "chega disso" e encerrar o assunto. Quando fazemos isso, ele prossegue. Ele pode ter um ciclo de muitos meses para eliminar padrões e ideias arraigados, ou coisas que estão entrando em nosso caminho. Mesmo quando estamos vigilantes, as coisas ainda podem parecer estar nos "testando" para ver se realmente mudamos um hábito. Com nossa intuição agindo como professora, vamos dar as boas-vindas a quaisquer experiências que nos aproximem da liberdade (mental).

Aos poucos, começamos a reconhecer essas dificuldades preciosas como presentes para romper com percepções antigas, e quando temos sucesso, ficamos gratos pela disrupção que nos tirou de nosso lugar de calma. Nós devemos aplicar a vontade e a devoção um pouco de cada vez, mesmo quando sabemos que podemos fracassar, e mesmo que tenhamos certeza de que não vamos ter sucesso. Nós devemos sempre nos levantar e tentar outra vez: isso é a Vontade Sincera.

Use os cinco incrementos para superar os ciclos e as limitações da mente. Sun Tzu nos diz: "*A vontade deve ser firme e inamovível em sua habilidade de abalar limitações e padrões habituais antigos, ou ela pode ser roubada de sua crença e decair na dúvida.*" É preciso iniciativa e planejamento, assim como vigilância, para seguir em frente, para avaliar e descobrir novas maneiras de ser. Se estamos tendo algum sucesso, não há necessidade de nos gabarmos, ou vamos nos ver encontrando mais uma vez o que achávamos já ter superado e dominado!

Com um esforço continuado, você vai ver e experimentar calma e serenidade com mais frequência e perceber distúrbios imediatamente, permitindo que eles venham e vão como meras coisas às quais você não precisa dar poder. E se você fizer isso, você vai reconhecê-los por ajudá-lo a atingir uma compreensão maior de si mesmo, sempre com o objetivo de estar mais perto de sua intuição e de seu Sol Interior (Plenitude).

Você pode começar agora, sem esforço.

O DÉCIMO SEGUNDO PASSO NO CAMINHO OCULTO PARA A PAZ E A PLENITUDE

1. *Aplique o Caminho Oculto para a Paz e a Plenitude da melhor maneira que ele se revelar a você para estabelecer sua Vontade Sincera agora mesmo.*

2. *Reconheça oportunidades, momento a momento, para desafiar sua fraqueza/limitação e assegurar a si mesmo que você pode criar a vida que quiser. Seja imprevisível e corajoso. Faça uma lista do que o está obstruindo e pense novamente Siga seu sonho/propósito inerente. Desenvolva sua vontade e sua devoção com todo o seu coração e deixe que uma coragem e uma iniciativa recém-descobertas inundem sua vida.*

3. *Perceba momentos ao longo do dia em que você está repetindo limitações e aplique sua vontade. Espere que ciclos e velhos padrões ressurjam (mesmo meses, décadas depois) após expulsá-los.*

A Vontade Sincera *é o décimo segundo passo no Caminho Oculto para a Paz e a Plenitude. Quanto mais você puder conhecer as cinco maneiras de exercer sua vontade e os cinco incrementos que são mais propensos a emergir, melhor você pode planejar para enfrentar contratempos e seguir em frente, energizado por seu Sol Interior.*

Reflexões: A Vontade Sincera

"Infeliz é o destino daqueles que tentam estabelecer ordem/harmonia sem cultivar o espírito da iniciativa."

— Capítulo 12

---

1. *Considerando as cinco maneiras de aplicar sua Vontade Sincera nos Nove Campos (Imparciais) da Percepção para colocar a mente em equilíbrio, qual delas mais seduz você nesse momento e por quê?*

---

2. *Considerando as cinco maneiras de aplicar sua Vontade Sincera nos Nove Campos (Imparciais) da Percepção para colocar a mente em equilíbrio, qual parece mais difícil de aplicar neste momento e por quê?*

---

3. *Que ciclos de pensamento você pode identificar como os mais fortes no último ano que dominaram sua vida? E nos últimos cinco anos ou mais? De que maneiras esses pensamentos/influências dominantes criaram sua percepção e sua vida? E que estratégias você pode aplicar para impor sua Vontade Sincera para acabar com seu poder (para romper rotinas, formas de pensar etc.)?*

4. *Ao impor a Vontade Sincera, o Observador deve estar preparado para cinco possíveis resultados. Desses, qual se aplica mais apropriadamente a você neste momento e por quê?*

5. *Tire um momento para observar sua mente e então aplicar delicadamente sua vontade. Você percebe pensamentos voltando para "lutar desesperadamente" e recuperar um ponto de apoio, impedindo seu sucesso? Que estratégia você vai usar para garantir que vai manter sua atenção focada?*

6. *Como você pode imediatamente aplicar sua Vontade Sincera a sua vida para abalar limitações e padrões habituais há muito tempo arraigados?*

7. *Cite um exemplo em que você demonstrou o espírito de iniciativa ou devoção para levar sua vida/mente a um estado de harmonia. De que maneiras você pode aplicar iniciativa ou devoção a sua vida neste momento?*

8. *Como você pode aplicar a seguinte Sabedoria Inspirada a sua vida diária? "O Observador iluminado faz seus planos com antecedência, enquanto a concentração estabelecida cultiva a consciência."*

---

9. *Conte uma vez em que você superou uma coisa, se gabou disso, mesmo de forma delicada, depois ela tornou a aparecer e pareceu testar você.*

---

10. *Conte uma vez em que você aplicou sua vontade para obter vantagem sobre um hábito ou forma limitada de pensar. Quais foram os resultados?*

---

11. *Cite um exemplo de quando você experimentou raiva/irritação e foi capaz de manter um estado natural de equanimidade. Se você ainda tem de experimentar isso, que estratégias poderia aplicar na próxima vez?*

---

12. *Descreva uma vez em que você experimentou equanimidade ou serenidade. Você, depois, experimentou um sentimento de perda, através da aparência de dificuldade? Se esse foi o caso, como você acabou por perceber que permanecia o mesmo e apenas percebeu a experiência como diferente?*

13

DISCERNINDO FRAGILIDADE

1. Sun Tzu disse: quando os Nove Campos (Imparciais) da Percepção não são verificados, eles se desenrolam para criar os Dez Mil Pensamentos (coisas) que aparecem como o mundo material, e como tal, podem estabelecer um ciclo padronizado de dificuldades (percebidas) (e dualidade) para desemaranhar/desenrolar (curar/superar) ao longo do tempo/vida (percebido). Por meio de discernimento regular, o Observador supera a percepção comum usando a Vontade Sincera, que por sua vez cria mudanças na consciência, de modo que várias centenas de milhares de pensamentos (hábitos/ideias/limitações) vão se esvaziar, enquanto outros tantos vão ser impedidos de causar sua desordem habitual em sua harmonia de consciência fixa.

2. Os dois lados — pensamentos desregulados e Consciência Concentrada — podem (figurativamente) encarar um ao outro por anos, lutando pela vitória, mas a realização da Plenitude pode ser decidida instantaneamente, em um único dia. Sendo assim, permanecer na ignorância sobre a natureza do inimigo do pensamento apenas devido ao descontentamento (através de perceber a dualidade) vai significar infelicidade para o Todo.

3. O verdadeiro propósito/objeto da guerra é estabelecer a paz — e o mesmo acontece com a guerra da mente. Estabelecido por meio de observação, o propósito é o fim do conflito no interior do campo da realidade, em vez disso se desenrolando como uma *verdadeira unidade* com todos os fenômenos. Assim, a pessoa que age em ignorância e conflito com o mundo (toda a realidade) não é nenhum líder, não ajuda seu próprio governante interno (o Eu intuitivo), tampouco é um mestre da vitória.

4. Assim, o que capacita o sábio Mestre Sol a atingir um estado de equanimidade, concordância e harmonia além do alcance da conscientização comum é o *conhecimento prévio.*

5. Esse não é um conhecimento prévio semelhante a premonição; tampouco ele pode ser deduzido por meio de experiência (ou raciocínio inteligente), nem por qualquer cálculo dedutivo.

6. O conhecimento da mais verdadeira natureza do mundo material (pensamentos se desenrolando/conceitos) só pode ser obtido observando a mais verdadeira natureza da realidade *diretamente*, para ver exatamente o que está se desdobrando, sem agressividade, sem um Observador que é separado da experiência das coisas que percebe.

7. Daí a compreensão de *discernir a fragilidade*. Há cinco estágios para discernir fragilidade em toda matéria/fenômeno: local; interno; ao mudar de forma; ao se desintegrar; e extinção do que resta.

8. Quando os cinco estágios de discernir fragilidade (em fenômenos comuns) são empregados, isso é a maneira por meio da qual a verdadeira natureza das coisas se revela para você, dando uma compreensão ou unificação com o Grande Mistério, o fio da vida que existe em tudo, *em todos os lugares*. Cada coisa observada é deixada aberta só um pouquinho, como uma porta prestes a se fechar que é parada, deixando um vão, uma fresta, um espaço, através do qual observar sem restrições para saber: *o que parece nocivo também tem fragilidade, portanto também é vulnerável*; isso também está mudando; isso também vai perecer e desaparecer. Essa consciência é a faculdade mais preciosa do Eu.

9. Empregar e discernir fragilidade em seu ambiente local (por exemplo, seus pensamentos diários, ações, pessoas, lugares, o que quer que você encontre) é o primeiro estágio.

10. Empregar e discernir fragilidade em seu ambiente interno (por exemplo, seus pensamentos internos, percepções internas, emoções, sensações) é o segundo estágio.

11. Aos poucos, seja percebendo a realidade interna ou externa, discernir fragilidade vai mudar de forma, alterando sua compreensão do mundo, dando a você uma nova liberdade e domínio que se desdobram como brandura e ação delicada. Esse é o terceiro estágio.

12. Com esse objetivo, o mundo material de realidade binária finalmente se revela, desintegrando sua visão de separação. Esse é o quarto estágio.

13. Por fim, no quinto estágio, a única visão que "sobrevive" é um mundo unido e delicado, um mundo do qual que você não está mais separado, mas do qual está totalmente consciente como inteiro, ao reconhecer sua verdadeira natureza como uma.

14. Por isso, em todo o exército da consciência, nada é mais importante que discernir fragilidade. A habilidade de reconhecer a delicadeza de "todas as coisas" é a maior recompensa, pois ela acaba com a guerra que você foi levado a lutar e estabelece e defende uma ternura e uma delicadeza astutas no rumo do todo da existência.

15. A fragilidade não pode surgir sem certo discernimento mental intuitivo e bom julgamento.

16. Ela não pode ser administrada de forma adequada sem benevolência (compaixão) e retidão (ou simplicidade).

17. Sem a sutil engenhosidade da mente, não se pode determinar a verdade do que a fragilidade comunica (ou revela).

18. *Seja sutil! Seja sutil!* E use sua habilidade de discernimento para reconhecer fragilidade em todo tipo de questão/incidente e atividade.

19. Se você não consegue "ver" a natureza secreta de uma coisa descoberta por fragilidade, isso vai destruir seus esforços para estar unificado com o Todo.

20. Se entendemos ou não, a natureza da fragilidade existe tanto no Observador quanto no Observado, gerando empatia e piedade. Nós, então, "observamos" comprometidos com a fideli-

dade à *bondade* e à *delicadeza* como nossas novas governantes no comando.

21. Conforme nossa consciência da fragilidade aumenta, devemos procurar toda oportunidade para atrair para fora "diferença" e julgamento, para abrigar nossa consciência confortavelmente em equanimidade/unidade. Por isso o mundo duro e competitivo se converte em um mundo de harmonia recíproca — pois ele também tem grande fragilidade, à qual estamos sempre a serviço de sua perfeição — ao utilizarmos o Caminho Delicado.

22. É entendendo *que tanto você quanto o que você observa possuem fragilidade* que você pode começar a reduzir a separação entre uma divisão interna e externa (local) que está em conflito, finalmente vendo (aceitando) que isso é mutuamente frágil.

23. Deve-se mais uma vez ao conhecimento da fragilidade nós podermos "destruir" ou causar a extinção de uma realidade separada e em guerra que estava sempre informando erradamente nossa visão de mundo.

24. Por fim, depois da influência da fragilidade, não podemos mais estar ignorantes ou negligentes, mas emergir sempre atentos à verdadeira natureza das coisas.

25. O fim e o objetivo da fragilidade, através de todos os cinco estágios, é o conhecimento da verdadeira natureza do "inimigo de pensamento" no campo da percepção; e esse conhecimento só pode ocorrer quando transformamos nosso mundo concreto/imutável em um mundo delicado. Por isso, empregue sua habilidade para perceber fragilidade em todas as coisas.

26. Na antiguidade, dizia-se: "Da mesma forma que a água leva um barco em segurança para uma baía, ela também pode afundá-lo." O mesmo ocorre com a fragilidade, ela vai tanto levar você em segurança para a verdadeira natureza das coisas quanto também causar sua destruição.

27. Por isso, apenas o governante iluminado — o Mestre Sol — vai usar a inteligência mais elevada para discernir fragilidade em

todas as coisas, e assim alcançar Plenitude, harmonia, unidade e paz em todos os seus reinos. Está escrito e dito: uma guerra da mente sem discernir fragilidade é como uma pessoa sem olhos ou ouvidos.

INTERPRETANDO A SABEDORIA VIVA DE SUN TZU

Ao observarmos a mais verdadeira natureza da realidade — coisas, o que quer que vemos e percebemos como "o mundo" —, temos um pequeno vazio, um espaço, por meio do qual vê-la. Sun Tzu explica que todos os fenômenos têm esse "espaço". É como uma passagem secreta, um caminho para entrar e sair do território um do outro, de forma muito semelhante à que um espião usaria. E da mesma maneira que um espião vai e coleta informação sobre a vulnerabilidade de um inimigo, você também pode usar esse vão para ver a fragilidade do que quer que esteja observando. O espaço aberto pode ser usado reciprocamente para que você "o" conheça e para que ele conheça "você".[42]

É como uma porta prestes a se fechar que é impedida de fechar. Ela é simbolizada e mais facilmente reconhecida nos dois pequenos círculos (um branco e um preto) refletidos no emblema do Yin e Yang, que significam que cada um deles contém um pouco do outro. Sun Tzu está sugerindo que se realmente observar a verdadeira natureza de uma coisa, você vai descobrir sua fragilidade — e quando a descobre em algo fora de si mesmo, você vai acabar reconhecendo que é o mesmo em você, demonstrando a interconexão de tudo.

Quando qualquer dos lados percebe o outro, eles veem a coisa habitual em seu significado literal, mas essa porta lateral, essa fissura na consciência, tem uma maneira de mostrar a vulnerabilidade de tudo:

---

[42] Enquanto o foco principal ou uso desse espaço é reconhecer fragilidade, deve ser mencionado que o Observado também pode usá-lo para observar você. É por isso que, quando você entra na Consciência Concentrada, pode facilmente ser removido dela e ser abalado quando velhos pensamentos, hábitos, ideias, pessoas que você pode ter eliminado, isolado e superado no passado, abrem (figurativamente) esse "espaço" e retornam, dessa forma abalando sua concentração. Sabendo disso, então, nos salões da atenção concentrada da mente, o aluno deve guardar essa "porta" ou correr o risco de invasão.

- Um mosquito que pica você é visto de seu ponto de vista como negativo ou agressivo, mas ele é vulnerável devido a sua necessidade — ele pode ser morto ou deixado sem alimentação. Entretanto, esse é seu estado natural, e nós podemos experimentar seu esforço através do vão aberto com empatia por sua fragilidade.

- Uma pessoa que comete um crime contra outra também é vulnerável, não apenas porque é humana e vai perecer, mas porque não pode ver além de sua própria ignorância que está interconectada com quem quer que tenha machucado.

- Lixo parece ser péssimo para o ambiente, mas ele também exibe fragilidade e deterioração. Da mesma forma, aquele que o deixou ali (intencionalmente/sem intenção) também exibe fragilidade, porque é incapaz de ver a interconexão das coisas.

- As pessoas que amamos que podem nos fazer mal — as pessoas que encontramos diariamente — em sua maioria vivem como ensinado por gerações anteriores ou por meio de condicionamento social. Isso significa que muitas pessoas estão constantemente imitando coisas que veem, ouvem e aprendem, recriando hábitos ou ciclos de limitação estabelecidos. Mas elas não são menos frágeis por falta de compreensão de como fazer mal a uma pessoa é fazer mal a todas.

- Um vulcão é frágil ao fazer o que é o caminho mais natural e belo, então parar. Só quando o vemos como obstáculo, um obstáculo de destruição, ele se torna nosso inimigo, nos deixando sem harmonia com nossa interconexão com ele.

PRIMEIRA LIÇÃO (1-7): RECONHECENDO FRAGILIDADE

Sun Tzu explica que há cinco estágios para restaurar nosso campo de percepção para "ver" (ou experimentar) fragilidade. Depois que eliminamos nossos pensamentos ou os ciclos que permeiam nosso campo da percepção, recebemos essa nova visão, mas ainda podemos permanecer em dualidade, sentindo as mudanças nas coisas como agressivas e destrutivas quando elas não são. Em vez disso, podemos dar as boas-vindas à paz ao anunciarmos um cessar de conflito com tudo e vermos o que está realmente se desvelando.

Esse conhecimento prévio da forma como as coisas são permite que nos tornemos o vitorioso que não está mais separado das coisas que percebemos. Quando abraçamos a realização de distinguir fragilidade, podemos então empregar isso em nossos ambientes (localmente, internamente etc.), e, ao fazermos, começa a mudar a maneira com que a forma aparece para nós. Nós passamos a julgar menos, a ser mais pacientes, começamos a ver situações com novos olhos e uma empatia mais profunda. As coisas desmoronam, pois não estamos mais em conflito com o mundo, com nós mesmos ou com os outros.

Ao negociar formas em seu mundo exterior, você vai aos poucos fazer a conexão com o interior conforme as formas mudam mais e perdem sua certeza. (Isso porque o que você observa compartilha da mesma fragilidade que o Observador.)[43] Ocorre uma desintegração gradual. Você pode visitar uma pessoa com a qual normalmente discutiria e descobrir que não consegue mais fazer isso, porque a verdade da fragilidade é forte demais, fazendo com que o mundo como você conhecia se desfaça. E a consequência é a união ou equanimidade.

Nesse processo de reviver o mundo através dos olhos e da compreensão da fragilidade, a coisa mais simples vai dar a você razão para chorar, depois que você reconhece sua beleza terna. É por essa razão que Sun Tzu diz que devemos aprender isso com o que estamos observando — especialmente nossos pensamentos tortuosos, que regulam e criam o momento seguinte. Pois assim que descobrimos o fio de fragilidade percorrendo tudo, o mundo inteiro assume

[43] Não é preciso dizer que o Observador vê o Sol Interior (Observado) através da "abertura" ou "porta" entreaberta, reconhecendo sua aparência como a de Plenitude Única. Em outras tradições, é um túnel que é percebido quando o olho eterno (terceiro) se abre.

um novo significado; o imutável se torna mutável; o hostil contém gentileza; bom e mau coexistem simultaneamente em ordem e ritmo perfeitos.

Então, quando revelamos *nossa própria fragilidade*, vemos como temos sido um ator em todo o nosso sofrimento e no sofrimento dos outros. Nós *saímos do exército da ignorância e vemos com olhos delicados como o mundo é simples e frágil, e não vamos querer fazer nem causar nada que algum dia o prejudique.*

SEGUNDA LIÇÃO (8-14): DESENVOLVENDO EMPATIA E BONDADE

Sun Tzu oferece os cinco estágios ou mudanças que vão ocorrer em seu campo de percepção para descobrir a fragilidade em todas as coisas. Isso começa com o conhecimento de que o que você percebe de um jeito também contém outro jeito — qualquer que seja a dualidade que você tenha em relação a alguma coisa, ela também tem um fio de outra coisa.

Você pode começar a experimentar isso em sua realidade local/exterior e depois começar a aplicar a mesma coisa internamente. Quando você vê uma pessoa com raiva agindo a partir de limitação, vai discernir sua própria limitação. Quando você vê uma pessoa aprisionada por um hábito, vai discernir seus próprios hábitos. Esse conhecimento, diz Sun Tzu, é nossa maior habilidade. Você pode olhar para qualquer coisa e descobrir seu fio de fragilidade e sentir empatia, pois você é exatamente igual a ela: *delicadamente belo.*

Aos poucos, através de suas experiências, a mesma sensação de dualidade vai se erodindo até se desintegrar, junto com sua percepção habitual da realidade. Você vai experimentar uma sensação de unidade e Plenitude, que evolui para um estado final onde sua sensação de dualidade, sua separação do Todo, também vai perecer e desaparecer, anunciando uma nova liberdade que se torna um *caminho de serenidade.*

Santa Teresa de Ávila descreve isso como um estado de tranquilidade e ausência de ruído. Mas ela também diz que não é como se você de repente e ficasse sem "pecado" ou distúrbios, mas que eles não têm mais o mesmo efeito, pois não há medo, não há ganho egoísta, mas em vez disso um desejo urgente de servir e cumprir seu dever com reverência e devoção.[44]

Em outras palavras, nós reconhecemos que cada movimento, cada ação, cada palavra ou pensamento, a forma como agimos, *tudo tem o poder de impactar os outros.* E, ao reconhecermos todo mundo e todas as coisas com fragilidade, começamos a desenvolver uma presença de bondade delicada — um cuidado profundo com todas as coisas.

Da mesma forma, não somos mais os oprimidos, porque reconhecemos que não podemos ser feridos por aqueles que não têm uma compreensão de sua própria fragilidade. É por isso que em todo o arsenal de ferramentas/ensinamentos ou sabedoria que Sun Tzu oferece, não temos aspiração maior que abraçar nossa habilidade de discernir fragilidade como a natureza da existência.

TERCEIRA LIÇÃO (15-26): VENDO COM NOVOS OLHOS

Sun Tzu disse com muita clareza que a fragilidade não pode emergir a menos que você esteja utilizando "certo discernimento intuitivo, mental e bom julgamento". Como estávamos empregando estratégias para discernir a natureza de nossos pensamentos e estávamos explorando o campo da percepção com regularidade, com certeza vamos começar a ter uma nova perspectiva de nossas vidas e ambientes.

[44] Sétima mansão, Capítulo 2, *O castelo interior.*

Nossos novos olhos, nosso novo discurso, nossas novas ações vão ser extensões diretas de *benevolência* e *simplicidade*, ou uma ternura natural em cada momento que vivemos. Sem essa "engenhosidade sutil da mente", podemos não ver como a fragilidade comunica (ou revela) a si mesma. Nós podemos ainda estar ocupados demais afirmando a maneira como as coisas sempre são. Em outras palavras, Sun Tzu nos lembra delicadamente: *"Seja sutil! Seja sutil!"*, ecoando as palavras de Confúcio, que afirmou que a vida é muito simples, mas nós temos grande habilidade para complicá-la.

Ao discernirmos fragilidade em todo momento, em todo tipo de questão/assunto e atividade, os fios se expandem e discernimos a "natureza secreta" das coisas, que é simples, delicada, gentil, se desenrola sem esforço e está unida com o Todo. Nós vamos de nos sentir separados, como um Eu que está observando, a reconhecer que a fragilidade existe tanto no Observador quanto no Observado, o que gera nossos superpoderes de empatia e piedade aguçadas.

Nós, então, podemos nos dedicar apenas à bondade e à delicadeza e caminhar em comunhão e coesão com os outros. Nós vamos naturalmente nos expandir e eliminar nosso sentido de diferença. Nossa severidade e competitividade com o mundo se transformam em um caminho de harmonia quando pegamos o Caminho Delicado. Depois disso, tudo se torna nosso professor, para quem nos curvamos com humildade e a quem somos gratos.

Como consequência da influência da fragilidade, não podemos mais aceitar sermos ignorantes ou negligentes em relação aos outros — nós temos novos olhos para ver a verdadeira natureza das coisas, que é e sempre vai ser cooperativa. Sun Tzu disse: *"O fim e o objetivo da fragilidade, através de todos os cinco estágios, é o conhecimento da mais verdadeira natureza do 'inimigo de pensamento' no campo de percepção; e esse conhecimento só pode se originar de quando transformamos nosso mundo concreto/imutável em um mundo que é deli-*

cado. Por isso, empregue sua habilidade para perceber fragilidade em todas as coisas."

Isso se torna nossa linha da vida, nossa lente de aumento, nosso caminho.

Um grande tesouro, essa habilidade de "ver" se torna a coisa que nos permite testemunhar a verdadeira natureza de nosso mundo com clareza pela primeira vez.

QUARTA LIÇÃO (27): DESCOBRINDO PAZ E PLENITUDE

Toda a mensagem da sabedoria de Sun Tzu está contida aqui nessas palavras preciosas:

> *Por isso, apenas o governante iluminado — o Mestre Sol — vai usar a inteligência mais elevada para discernir a fragilidade de todas as coisas, e assim alcançar Plenitude, harmonia, unidade e paz em todos os seus reinos. Assim está escrito e dito: uma guerra da mente sem discernir fragilidade é como uma pessoa sem olhos ou ouvidos.*

Discernir fragilidade em todas as coisas é a *inteligência mais elevada*. Essa é uma verdade e um ensinamento simples. Nós, em grande medida, podemos ver que o professor que ofereceu essa sabedoria a viveu e entendeu a necessidade dela durante um período de grande guerra externa (assim como das guerras internas que as causam). Nós podemos ver o impacto que isso poderia ter, se um soldado lutando contra outro soldado pudesse ver a fragilidade do oponente e "despertasse" para sua interconexão — e talvez muitos tenham feito isso. (Eu gostaria de acreditar que fizeram.)

Pelo menos, podemos reconhecer toda a humanidade vivendo como soldados individuais em guerra com outros soldados, lutando uma guerra constante e sem fim no campo de batalha de nossas mentes. Perceba agora a maneira de terminar com essa guerra.

USANDO FRAGILIDADE PARA VIVER O CAMINHO PARA A PAZ E A PLENITUDE

Você já testemunhou sofrimento? Seria difícil não perceber, pois há muitos momentos, grandes e pequenos, que se prestam para pessoas testemunharem sofrimento no mundo. Se você puder, relembre seus pensamentos (ou talvez o sofrimento esteja presente em sua vida neste momento) e pense em uma vez em que você testemunhou essa dificuldade em outra pessoa (ou qualquer ser vivo). Como foi, e como faz com que você se sinta? O que você pode aprender com isso?

Observar sofrimento é começar a entender a essência da fragilidade em cada um de nós. Por exemplo, podemos olhar para uma pessoa com uma doença e acreditar que estamos compreendendo completamente a fragilidade, mas isso é um tanto óbvio. Ainda assim, é um lugar por onde começar e ver que tudo em nosso mundo possui fragilidade. E, por meio desse entendimento, podemos discernir a nossa própria fragilidade e, levando isso adiante, começar a desmantelar nossas crenças sobre as outras pessoas e o mundo, ao ponto de perdermos nossa sensação de separação.

Ser um Mestre Sol é reconhecer esse elo comum que compartilhamos com todas as coisas.

O Caminho Delicado para a Paz e a Plenitude é muito simples, mas tem um ingrediente-chave que muitas pessoas deixam passar: a responsabilidade consigo mesmo. Você tem de fazer todo o trabalho e ir até o fim. Sun Tzu é claro ao dizer que a mudança de percepção da separação para a realização da Plenitude pode ser instantânea e "decidida em um único dia", ou "num piscar de olhos", como diz o hino religioso *I'll Fly Away*. É assim tão difícil perceber Plenitude?

Não, mas é necessário um esforço pessoal de responsabilidade para ver como todos temos um papel em nosso próprio sofrimento e no dos outros.

Qualquer um que quiser acordar amanhã e experimentar Plenitude pode começar hoje trabalhando em si mesmo, não em outra pessoa. Muitos buscam às cegas ou prematuramente ajudar ou consertar os outros, quando, na verdade, a maneira de ter impacto e gerar mudanças no mundo é tirar um tempo para mudar a si mesmo, *primeiro*, e reconhecer seu próprio ciclo de desordem que perpetua uma história longa de conflito. Seja o aluno humilde, cheio de devoção pelos outros, enquanto olha espontaneamente para a maneira como você pensa e age, como modo de vida e uma jornada de vida inteira. Assim, podemos nos reunir com os outros para formar um círculo de cooperação.

Se pudermos fazer o trabalho para incorporar um Mestre Sol, e a pessoa ao lado fizer o mesmo, e a seguinte, nós nos tornamos uma corrente de sóis — como um cordão precioso que pode irradiar amor e luz através do planeta (e além) e, especialmente, do campo da percepção que forma nossa realidade compartilhada. Livres para crescer, podemos entrar no fluxo global com nosso próprio tesouro único para gerar paz, unidade, cooperação, amor incondicional e harmonia necessários e normais. Nós temos livre-arbítrio para decidir que impacto causamos, e gostando disso ou não, embora possa parecer que somos bons e generosos com as outras pessoas, nossos pensamentos desregulados que se agarram a preocupação, medo, dúvida, superstição, diferença e dualidade estão criando um futuro em guerra.

Mas ainda podemos mudar isso *no próximo momento que se desenrole.*

O caminho de Sun Tzu para a paz e a Plenitude é um chamado para que nós, hoje, pensemos em nossos passos delicados à frente — *o novo lema*: não deixe rastros da mente inquieta para trás!

Todos contribuímos. E agora temos o *conhecimento prévio* de saber como fazer uma diferença. Imagine o impacto que poderia ser causado se todo mundo se comprometesse em trabalhar em seu próprio fio de luz, suas próprias ideias/pensamentos, para que eles não criassem os mesmos ciclos habituais de medo (etc.), mas um novo desabrochar de paz não adulterada (energética)! Isso na verdade já está aqui e acontecendo — e sempre esteve.

De verdade.

Há mais paz e bondade no mundo que o contrário. Isso coincide com guerra, e estamos, basicamente, em qualquer momento, decidindo o que vamos escolher: paz ou guerra. Você tem de olhar para ver e não aceitar nenhuma visão impotente e limitada como uma realidade permanente. E se você acreditar que é, então mude isso. Nós escolhemos onde e no que vamos nos focar e podemos mudar qualquer situação. Isso começa com reconhecer a corrente subjacente de fragilidade que todas as coisas possuem.

Saiba isso, e o que era um inimigo ou um horror perde seu poder.

A unidade ou a Plenitude — nossa evolução natural de nossa unidade consciente — é o discernimento de que a maioria das coisas e pessoas terríveis também tem fragilidade. No comprido cordão precioso, todo mundo tem um lugar. Ele não exclui *aquela pessoa ali que está criando um tumulto*! Essa pessoa, também — não há nada que não possua fragilidade. Começar a ver isso cria uma situação de doar e trocar, até você ver apenas um único fio percorrendo todas as vidas, e isso leva você a uma compaixão avassaladora, da qual não há volta. Isso não é especial nem sagrado. Na maioria dos dias, você ainda vai ser comum. Mas não vai mais experimentar separação ou isolamento.

A paz é possível no momento seguinte, no próximo pensamento e ação, no próximo sorriso que você der para alguém em vez de odiar. É possível o momento em que você reconhece que a fragilidade existe em você e em todas as pessoas, e a partir daí abraça o mundo inteiro. Você ainda vai ter dificuldades, vai trabalhar, comer e socializar, mas isso vai ter um apelo diferente conforme você reconhece como suas próprias ações em cada arena podem machucar outras pessoas (e animais, e o ambiente).

Você não vai mais estar pensando em si mesmo, mas no Todo.

Toda ação, todo pensamento que você tem, pode ter impacto em alguém, e você nunca vai querer ser descuidado outra vez — na verdade, tudo o que você quer é garantir que ninguém sofra, pois você vai saber (intuir) que o Todo sofre. Mudança vai acontecer. Você vai se aventurar no mundo estando atento e antecipando as necessidades das outras pessoas, dando de coração em todas as direções para servir com uma sensação de cooperação e devoção que são sempre evidentes em nosso mundo.

Isso está vivo e vicejando. Conheça-o e o coloque em ação delicada.

Todos temos um Sol Interior que pode reconhecer a fragilidade oculta em nossos maiores "inimigos", que são e sempre vão ser aqueles que estão conosco. Liberte o guerreiro delicado. Reúna sua Vontade Sincera e faça planos para "ver" e objetivamente observar sua mente e o que ela custa a você (e aos outros) quando está desordenada e sem paciência e unidade; empregue estratégias por meio de responsabilidade para calcular sua própria nova natureza (deixe que os outros façam o mesmo sem sua informação); enraíze sua concentração e comece a ver como sua percepção levou a suas crenças e visões limitantes; estabeleça Consciência Contemplativa; conheça as variações de como os pensamentos e ideias se apresentam no campo da percepção; concentre-se e permita que sua consciência se expanda.

Não desista nem retroceda.

Não aceite que você já fez o bastante.

Nunca pare de trabalhar em suas ações, pensamentos e emoções, até você "conhecer" a essência da fragilidade. Sem isso, você fica essencialmente cego para conhecer a Plenitude cheia de potencial e possibilidades.

É assim que deixamos nosso Sol Interior brilhar em toda parte.

Ao chegarmos, nos desenrolamos como um *Mestre Sol.*

A guerra para libertar a mente — *para libertar o mundo* — vai ser vencida com delicadeza.

Que o Caminho Delicado guie seus passos.

Que você seja vitorioso.

O DÉCIMO TERCEIRO PASSO NO CAMINHO OCULTO PARA A PAZ E A PLENITUDE

1. Aplique o Caminho Oculto para a Paz e a Plenitude da melhor maneira que se revelar a você para começar a discernir fragilidade agora mesmo.

2. Reconheça oportunidades, momento a momento, para ver até as pessoas ou circunstâncias mais "duras" como oportunidades para descobrir a natureza delicada sob a superfície. Observe a resistência de sua mente quando olha para pessoas de quem você não gosta ou situações que são difíceis ou irrecuperáveis e descubra o "espaço", o pequeno vão deixado aberto para você ver por ele com olhos suaves.

3. Perceba momentos ao longo do dia em que você não está discernindo fragilidade, mas agindo por hábito ou por antigas ideias, ou acompanhando o que quer que o consenso pense ou perceba. Escolha uma pessoa ou situação que traga dificuldade e observe seus pensamentos para discernir fragilidade. (Anote isso em um diário se ajudar.) Investigue e se liberte. Encontre delicadeza nas situações/pessoas mais difíceis e de pior reputação. Então vire e ofereça isso para si mesmo. Perceba a fragilidade em suas próprias limitações e ofereça empatia.

Discernir fragilidade *é o décimo terceiro passo no Caminho Oculto para a Paz e a Plenitude. Quanto mais você puder conhecer a fragilidade em todas as coisas, mais sua percepção de separação vai se desenrolar e revelar Plenitude. Deixe que seu Sol Interior se abra para incluir amor incondicional por todos os seres e todas as coisas*

Que você trilhe suavemente o Caminho Delicado até a vitória pessoal.

Reflexões: Discernindo fragilidade

"O conhecimento prévio permite que o Mestre Sol sábio alcance um estado de equanimidade, consentimento e harmonia além do alcance da consciência comum."

— Capítulo 13

1. *Quando começamos a fazer mudanças em nossa maneira de pensar, essencialmente acabamos com fluxos de pensamento. Escolha um fluxo de pensamento que é muito forte e escreva sobre ele. Que pensamentos futuros você pode prever que seriam eliminados se você erradicasse completamente esse fio? Como sua vida poderia mudar?*

2. *É possível que nossa dualidade e descontentamento, que nos impedem de reconhecer nossa unidade/Plenitude com outras pessoas, se dissipem em um dia? Por que você acha que isso normalmente leva mais tempo? Como os padrões de sua própria mente que criam separação estão impedindo que você experimente a Plenitude?*

3. *Como o conhecimento prévio da fragilidade pode ajudá-lo a criar paz permanente com outras pessoas/seu mundo?*

4. Conte suas ideias sobre fragilidade, o que ela significa e como você a observou/não observou. Como ela pode te ajudar a "observar a natureza mais verdadeira da realidade diretamente"?

5. Dos cinco estágios da fragilidade, qual(is) dele(s) você experimentou? Que áreas se beneficiaram de discernir fragilidade?

6. Você já testemunhou sofrimento? Como ele parece, e como faz com que você se sinta? O que você pode aprender com isso?

7. Sun Tzu explica: "A fragilidade não pode surgir sem certo discernimento mental intuitivo e bom julgamento." Como você usou sua intuição para criar menos separação em sua vida?

8. Nos pedem: "Seja sutil! Seja sutil!" De que maneiras você é propenso a "fazer alguma coisa" sem necessariamente ver que ela é apenas mais uma de suas ações habituais — ainda desarmônica e menos delicada? Que estratégias você pode acrescentar para regular e se controlar?

---

9. *Conte uma história ou experiência em que você experimentou que tanto você quanto o que você observava possuíam fragilidade — ou eram, na verdade, semelhantes ou iguais, talvez até contrariamente a uma crença antiga.*

---

10. *Em que áreas de sua vida você está ativamente fomentando uma unidade sem preconceitos, harmonia, paz e perfeição? (Por exemplo, ao cozinhar, no trabalho, com hobbies, caminhando, em comunidade global.)*

---

11. *De que maneiras você pode continuar a promover ativamente uma unidade sem preconceitos, harmonia, paz e perfeição?*

---

12. *Depois de fazer a jornada com Sun Tzu, qual a primeira coisa que você vai fazer no Caminho Oculto para a Paz e a Plenitude?*

POSFÁCIO

O CAMINHO PARA A PAZ E A PLENITUDE DENTRO DE VOCÊ

O professor está no interior — mas como descobrimos o que está oculto?

O Caminho completo de Sun Tzu para a paz e a Plenitude vai guiar você a revelar sua própria verdade oculta, seu guerreiro oculto, enquanto vai *assumir o coração e o espírito de um guerreiro para superar e confiar em si mesmo*, para "escutar" e "saber" sua verdade mais elevada. Nós devemos escolher isso; nós devemos estar dispostos a encarar a nós mesmos e a fazer o trabalho necessário. Você tem este momento para decidir para onde vai: se continua a lutar mais guerra consigo mesmo, ou se finalmente se cansou e vai decidir acabar com ela. É necessário apenas um passo, um compromisso para começar.

Para te ajudar em seu caminho, incluí doze maneiras práticas para aplicar os ensinamentos sobre o Caminho Oculto para a Paz e a Plenitude. As práticas não pretendem obscurecer os ensinamentos de Sun Tzu, e sim demonstrar os recursos disponíveis para nós todos os dias que podem ajudar a ativar sua concentração e sua consciência para cultivar e expandir sua percepção de sua vida e do mundo. Quando estamos ativos, acionando novos caminhos e ideias, ficamos mais propensos a fazer mudanças, a desafiar nossas percepções arraigadas e a ver Plenitude e unidade onde antes talvez só víssemos desordem, separação e dificuldade. Mais importante:

estamos no controle do próximo momento, e ao implementarmos uma ou todas essas práticas, vamos criar harmonia dentro e em torno de nossas vidas.

1. FAÇA DE TODO DIA UM DIA DE "SOL"

Dedique um dia inteiro para a solidão. Fique sem barulho. Crie um dia em que você está desconectado, indisponível e pode relaxar com seu tempo e com você mesmo. Reserve espaço para refletir sobre sua vida, para pensar em seus sonhos e ouvir sua intuição. Você pode começar seu Dia de Sol com uma meditação formal, seguida por de três a seis horas de silêncio e concentração para despertar seu Sol Interior. Ou talvez você prefira buscar silêncio nos espaços naturais ao seu redor.

Não se ocupe, mas esteja intencional com sua devoção a amar a si mesmo, ao dia, aos outros. Em solidão, podemos descomprimir, recarregar e renovar. Isso nos dá um tempo sagrado para nos centrarmos em nossa essência na direção da harmonia e da unidade. Permita que sua Vontade Sincera e sua intuição conduzam o dia. Esteja aberto e descubra como é confiar em sua fonte. Descubra maneiras de levar essa paz que você ganha para a semana e apoie seu esforço se desconectando do mundo/tecnologias em um momento em especial toda noite.

Em pouco tempo todo dia vai ser um Dia de Sol!

2. COMECE UM DIÁRIO DE REFLEXÕES

Comece agora a estruturar suas manhãs e suas tardes com um diário de prática. Todo dia nos oferece infinitas oportunidade de criar — sejam nossos sonhos ou um novo futuro —, mas mesmo assim, às vezes, por mais que nos dediquemos a reservar tempo para isso, as horas, dias e semanas podem passar, e nós, em vez disso, vamos ver que fomos conduzidos para longe de nossos objetivos.

Empregue a estratégia de refletir sobre seu caminho de vida utilizando um diário. Ao fazer isso, não apenas acionamos nossa intuição vasta, mas também criamos espaço para ficarmos imóveis. Para cultivar a investigação das limitações que gostaríamos de superar, comece com uma prática diária de escrever no diário. Escreva toda manhã, antes de sair correndo para o trabalho ou outras tarefas, e retorne à noite, depois de se desconectar do mundo, para revisar o dia e fazer planos para o seguinte.

Ao se comprometer a retornar diariamente, você vai ver sua concentração se aprofundar e a intuição se desvelar, especialmente no longo prazo. Utilize seu diário para responder as perguntas deste livro e contemple seus reveses e sucessos. Ao escrever em um diário, você vai ganhar acesso a seu professor interior e vai aprender mais sobre si mesmo enquanto se empenha pelo Caminho Oculto de Sun Tzu para a Paz e a Plenitude.

3. NÃO DEIXE NENHUM RASTRO DE PENSAMENTO PARA TRÁS

Comece a interagir com o mundo com uma mão e uma pegada delicadas. Perceba quando você caminha pesadamente, fala alto, faz barulho e explode em seu ambiente. Tenha consciência plena das pessoas ao seu redor. Cada ação cria uma marca energética no campo da percepção que é sentida à sua volta pelos outros, saibam eles disso ou não.

Em sua forma mais simplista, lembre-se de uma vez em que você não estava se sentindo bem e alguém fez uma tigela de sopa ou uma xícara de chá para você; você sentiu chegar uma sensação de conforto na vibração do amor/ordem/harmonia transportado desde aquele que cozinhou para a sopa e para você. De forma semelhante, se ela tivesse sido preparada com pressa ou com má vontade, você também teria sentido isso.

Faça alguma coisa todo dia para interagir com seu mundo de ações com ternura, de modo que você não deixe nenhum pensamento desgarrado para trás. Quando você caminhar, tenha em mente onde ou no que você está pisando — você pode, na verdade, se tornar consciente da menor das formigas e evitar pisar nela! Perceba se você está com pressa, apressando os outros a sua volta, e como esses movimentos ajudam a criar distúrbios para outras pessoas, e faça uma mudança. Todas as nossas ações deviam incluir consideração pelos outros. Em pouco tempo, começamos a ver como temos sido duros e podemos começar a viver sem esforço e sem deixar nem mesmo uma emoção desgarrada para trás ao seguirmos em frente.

4. ARRUME A MESA

Todo dia, reserve tempo para "arrumar a mesa" para outra pessoa ou ser vivo de alguma maneira — pode ser uma oração altruísta pela paz mundial; pode ser um oferecimento de seu tempo, sua mente, sua escuta. Pode ser libertar todos os insetos que estão presos no peitoril da janela ou ler poesia para sua comunidade. Pode ser oferecer jantares mensais para sua família ou as pessoas de sua comunidade que mais necessitem. Permaneça imóvel e orientado para quem ou o que se beneficiaria mais.

Quando nós (figurativamente) "arrumamos a mesa" diariamente, estamos abrindo espaço para outras pessoas e fazendo isso com excelência e cuidado. Nós fazemos uma oferenda para garantir que cada prato ou guardanapo esteja no lugar, para que cada assento tenha se tornado especial — é por meio de preparação (ou qualquer tarefa para os outros) que a concentração flui. Assim, chegamos a uma consciência elevada para garantir que tudo seja perfeito e harmonioso.

Ao fazer isso, aqueles que recebem nosso prêmio podem sentir e experimentar a bondade e a maravilha que nós evocamos no processo de criação — para essencialmente experimentar unidade (às vezes pela primeira vez). A devoção é abastecida pelo amor verdadeiro (benevolência) e pelo entusiasmo para fazer os outros felizes. Descubra maneiras criativas para "arrumar a mesa" para todos aqueles com quem você entra em contato, talvez familiares, amigos e colegas de trabalho e, aos poucos, abra esse círculo para incluir estranhos — continue a abrir o círculo para incluir todas as coisas vivas!

5. VIVA EXTERNAMENTE A VIDA QUE VOCÊ SONHOU INTERNAMENTE

Siga sua sabedoria inerente, que se desdobra de sua intuição para viver seus sonhos, seus objetivos — as coisas que chegam a você para impactar e criar —, *agora mesmo*. Quando contribuímos com nossa arte, com nossa sabedoria viva no mundo, visível ou invisível, nós vivemos com propósito e expressamos nossa beleza, ao mesmo tempo em que a oferecemos altruisticamente para ser experimentada pelos outros. Por isso, com frequência vemos outras pessoas vivendo seus sonhos e sentimos que não há sentido, ou que é difícil demais, ou que os nossos não importam.

Mas mesmo uma canção cantada com sinceridade, sem público aparente, emite uma vibração e pode ser sentida por outras pessoas, sabendo disso ou não; ela vai elevar a alegria no mundo. Dessa forma, você pode viver sua vida como uma central de luz — se você constrói ou inventa coisas ou qualquer que seja seu interesse, quando você faz isso com Consciência Concentrada, a vontade e sua intuição trabalham em unidade, e você vai levar essa experiência para todas as outras coisas que faz.

6. PREENCHA A NECESSIDADE

Não importa onde você esteja no mundo, há uma necessidade em algum lugar que precisa ser preenchida por sua contribuição. Com mais frequência, podemos não sentir que somos as pessoas responsáveis por preenchê-la ou que outra pessoa vai fazer isso. Dê a si mesmo permissão para preencher necessidades. Perceba ativamente as necessidades ao seu redor que iriam se beneficiar com a mudança. Não espere. Faça o que puder e esteja aberto para incluir outras pessoas.

Pergunte a si mesmo *com que pequeno esforço posso contribuir hoje que terá o potencial de criar uma grande mudança amanhã.* Pense pequeno e em coisas exequíveis, agora mesmo.

Pode ser uma necessidade em algum lugar de sua casa, sua vizinhança, sua comunidade ou o mundo em geral. Um pequeno esforço hoje pode e vai criar uma grande mudança amanhã. No processo, fazemos um pequeno esforço de mudança; podemos começar vendo como o mundo — que frequentemente parece firme e imutável — pode ser transformado e impactado através de nossa atenção, alegria e cuidado delicado.

7. RESGATE E REFUNDA SUA ÁRVORE ANCESTRAL

Para honrar nossa *nova* caminhada neste lugar e neste tempo, podemos colecionar a longa cadeia de pegadas deixadas por nossos ancestrais, que incorporam sua vibração energética de emoções. Honre a bondade de sua árvore genealógica, enquanto ao mesmo tempo resgata o passado ancestral que foi impactado por ódio, guerra/sofrimento, violência/dor em relação a outras pessoas, e reforme isso com amor, harmonia, união, perdão e paz; isso permite que ocorra uma cura do passado coletivo, que vai libertar a Terra da vibração "pesada" que ainda a permeia.

Passe algum tempo refletindo sobre a história de sua família, as guerras que ela pode ter lutado, o sofrimento e as dificuldades que ela pode ter suportado coletivamente e/ou causado, e resgate isso em nome do amor e do perdão. Em seguida, refunda isso — *refundir* significa dar uma forma diferente a alguma coisa derretendo-a e tornando a moldá-la. Em nome de todos os seus ancestrais, reconheça o passado e o refunda com toda a alegria sempre nova, dando conscientemente o próximo passo para o futuro com consciência da reciprocidade e do amor, que pode criar unidade com todas as pessoas no próximo momento que se desenrolar.

Honre suas antigas tradições refundindo-as em segurança e com responsabilidade no mundo de hoje (por exemplo, receitas antigas que podem ser preparadas sem interferir com a vida de animais ou outras práticas perniciosas). Quanto mais repetirmos o processo, maior for a energia é liberada, mais você vai ver renascimento e rejuvenescimento do mundo.

8. EQUILIBRE SEUS ESPAÇOS HABITÁVEIS

Quando dedicamos tempo a levar equilíbrio para nossos espaços habitáveis, podemos romper nosso pensamento habitual sobre nós mesmos e sobre as outras pessoas. Comece agora organizando pacificamente seus espaços habitáveis (por exemplo, em casa, no trabalho ou o carro). Doe coisas ainda utilizáveis que não estão sendo usadas. Dispense itens aos quais você está energeticamente conectado, agarrado ao passado: quando você se liberta do passado, você abre mais espaço para que surja um novo você. Da mesma forma, a energia conectada com esses itens é liberada, e você vai se sentir mais energizado para iniciar novos projetos.

Seja eficiente e se organize. Se suas áreas habitáveis são uma bagunça, isso reflete seu mundo interior. Arranje tempo para limpar a bagunça e incorporar ordem, o que vai te levar para a concentração e foco. Minimize e simplifique o que restar. Quando as áreas próximas a você estiverem arrumadas, comece a olhar para o mundo em busca de áreas como sua vizinhança, sua rua, parques, e assim por diante, que estão rotineiramente cheias de lixo.

Ao dedicar tempo para cuidar dessas áreas, você leva sua própria atenção para a questão e pode imbuir o trabalho com uma vibração de amor e harmonia — mas fique atento ao recolher lixo, pois você pode facilmente começar a julgar as pessoas que intencionalmente ou inadvertidamente o deixaram. Seja bom e amoroso, espalhando entendimento ao livrar espaços naturais de lixo. Aos poucos, ao desenvolver uma prática ao longo de meses ou anos, essas áreas vão começar a ser permeadas por seu amor, e o lixo vai diminuir naturalmente.

9. CULTIVE UM JARDIM

Cultivar um jardim tem muitos benefícios além de apenas a beleza que vai ser criada em sua vida e na daqueles que a virem. Nós criamos um relacionamento com a Terra e aprendemos a nos comunicar de um jeito novo e especial com seus elementos, solo, plantas e animais. Ao vermos nosso jardim crescer, podemos apreciar o valor dos recursos da Terra e da necessidade de cooperação local e global para sustentar um ecossistema.

Se percebemos isso ou não, ao cuidarmos de nosso jardim, também podemos aumentar nossa vibração energética por meio de atividade física, o que, por sua vez, pode restaurar nossa calma e nossa serenidade, tornando-nos ainda mais sintonizados com nosso ambiente. Através dos movimentos de jardinagem, nós nos tornamos parte do ritmo e da harmonia da natureza ao encontrarmos nosso fluxo. Não importa se a área que você tem para começar seu jardim seja pequena ou grande, você pode usar sua criatividade incrível. Planeje tempo para explorar a área mais próxima para ver onde você pode começar a cultivar árvores, flores e ervas.

Assim, você participa do ciclo da vida, pois abelhas e insetos vão frequentar suas flores e criar alimento para pássaros e outras criaturas, grandes e pequenas, e que vão tão alto como falcões e águias. Converse e medite com seu jardim; se deixe guiar pela intuição e ofereça gratidão todos os dias, e observe-o crescer! Visite-o ao amanhecer e ao entardecer, tão frequentemente quanto possível, para saudar o dia com seu novo jardim. Passe ali algum tempo durante o dia quando puder. Ao fazer isso, você cria uma prática regular para regular sua mente para perceber a verdadeira natureza e a fragilidade de todas as coisas, enquanto também a leva para a harmonia.

10. OUTORGUE DIGNIDADE A TODAS AS COISAS VIVAS

Viver de forma inofensiva no mundo é ver nossa unidade com todas as coisas vivas. Na jornada para nos tornamos conscientes e percebermos nosso Sol Interior, reconhecemos a verdadeira natureza da existência e que todos os seres têm o direito de ser livres de sofrimento. Isso inclui aquelas criaturas que têm sido aviltadas e temidas por gerações, como o rato humilde, o mosquito delicado, o tubarão feroz e o gambá perfumado — cada um deles tem um propósito honorável e uma natureza a preencher.

Em nossa jornada, podemos levar alegria e felicidade para muitas espécies vivas. Nós podemos agir com bondade em relação a toda a vida em qualquer lugar que formos, vendo-a através dos olhos da compaixão e criando espaço para sua felicidade. Podemos honrar seres vivos observando, sem perturbar ou machucar — ou sentindo a necessidade de *nos livrarmos* deles. Podemos restaurar a dignidade de animais, insetos, árvores, rios e plantas percebendo suas necessidades e atendendo-as.

Nós também podemos dedicar espaços abertos à vida selvagem, livres de atividade humana — incluindo o pensamento e a energia humanos. Pode ser uma jardineira na janela, um terreno, ou tão grande quanto restaurar uma área degradada para as gerações futuras. Da mesma forma, podemos dedicar os espaços na cidade e os telhados a cultivar novas florestas, jardins verticais e espaços naturais inventivos que incluam o respeito por todos os seres vivos.

Comece com uma afirmação e um compromisso diários: "Vou fazer o possível para amar todas as criaturas, grandes e pequenas, e aprender maneiras de proteger as vidas de todas as coisas vivas em tudo o que eu fizer."[45] Quando vivemos em harmonia com todas as criaturas vivas, nós restauramos sua dignidade e liberdade, criando um mundo mais congruente, sem causar o mal em qualquer lugar que formos.

11. UMA REFEIÇÃO POR DIA

Uma das maneiras mais imediatas pelas quais podemos cultivar mudança em nossas vidas e praticar Consciência Concentrada, enquanto geramos mudanças a nível global, é a reflexão e renegociação de nossa relação com a comida. Com pouco estorço, podemos começar a ver como somos interconectados com os outros através de nosso consumo de alimentos. Nós contamos com fazendeiros em todo o mundo; com o clima, os planetas e a terra para cultivá-los; e inúmeros outros ajudantes gentis que apoiam o envio de alimentos para nós.[46]

[45] Para saber mais sobre a habilidade de reconhecer nosso impacto gentil sobre todos os seres vivos, ver o livro da autora, *Kindness for All Living Things.*

[46] Para saber mais sobre a habilidade de reconhecer nossa interconexão com "todas" as pessoas através da comida, ver o livro do autor *The Whole World Inside Nan's Soup* (Yeehoo Press, 2021).

Da mesma forma, podemos começar a ficar mais conscientes da porção que estamos consumindo e minimizá-la, enquanto nos tornamos conscientes das práticas que estamos apoiando que podem ser danosas aos outros (pessoas, animais) e ao ambiente e fazer ajustes. Você pode implementar o compromisso de fazer apenas uma refeição por dia durante um ano. Ao fazer isso, você começa a criar uma prática de reflexão, ao ver os impactos que vão incluir menos consumo; menos lixo e dejetos por semana/ano; mais resistência e energia; redução no uso de serviços de saúde; mais tempo livre, pois menos é gasto na compra, preparação e socialização.

Quando concentramos nosso foco em uma refeição, ficamos mais propensos a valorizá-la, a ver, a saborear e a honrar o que estamos comendo, com a consciência de como ela nutre nosso corpo e nossa mente, enquanto refletimos sobre todos os responsáveis por fornecê-la para nós.

12. PRATIQUE RECIPROCIDADE

Os ensinamentos de Sun Tzu ecoam a prática da reciprocidade[47] como modo de vida. Ao fazer isso, ela se torna mais que um entendimento intelectual de que eu *vou tratar os outros com o mesmo respeito com que eu quero ser tratado.* Isso vai muito mais fundo e implica em: *quem eu sou por dentro é o mesmo que está no interior dos outros* — e se isso é verdade, podemos experimentar e descobrir nós mesmos o fio delicado que conecta todas as pessoas.

Da mesma forma que discernimos fragilidade, quando nos encontramos com outras pessoas, podemos fazer isso com a consciência de que *seu sofrimento é nosso sofrimento*, sentido e experimentado do mesmo jeito; e por meio de empatia — através de não querer sofrimento para nós mesmos —, nós não vamos querer isso para

[47] Shu, 恕.

outra pessoa. Assim, vamos buscar harmonia e paz em todas as nossas palavras, ações e relacionamentos.

Conforme nosso entendimento da reciprocidade aumenta, o mesmo ocorre com a empatia. O círculo da vida se expande ao reconhecermos que não somos capazes de viver sem esses belos ajudantes em todo o mundo apoiando nossa vida e nossa experiência, que agora podemos honrar com nossa gratidão, nossa bondade, nossa compreensão, nossa paciência e, acima de tudo, nossa responsabilidade por nós mesmos que discerne que somos a raiz do sofrimento de outras pessoas quando separamos nossa interconexão.

WORKSHOP: O CAMINHO OCULTO DE SUN TZU PARA A PAZ E A PLENITUDE

Com Hunter Liguore

Durante esse workshop, que pode durar de um a três dias, os participantes vão aprender a aplicar os conceitos de *A nova arte da guerra: o Caminho Oculto de Sun Tzu para a Paz e a Plenitude* a suas vidas por meio de uma série de discussões, exercícios escritos e práticas de observação diretas.

A nova arte da guerra: o Caminho Oculto de Sun Tzu para a Paz e a Plenitude apresenta uma nova interpretação que lida especificamente com a criação de vidas "delicadas" em harmonia com o mundo — a "batalha" sobre a qual Sun Tzu escreve é a luta pelo controle da mente e dos pensamentos que a governam. Os participantes vão aprender a "conquistar" a mente através de experiências diretas, incluindo a sabedoria da fragilidade, específica da escola de Sun Tzu. Com esse objetivo, os alunos vão trabalhar com a raiz do conflito (guerra) que começa "no interior" para levar isso adiante em paz.

A nova arte da guerra: o Caminho Oculto de Sun Tzu para a Paz e a Plenitude enfatiza autoconhecimento, observação direta e confiança interna, de modo que os participantes possam descobrir seu professor ou guerreiro "oculto" em seu interior.

Para fazer reservas on-line ou pessoalmente, entre em contato com: www.hunterliguore.org.

Impressão e Acabamento:
GRÁFICA GRAFILAR